21 世纪高职高专规划教材 ◆ 旅游与酒店管理系列

导游业务

DAOYOU YEWU

主　编　龙　梅

副主编　赵利民　徐层珍

中国人民大学出版社

·北京·

前　言

党的十九大报告指出："新时代的社会主要矛盾是'人民日益增长的美好生活需要和不平衡不充分的发展之间的矛盾'。"这一矛盾反映在我国的旅游业上，主要表现之一就是人们旅游需求的增长与导游服务供给不足之间的矛盾。据统计，2017 年我国国内旅游人数达到 50.01 亿人次，同比增长 12.8%，国内旅游市场高速增长；入出境旅游总人数达到 2.7 亿人次，同比增长 3.7%，市场平稳发展。而与此相对应，据不完全统计，我国目前持有导游证的人数仅有 80 万左右。除了数量规模上的不平衡以外，影响我国旅游业发展的另一大障碍是导游服务质量一直饱受诟病。每当旅游旺季，导游强迫游客购物、欺客、辱骂游客等现象屡见不鲜。随着我国旅游产业的不断发展壮大，人民生活水平的日益提高，旅游者的文化素质在提高，旅游者的旅游经验越来越丰富，旅游者对导游服务质量的要求也越来越高、越来越个性化。为了解决我国旅游业中的种种供需不平衡矛盾，近年来，国家不断推出新政，一方面，改革全国导游资格考试制度和导游证申领制度，以期从根上解决导游服务质量不高的问题；另一方面，将导游管理体制从行政化、非流动、封闭式管理向市场化、自由化、法制化管理转变，以期适应旅游市场新形势。

在以上种种新形势、新环境的大背景下，本教材应运而生。本书以高职高专旅游类专业学生，以及现在正在和未来即将从事导游工作的人员为主要对象编写而成。全书以项目教学的形式，将导游服务流程、规范、质量要求，以及导游专业相关知识融入每个教学项目中，实现培养学生导游职业核心能力和综合素质的目的。本书具有以下主要特点：

1. 体系新颖，结构安排科学合理

本教材遵循高职教育"工学结合、知行合一"的人才培养模式要求，根据高职高专学生认知特点，因材施教，采取项目制编写体制，每个项目均以"项目目标"→主体知识→"项目小结"→"拓展知识"→"练习与实践"几个层层递进的模块，来推动学生对于知识的吸收和掌握。在主体知识部分还穿插有"案例""知识链接"等板块，并附有相关图表，以辅助学生对知识点的消化和理解，帮助他们实现"做中学、学中做"。

2. 内容兼顾权威性和实用性

在我国，要成为一名合格的导游人员，前提是取得导游人员资格证书以及导游证。众所周知，全国导游人员资格考试涉及的知识面相当广，难度较大，其中一个重要的知识组成部分就是导游业务。根据考试大纲要求，考生不仅需要熟练掌握导游带团的各个环节的操作规程，还需要了解导游服务的产生和发展过程、导游服务的概念、现代导游服务的特点，熟悉导游服务的性质、地位与作用，掌握导游职业道德规范的基本内容等，这些内容对于提高从业人员的职业素质也是必不可少的。

本书在内容上分成三篇：第一部分基础篇，主要介绍导游从业前所需要掌握的基本知识，这对于学生全面认识导游这个职业也是非常必要的，也可作为导游职业素质教育的组成部分；第二部分实务篇，分别介绍地陪、全陪、出境领队、景区景点讲解员等不同角色的导游各自所担负的具体工作职责，这部分知识的讲授以时间为轴，贯穿导游带团的各个环节和整个过程，逻辑严密，并辅以流程图，以便学生在学习的过程中，在脑海中逐渐勾勒出导游带团的完整图景，帮助其灵活记忆；第三部分技能篇，主要介绍导游带团中对游客个别要求的处理与旅游故障的预防和处理，这部分的讲授中插入大量案例，以案例教学方式为主。

本书编写的内容以全国导游人员资格考试大纲为准绳，既可作为导游人员上岗的操作手册，又可作为参加导游资格证考试的复习教材，内容兼顾了权威性和实用性。

3. 顺应业内最新政策导向，与时俱进

2016 年，国家旅游局对导游人员资格考试制度进行了改革，开始实行全国统一考试。2017 年，根据社会对考试情况的反馈，国家旅游局又及时修订了大纲以适应新形势的发展要求，本书即是根据 2017 年新修订的考试大纲编写而成的。此外，2016 年 9 月，国家旅游局废止了 2001 年颁布实施的《导游人员管理实施办法》，停止实施导游岗前培训考核、计分管理、年审管理和导游人员资格证 3 年有效等不符合上位法要求、不适应改革发展需要的制度，并于 2017 年 10 月出台了《导游管理办法》，开始启用电子导游证等，诸如此类的新规定都是导游行业的重大变化。同年同月，国务院又对部分行政法规进行了修改，其中包括《导游人员管理条例》，取消了原来的临时导游证，加强了对导游人员从业准入的限制。

可见，近年来，国家对导游行业的管理和改革几乎可以用大刀阔斧来形容，包括 2013 年出台的《中华人民共和国旅游法》，每一项新政新规的出台，都会给导游行业带来不小的震动。本书将近几年国内出现的导游行业最新政策导向、新趋势融入编写内容中，做到时效性和实用性的结合，对从业人员具有较强的指导性。

4. 可读性强

本书在编写的过程中尽量注重实操性和实用性，因此文中大量穿插图表、引用案例，其中案例都配有相关的思考题和解答提示，帮助学生更好地理解案例内容。文中还设置了“知识链接”“拓展知识”“练习与实践”等板块，帮助学生丰富知识，提高学习效果。本书语言文字尽量做到深入浅出、通俗易懂，适合各种层次的读者阅读使用。

本书由全国导游资格考试深圳口试考评员、深圳信息职业技术学院龙梅博士、赵利民教授、徐层珍副教授共同编写完成。其中，龙梅博士负责全书大纲的拟定，全书统稿、定稿，并编写项目一、项目二、项目三和项目六；赵利民教授负责编写项目七、项目八；徐层珍副教授负责编写项目四、项目五。

本书在编写过程中，参考和借鉴了许多旅游界专家和同行的研究成果与实践经验，在此深表谢意。同时，本书编写过程中还得到了中国人民大学出版社的支持与指导，在此一并表示感谢。

由于时间和编者水平有限，书中难免有不足和遗漏之处，恳请各位专家、同行与广大读者指正赐教，以臻完善。

编　者

目　录

第一部分　基础篇

第二部分　实务篇

第三部分 技能篇

第一部分　基础篇

项目一 认识导游服务

旅游活动现今已成为人类社会一种普遍存在的现象，这种活动的产生起始于阶级的出现。与旅游活动相伴而生的导游服务，也经历了漫长的历史发展过程，才最终形成今天的一种职业。那么导游服务发展至今到底经历了哪些阶段？每个阶段又呈现什么样的特点？导游服务不仅被视为一种职业，还常常被人们称为一门艺术，那这门艺术的内涵是什么？这些问题都是从事导游服务的人员首先需要了解的。本项目将带领我们深入认识导游服务。

项目目标

【知识目标】

1. 认识导游服务的产生和发展过程；
2. 明确导游服务在不同发展阶段呈现的特点；
3. 了解我国导游服务的发展历程，及未来导游服务的发展趋势；
4. 掌握导游服务的概念、范围、性质；
5. 明确导游服务的对象——团队和散客，能区分二者的不同。

【能力目标】

1. 掌握导游服务的要领，能够按照导游服务的原则、要求提供服务；
2. 能够根据不同的服务对象提供差异化的导游服务。

任务一 认识导游服务的产生和发展

一、古代的向导服务

在人类历史发展长河中，早在原始社会就已出现旅行活动。由于改造自然的能力有限，人类为了获取食物、趋利避害，需要不断地迁徙，迁徙活动便是早期的一种旅行活动。然而真正意义上以获取精神上的愉悦为目的所开展的旅游活动，是随着阶级的出现才产生的。

人类进入奴隶社会以后，出现了奴隶和奴隶主两大对立的阶级。奴隶终日劳作，为奴隶主创造了大量的财富。而奴隶主终日享乐，不仅占有社会上绝大部分的财富，还拥有充足的闲暇时间。当财富、闲暇时间等条件具备后，旅游便出现了。

古埃及的金字塔、神庙等建筑在当时吸引了许多游客前往参观游览。除此之外，时常举行的宗教集会也吸引了大批宗教信徒参加庆典活动，出现了早期的宗教旅游。进入资本主义原始积累时期，新兴资产阶级为寻求丰富的原材料和更广阔的市场，进行了大量的海上航行探险活动。相较于西方社会，中国古代的旅游活动更加丰富多彩，包括帝王巡游、士人漫游、宗教旅行、探险考察旅行等。在古代社会，虽然国内外从事旅游活动的人不少，但主要集中在统治阶级或富商名流，他们在出游的过程中多有臣仆、侍从相随，或有书童相伴，这些人除沿途侍候外，也起着向导的作用。同时，在旅行的过程中，人们常会临时聘请当地熟悉路途的人给予指引，也会以“酒钱”或银两作为酬谢。这些临时充当向导角色的人，还不是现代意义上的导游，他们与今天我们所谈论的职业导游存在着本质上的差别，如表1-1所示。

表1-1　　古代向导与现代职业导游的区别

	向导	导游
性质	业余的，带有偶然性	社会中的一种职业
服务方式	随意性的	规范化的
服务内容	往往由“舟子”“樵夫”“寺僧”或当地人做路径引导	服务是全方位的

总的来说，古代受社会经济条件等因素制约而出现的零星的向导服务，与现代作为谋生手段的、具有社会独立形态的导游服务存在本质差别。

二、近代的导游服务

18世纪60年代，在欧洲发生了工业革命，后发展到北美等地。一方面，工业革命使得机器生产代替了手工劳动，极大地提高了劳动生产率，社会财富被大量创造出来，人们也从过去繁重的手工劳动中解放出来，拥有了更多的休闲时间。另一方面，工业革命推动了资本主义的快速发展，生产进一步社会化和国际化，世界经济体系开始形成，国际经济交往日益频繁，这些变化为旅游的广泛发展创造了社会条件。以蒸汽为动力的火车和轮船的出现，为旅游的发展创造了交通条件，使得远距离的旅行活动成为可能。

1841年，英国人托马斯·库克（Thomas Cook）组织了世界上第一次包价旅游，这成为近代旅游业的开端。1845年，库克成立了第一家专门从事旅游活动的旅行社，并组织了一场由350人参加的为期一周的商业团体旅游。这次旅游是从莱斯特出发，中途经过若干地方停留访问，最终到达英格兰西部的海港城市利物浦。库克亲自陪同该旅游团，还在旅游者游览卡那封城堡和登斯诺山时聘请了当地人带路讲解，并编撰了世界上第一本旅游指南《利物浦之行手册》分发给旅游者。1846年，托马斯·库克亲自带领一个旅行团乘火车和轮船到苏格兰旅行。他为每个成员发了一份活动日程表，还为旅行团配置了向导。这是世界上第一次有商业性导游陪同的旅游活动，导游服务作为一种职业正式登上历史舞台。同年，库克编写了《苏格兰之行手册》，此后他每年都要组织5 000多人在英伦三岛之间旅行，每次他本人都要亲自陪同，编印旅游指南。他成功地把水路和陆路交通设施紧紧联系在一起，旅行业务得到较大发展。

为了进一步扩展旅行社业务，1865年托马斯·库克与儿子约翰·梅森·库克成立了托马斯父子公司（通济隆旅游公司），迁址于伦敦，并在美洲、亚洲、非洲设立了分公司。此后，托马斯·库克又组织了到法国等地的旅游活动。库克对世界旅游业做出了巨大贡献，成为近代旅游业的创始者，他也因此被尊称为“世界旅游之父”。

近代是导游服务发展的重要阶段，在这个时期导游服务作为一种职业正式出现，而且已经产生了全程陪同服务和地方游览项目的讲解服务。这个时期是导游服务的开创时期，也是现代导游服务的奠基时期，此后的导游服务逐步走向职业化。

知识链接

世界上的第一次包价旅游

托马斯·库克于1808年出生于英格兰德比郡墨尔本镇，自幼家境贫寒，10岁时辍学从业，先后做过商店帮工和木工学徒。17岁时进入教会，后成为一名传教士，云游四方，宣传教义。由于宗教信仰的原因，库克成为一名积极的禁酒工作者。

1841年7月5日，托马斯·库克组织了570人从英国的莱斯特前往拉巴夫勒参加禁酒大会。在征得铁路公司给乘客车票打折优惠的同意后，库克包租了一列火车，并对每位乘客征收1先令的费用。在途中，库克给团队成员免费提供了午餐及小吃，还有一个唱赞美诗的乐队跟随。

托马斯·库克组织的这次活动被公认为世界上第一次商业性质的旅游活动，也是人类历史上第一次利用火车组织的团体旅游，因此它成为近代旅游活动开始的标志性事件。

三、现代的导游服务

第二次世界大战结束后，整个世界政治格局趋于稳定，各国更加关注本国经济发展。尤其是进入20世纪60年代，世界经济越来越繁荣，人们的闲暇时间也逐渐增多，人们为了摆脱繁重的工作和枯燥乏味的日常生活，开始崇尚旅游，世界范围内的大众旅游兴起。在这种背景下，旅游业逐渐发展成为世界经济中的一个重要产业部门，越来越多的国家政府开始重视和强调旅游业带来的经济效益。

旅游业对国民经济有较大的带动作用，能提供大量的就业岗位，其中导游是旅游业中最重要的岗位之一。导游人员被誉为“民间大使”，在工作的过程中扮演着一个国家、一个地区人民的缩影的角色，游客通过导游来了解该地的人文风貌。随着旅游业在国民经济中的地位越来越重要，导游的队伍不断扩大，导游的素质也越来越受到人们的关注。相较于近代社会，现代的导游服务表现出明显的不同，呈现出以下几个特点：

（一）职业化

20 世纪 70 年代，西方一些发达国家已经开始将导游作为一种职业列入社会职业分类词典中。我国 1999 年 5 月正式颁布实施了《中华人民共和国职业分类大典》，并于 2015 年颁布了修订版，确定职业分类包括 8 个大类、75 个中类、434 个小类和 1 481 个细类（职业）。其中，导游职业被划分在第四大类（社会生产服务和生活服务人员）、第七中类（租赁和商务服务人员）、第四小类（旅游及公共游览场所服务人员）、第一细类（导游）。随着从业人员的逐渐增多，不管是专职导游，还是兼职导游，导游这个职业在社会上越来越受到关注，越来越多的人想加入导游行列，以此为谋生手段，导游职业的门槛也在逐渐提高。

（二）商品化

随着旅游业的快速发展和旅游人数的增多，旅游市场对于导游的需求越来越大。导游服务在市场经济中具备了成为商品的一切条件，并且随着供求关系的变化，其价格也不断发生着变化。一方面，游客为享受导游人员为其提供的服务，需要支付一定的费用；另一方面，导游人员也因其付出的劳动而收取报酬，劳动付出得越多，商品质量越好，报酬相应就越高。2013 年 10 月我国颁布的《旅游法》（已于 2018 年 10 月修订）中明确规定：“旅行社应当与其聘用的导游依法订立劳动合同，支付劳动报酬，缴纳社会保险费用。旅行社临时聘用导游为旅游者提供服务的，应当全额向导游支付本法第六十条第三款规定的导游服务费用。”“安排导游为旅游者提供服务的，应当在包价旅游合同中载明导游服务费用。”

（三）规范化

在近代旅游业发展中，出现了导游这个职业，既然它是一个社会职业，那么理所应当有它的职业规范和标准。而且，游客为导游服务支付了相应的报酬，当然也会对导游提供的服务有所要求和期待。随着现代导游职业的不断成熟，社会对于导游人员的服务质量、服务标准提出了更严格的要求。1995 年 12 月 22 日我国国家技术监督局发布了《导游服务质量》（GB/T 15971 - 1995）国家标准，不仅对旅行社、各类导游人员等相关术语进行了界定，还对全陪、地陪的工作职责进行了明确，并规定了涉及导游服务过程中的若干问题的处理原则，使我国的导游服务有了一个统一的标准。后来根据旅游发展新形势，国家又出台了《导游服务规范》（GB/T 15971 - 2010）以替换原有的《导游服务质量》。此外，相关行政部门还针对旅游发展需要制定了一些行业标准，从不同层面对导游服务进行规范。我国的《旅游法》也对导游的行为进行了严格规范，对于整顿国内旅游业，包括导游人员的一些不规范乱象起到了较大作用。

（四）法制化

为了确保导游服务质量，维护游客合法权益，树立旅游目的地国家、地区和旅游企业的形象，世界上许多国家都将对导游人员的管理纳入法制化轨道，主要体现在导游资格考试制度、导游人员注册制度、导游人员管理立法几个方面。

1. 导游资格考试制度

随着导游从业人员的不断增多，职业门槛也不断提高，行业对导游的要求也越来越高。为了选拔合格的导游人员，大多数国家都建立了导游考试制度，通过考核来确保从业人员掌握必备的专业知识和技能。

1989 年我国开始在全国范围内推广导游人员资格考试。1995 年国家旅游局建立了导游人员等级考核制度，将导游人员等级划分为初级、中级、高级和特级四个级别。1999 年国务院发布《导游人员管理条例》，其中规定了报考导游资格考试的条件以及资格证书的颁发机构。

2. 导游人员注册制度

在许多国家，想要成为一名导游，除了通过导游人员资格考试以外，还需要注册，注册后导游才具备了执业的资格。我国《旅游法》规定：参加导游资格考试成绩合格，与旅行社订立劳动合同或者在相关旅游行业组织注册的人员，可以申请取得导游证。

3. 导游人员管理立法

我国对于导游人员的管理制定了一系列法规，1987 年我国旅游行政管理部门制定了《导游人员管理暂行规定》；1999 年国务院第 263 号令发布了《导游人员管理条例》；2001 年国家旅游局颁布了《导游人员管理实施办法》；2013 年 10 月我国又颁布实施了《中华人民共和国旅游法》，将对导游人员的法制管理提到一个全新的高度。为了进一步推进导游体制改革，2016 年 9 月，国家旅游局废止了 2001 年颁布的《导游人员管理实施办法》，并于 2017 年 10 月 16 日经国家旅游局第 17 次局长办公会议审议通过了《导游管理办法》，自 2018 年 1 月 1 日起施行。

四、我国导游服务发展历程

由于政治、经济等方面的原因，中国近代的旅游业发展明显落后于西方国家，直到 20 世纪初还没有自己的旅行经营机构，只有诸如英国通济隆、美国运通等一些国外的旅游公司来中国为来华的外国人和中国的出境人员办理各种旅游业务。1923 年，上海商业储蓄银行的经理陈光甫在该银行中设立了一个“旅行部”，才终于有了中国人自己经营的代办车船票等旅行业务的机构。1927 年，陈光甫将“旅行部”独立出来，成立了中国第一家旅行社——中国旅行社。中国旅行社最初的业务是代办车船票，后扩展到代运行李、接送旅客、组织个人和团体的旅游活动。伴随业务的扩展，旅行社也开始聘用导游来为游客提供旅游服务。总的来说，由于受各种因素的阻碍，这个时期我国的旅游业和导游职业都没有得到充分的发展。

新中国成立以来，根据我国旅游业发展状况，导游服务大致可分为两个阶段：政治接待期和全面发展期。

（一）政治接待期（1949—1978 年）

1949 年新中国成立后，受当时国内的政治经济环境所限，旅游业不具备发展的条件。

而与此同时，为了尽快获得国际上更多国家的承认和团结，我国非常重视外交工作，也很欢迎国际上的友好人士、政要来华参观访问。出于外事工作的需要，我国出现了一批政治素质高、业务能力过硬、外语水平高的翻译导游人员，他们主要负责对外接待工作，包括翻译、陪同参观、景点解说等内容。这个时候的旅游活动以及导游服务的特点，一方面是服从政治需要，另一方面是不讲求经济效益，因此我们把这一时期称作政治接待期。

知识链接

新中国的第一家旅行社

1949年11月9日，福建厦门成立了华侨服务社，创立了新中国的第一家旅行社。其后，广东、福建的重点侨乡和许多中心城市相继成立华侨服务社，并于1957年统一更名为“华侨旅行服务社”，在北京设立总社，统筹全国各地华侨旅行服务社的工作，初步形成了全国性网络。1974年经国务院批准，成立了中国旅行社总社，并与华侨旅行服务社总社合署办公，统称中国旅行社。1994年10月，“CTS中旅”商标经国家工商行政管理总局商标局核准注册。

（二）全面发展期（1978年至今）

1978年我国实行了改革开放政策，市场经济被引入中国，国内经济得到了飞速发展，人民的生活水平得到显著提高，人们的思想观念也随之改变。在社会经济生活的巨变中，旅游业悄然崛起。从20世纪80年代开始，国内游兴起，旅游逐渐成为人们日常生活的一部分；进入90年代，出境游渐成热门，旅游消费异军突起。在旅游热潮的推动下，市场对导游的需求增加，导游人员也成为越来越多的人向往的一种职业，很多人认为导游可以“一边旅游、一边挣钱”，是最理想的职业。随着从业人员的增多，国家也加强了对导游人员的管理，在法规上、政策上和制度建设上采取了一系列措施，有效提高了我国导游服务水平。

这个时期我国导游服务呈现出以下几个特点：第一，导游服务队伍迅速扩展；第二，导游服务作为旅游服务的一部分成为旅游产品的重要构成内容；第三，导游服务程序和服务质量实现标准化；第四，导游服务管理实现制度化和法制化。

五、未来导游服务发展趋势

从世界范围来看，旅游业被公认为朝阳产业，它不仅具有强大的经济带动能力，而且未来发展空间巨大，已成为第三产业中最重要的组成部分之一。旅游业的进一步发展会推动导游服务不断向前发展，未来的导游服务也会受社会环境的影响，呈现出一派新景象。可预见，未来的导游服务大致会出现以下几种发展趋势：

（一）导游内容高度知识化

导游是与游客接触时间最长、最深入的人员，游客不仅通过导游来认识景点、获取知识，也通过导游来了解一个地区、一个国家的人民的大致面貌，所以导游就像一扇窗户一样。通过导游，不同的文化在发生着交流和碰撞。人们常常认为导游口才很好、知识面广、多才多艺，一个好的导游能使一段旅程变得丰富多彩。未来的导游除了需要具备好口才、好性格和良好的人际关系处理能力外，还必须具备更丰富的知识储备。

导游服务是一种知识密集型服务，导游人员通过讲解来传播知识、传播文化。人们的教育水平不断提高，素质修养越来越高，信息技术的广泛应用也使人们的知识面越来越广，地区间的人员频繁交往扩大了人们的眼界，所有这些社会中的新变化都对未来导游服务内容的知识化提出了更高要求。如果以前对导游的要求是"上知天文、下知地理"的"杂家"，那未来对导游的要求就是博古通今的行家里手。

（二）导游手段科技化

科技是第一生产力，科学技术的进步和发展给我们的生产生活带来了极大的便利。导游这个职业从诞生以来就被视为人力密集型的工作，它主要依靠导游个人的劳动来为旅游者提供服务，诸如讲解服务、向导服务等，都离不开人。仅仅依靠人力劳动来服务，不仅加重工作人员的负担，也不能给游客提供更好的体验。未来随着科技的快速发展，势必会将图文声像、网络导游等先进的技术引入导游工作中作为辅助工具。导游精彩的讲解和细心周到的服务加上先进的科技手段，将会使未来的导游工作更加丰富和现代化。

案例

全国首个智慧导游服务平台在广东上线

2014 年 7 月 18 日，全国首个全语音电子导游旅游平台——"广东智慧导游服务平台"正式上线运行。该平台是由广东省旅游局指导、广东省旅游发展促进中心联合"风景网"开发的智慧旅游公共服务平台。

"广东智慧导游服务平台"分电脑端和手机端，具备三个功能亮点：一是手持智能手机的游客通过下载"广东智慧导游服务平台"App，就可以随时随地免费享受到覆盖全省A级景区、全国 3 000 余个景点的中英文等多语言语音导游服务；二是利用手机定位和电子地图，游客可快速查询到景区周边的吃住行游购娱信息；三是整合景区的门票及周边的酒店、餐饮、旅游手信等旅游电子商务信息，方便游客随时比价、订购。

此外，广州市的地标景点广州塔也在当天正式发布了官方微信公众服务号，并率先利用该平台的数据和技术实现了中、英、日、法、西班牙 5 种语言智能导游，游记分享，优惠信息发布，微信购票等智慧功能，有效提升了游客的旅游体验。

资料来源：程景伟，朱业思，程爱婵．全国首个智慧导游服务平台在广东上线．(2014－07－19)［2017－11－20］．http：//www.chinanews.com/life/2014/07－19/6403327.shtml.

请思考：智慧导游服务平台的推出会给广东当地的导游服务和游客体验带来什么影响？

提示：将高科技运用于导游服务中，会给游客带来方便、快捷、个性化的服务体验，从而有助于提高旅游地的到访率；信息的公开化也可以减轻导游人员、景区工作人员等旅游从业人员的工作量，使他们能将精力更集中于提高服务质量上。

（三）导游方法多样化

随着物质和精神生活越来越丰富，人们对于旅游的需求也会越来越多样化。过去说到旅游，人们的刻板印象就是一群人跟着手拿小旗的导游人员四处奔波、走马观花，游客对景点和旅游目的地的认识全凭导游一张嘴。这样的旅游形式显然已经不能满足现代人的好奇心，随着人们的眼界越来越开阔、获取知识的途径越来越多，未来游客外出旅游不仅仅是为了获得知识，更希望能够深入到旅游目的地居民的生活中去，去体验当地的特色手工艺制作、民俗活动、独特的生产方式，也就是所谓的深度游。因此，这就要求未来的导游不仅要能讲得出东西，还要能做得出东西，具备更多的技能，能够指导和带领游客完成一些参与性强的活动。

（四）导游服务个性化

如今的消费者越来越追求个性化，不喜欢随波逐流，体现在旅游消费上，人们不再喜欢千篇一律的行程、人满为患的景点，传统的跟团游不再受欢迎，定制旅游开始兴起。未来的导游服务势必会面对越来越挑剔和个性化的游客，因此导游人员必须根据不同游客的具体需求来提供差异化、个性化的服务，只有这样才能提高游客的满意度。从另一个角度来看，个性化的服务也能彰显导游的个性，能给游客留下更深刻的印象，导游也能借此树立自己的口碑和品牌。

（五）导游职业自由化

导游工作向来被视为自由职业，有的导游人员是从属于旅行社的专职导游，他们以导游职业为主要谋生手段，但是工作时间相对灵活，有团的时候出团，没团的时候可以兼职做其他工作。另一部分导游人员是归导游服务公司管理的兼职导游，他们以其他职业为主要谋生手段，同时兼职带团。未来随着市场经济的进一步发展，导游从业的途径会越来越广，导游自由执业的平台会越来越多，相应地导游职业的竞争也会越来越大，通过一番市场的“优胜劣汰”，最终受益的将会是旅游者以及整个行业。

总而言之，社会在不断地发展进步，人们的知识结构和文化素质在不断提高，科学技术越来越先进，这些变化一方面为导游服务提供了便利的条件，另一方面也提出了挑战和更高的要求。未来的导游人员必须要与时俱进、因势利导，不断夯实内功，提高服务意识，增强自己的竞争能力，为旅游者提供更优质的导游服务。

任务二　认识导游服务的概念、范围和性质

一、导游服务的概念

导游服务是导游人员代表被委派的旅行社，接待或陪同游客旅行、游览，按照组团合同或约定的内容和标准向游客提供的旅游接待服务。

根据我国导游管理的法规，导游服务的内涵包括以下三个方面：

（1）提供导游服务的导游人员必须是接受旅行社委派的。我国《旅游法》第四十条规定：“导游和领队为旅游者提供服务必须接受旅行社委派，不得私自承揽导游和领队业务。”无论是专职导游还是兼职导游，未受旅行社委派，不得私自接待游客。

(2) 导游人员主要从事游客的接待，这种接待多数情况是指陪同游客旅行、游览过程中向其提供导游服务；有时也指在游客出游前向其提供咨询、联系和安排各项旅游事宜的接待服务。

(3) 导游服务的工作内容是落实接待计划。导游人员必须严格按照旅游合同的规定和导游服务质量标准提供服务，不得擅自增加或减少甚至取消旅游项目，也不得降低导游服务质量标准。

二、导游服务的范围

导游服务的范围是指导游人员向游客提供服务的内容。导游人员的工作很繁杂，范围广泛，涉及游客食、住、行、游、购、娱的各个环节，归纳起来大体分为三类：

(一) 导游讲解服务

讲解服务是我们对导游服务最普遍的认识，人们通常认为导游的工作就是讲解。的确，讲解是导游的一项重要工作内容，但不同类型的导游所负责的讲解内容也有很大的不同。讲解服务主要包括导游在景点为游客提供的讲解、在游客旅行途中提供的沿途讲解，以及座谈、访问和某些参观点的口译服务等。

(二) 旅行生活服务

导游除了提供讲解服务以外，还有一项重要任务，就是为游客提供旅行过程中的生活服务。根据导游类型的不同，他们所负责的旅行生活服务的具体内容会有所差异。总的来说，包括接送游客、旅途生活照料、邮电通信、安全服务、突发事件的处理、上下站的联络衔接工作等。

(三) 市内交通服务

在国外一些国家，导游人员除了要为游客提供讲解服务外，还兼任旅游车驾驶员，在各景点之间为游客提供市内交通服务。在我国的某些散客旅游中，以及现在兴起的一些新型旅游方式中，导游也会提供一部分交通服务。

综上，导游服务的范围如图 1-1 所示。

三、导游服务的性质

导游服务因国家和地区的不同，其政治属性也不同，但除了政治属性以外，各个国家和地区的导游服务也存在着一些共同的属性。

(一) 服务性

导游服务是服务业中的一种，从属于第三产业。导游人员通过提供一系列的劳动服务来满足旅游者的需求，包括讲解服务、翻译服务、旅途生活照料等。游客出外旅游，来到异地他乡，人生地不熟，甚至语言不通，为了减少旅游途中的困难和障碍，需要导游人员提供必要的服务，这些服务不仅能保障游客顺利地完成旅游活动，更能让游客心理上得到慰藉和安全感，从而更大程度地获取精神上的愉悦感，达到出外旅游的目的。导游服务的服务性是通过导游人员来实现的，导游人员的素质、水平的高低决定了导游服务质量的高低，也会直接影响游客的旅游体验。

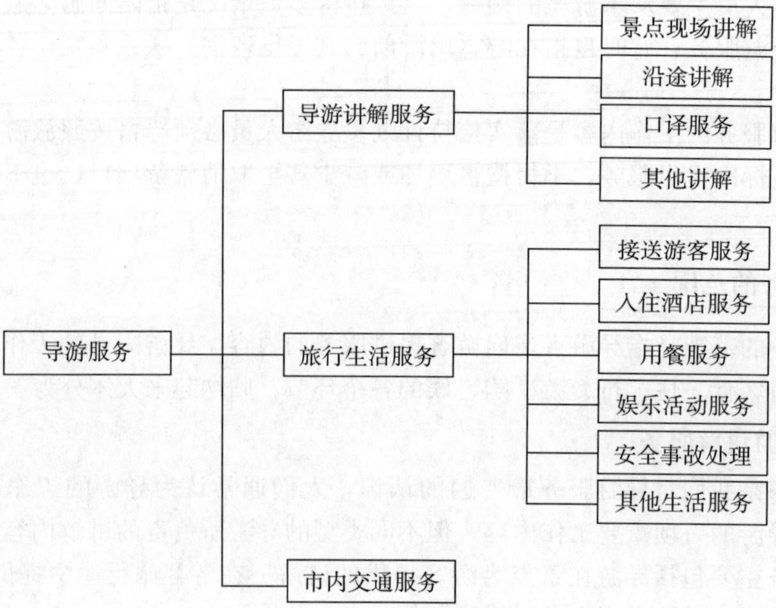

图 1-1　导游服务的范围

（二）经济性

导游服务是导游人员通过向游客提供劳务而创造特殊使用价值的劳动，这种劳动通过交换而具有交换价值，在市场上表现为价格。换句话说，导游人员通过为游客提供导游服务而获取相应的报酬，导游服务不是义务劳动，它是具有经济性的。

今天，旅游业已成为国民经济的重要组成部分，甚至在一些国家和地区，旅游收入已成为国民经济的一大支柱。旅游收入的构成中，有一部分直接来源于导游服务创造的价值，即导游服务的报酬；还有一部分收入，则是因为导游服务而间接创造的，比如在导游引导下的购物、餐饮、娱乐、景点参观等各项旅游消费。不仅如此，通过导游服务，还能促进国家与国家之间、地区与地区之间的互相了解和交流，带来无限的商机，这些都是导游服务经济性的表现。

（三）文化性

导游是文化的使者，导游服务是传播文化的重要渠道。导游的言谈举止、仪容仪表都代表着一个国家和地区的精神风貌，导游的讲解更是具有高度的知识性和文化性。不论是自然风光还是人文景观，通过导游的讲解，游客了解了不同地方的民俗文化或不同历史时期的传统文化，充分满足了游客的求知欲和审美需求。总之，导游服务的文化性赋予了旅游活动更深刻的美感和更丰富的内涵。

（四）社会性

旅游活动是一种社会现象，这种社会现象在世界各国越来越普遍。在旅游活动中，导游人员处于旅游接待工作的中心位置，他们起到了推动这个社会现象向更广泛、更深入的方向发展的作用。导游服务的内容中包括了大量与人打交道的工作，不仅体现在导游人员与游客之间的互动，还体现在导游人员与旅游过程中各接待单位人员的互动，这也要求导游人员具备较强的沟通能力和人际交往能力。总之，导游服务离不开人，人与人之间的关系网组成了社会，导游服务必须融入社会才能得以实现。

（五）涉外性

导游服务的涉外性主要体现在出入境旅游上。从世界范围来看，现在跨国旅游越来越普遍，导游人员通过其提供的服务，在不同国家之间搭建起了一座桥梁，加深了不同国家之间人们的相互了解，削弱了隔阂，扮演着“民间大使”的角色。随着旅游业的蓬勃发展，我国现已成为世界上第一大出境旅游客源国和第三大入境旅游接待国，在巨大的市场面前，导游人员必须把提高导游服务质量放在首位，这不仅关系着我国旅游业发展的成败，更关系着我国的国家形象。

任务三　认识导游服务的对象

导游服务的对象，统称为旅游者。导游服务的过程就是导游人员向旅游者提供综合性服务的过程，除了讲解服务外，旅游者在旅途中的各种需要也是导游服务的内容。导游服务的对象总的来说分成旅游团队和散客两大类。

一、旅游团队

所谓旅游团队，是指旅行社组织招徕，负责安排旅游行程，游客支付全部或部分包价，旅游中严格按照预定行程计划进行旅游消费活动的游客团体。按照行业惯例，人数10人以上的称为旅游团队，不足10人则称为散客。

旅游团队有可能是由同一单位或是认识的人组成，也可能是来自四面八方的不认识的人临时凑在一起。不管是哪种情况，一旦这个团队形成，导游人员对游客要一视同仁，把这些游客当成一个整体来对待。当然，导游也需要根据个别游客的特殊情况提供个性化服务。

二、散客

在国外，散客旅游被称为自主旅游。

在国内，散客旅游分为散客自助游和散客团旅游。

散客自助游是相对于团队旅游而言的，是由旅游者自行安排旅游行程，零星现付各项旅游费用的旅游形式。它包括自助和半自助旅游两种形式。前者是指游客自定行程、自主安排各项旅游事宜，完全不使用旅行社的服务的旅游形式。后者是指由游客自行安排旅游行程，但部分使用旅行社服务，并零星现付各项旅游费用的旅游形式。

散客团旅游，是指游客以个人身份参加旅行社组织的各项服务，以单价为基础计算的团体游形式。分为小包价旅游、组合旅游和散客包价旅游。

团队旅游与散客旅游的不同之处如表1-2所示。

从世界旅游发展趋势来看，散客旅游逐渐兴起，原因可概括为以下几点：

（1）旅游者日渐成熟。随着经验的积累，旅游者对单独进行远距离旅行越来越自信，他们不再将旅游视为畏途，而是日常生活的一个组成部分，用以调节身心、消除疲惫和增长阅历。

表 1-2　　团队旅游与散客旅游的不同之处

	行程安排	付费方式	价格	自由度	人数	人员配备
团队旅游	由旅行社或其他旅游服务中介机构计划和安排	采用包价方式，要求提前一次性支付旅费	在某些项目上可享受折扣优惠，相对便宜	游客受团队约束，相对不自由，灵活性差	10 人以上	团队配有全程陪同导游人员
散客旅游	一般由游客自行计划和安排其旅游行程，也有旅行社预先确定的线路	多采用零星现付方式	按零售价格支付，相对昂贵	游客较自由，灵活性高	人数多少不一，通常人数少、规模小，小包价旅游和散客包价旅游人数在 9 人以下	不配有全程陪同导游人员

（2）旅游者的心理需求进入更高层次。旅游者的旅游行为动机从传统的观光型向多主题转变，探险、修学、科考、生态等特种旅游蓬勃兴起，旅游的目标上升到体验人生、完善自我和实现自我价值的高度。

（3）传统的规范化的旅游模式难以满足游客的个性化要求。以往的旅行社包价组团旅游方式虽然具有许多优势，但也存在着包价过死，浏览项目、路线限制过多，游客缺乏活动自由的缺陷，个别旅行社还为了追逐经济利益，而将旅游项目安排得过于集中，使游客对景点只能走马观花、浅尝辄止，处处赶时间，无法尽兴，从而使游客对传统的包价方式越来越失去兴趣。

（4）现代通信、交通等科技手段的不断进步，增强了旅游者出游的便捷性，减弱了他们的依赖心理。旅游配套设施的完备和服务质量的提高，为旅游的散客化提供了有力的物质保障，使旅游者不再单纯依赖于旅行社，而可借助众多的工具和手段来开展旅游活动。

可见，散客旅游的发展是旅游业进入更高层次、更新阶段的产物，也是旅游业发展的必然趋势。虽然由于老弱游客、初次出游者以及语言障碍等因素的存在，团队旅游不可能完全消失，但其规模将会缩小，团队模式也将有所改变。在团队旅游与散客旅游的并行发展中，前者会向后者经营方式的方向做出相应调整，产生介于团队旅游和散客旅游的中间形式，以适应市场的需要。

项目小结

本项目围绕导游服务，阐述了其产生和发展的过程，及其在每个历史阶段的特点；概括了导游服务的概念、范围和性质，明确了导游服务的内涵和导游服务的工作内容；介绍了导游服务的两个主要对象——旅游团队和散客，辨析了两者的区别。通过本项目的学习，可对导游服务有一个较为全面的了解，为后面的学习做好铺垫。

拓展知识

国际时差与温度、度量衡换算

一、国际时差

地球的自转产生了白天与黑夜，也使地球上不同的地方出现了时间的早迟差异，也就是我们所称的时差。通常在跨国旅游中会受到时差的影响，我们不仅需要调整自身的生物钟来适应新环境，还必须知道如何计算时差。

地球上的不同时间是由不同经度决定的。地球经度共划分为360度，分为24个时区，经度每隔15度相差1小时，以经过英国格林尼治天文台的一条经线，即0度经线为起点。格林尼治天文台每天播报的时间，即“格林尼治时间”，被确定为国际标准时间。零度经线以东7度半与以西7度半组成0时区（中区），从中区的边界线分别向东、西每隔15度划1个时区，东西各12个时区，各时区都以该区的中央经线的“地方时”为该区共同的标准时间。

北京位于东经116.24度，划在东8区，该区的中央经线为东经120度。因此，“北京时间”是以东经120度的地方时作为标准时间。中国幅员辽阔，东西横跨经度超过60度，跨5个时区。为了统一，以“北京时间”作为全国标准时间。

时差的计算公式为：

时差＝两地时区标准时间相减的绝对值（东时区为＋，西时区为－）

如北京与伦敦的时差为8小时，因为北京在东8区（＋8），伦敦在0区，时差$=|8-0|=8$；北京与纽约的时差为13小时，因为纽约在西5区（－5），时差$=|8-(-5)|=13$；北京与东京的时差为1小时，因为东京在东9区（＋9），时差$=|8-9|=1$。

知道了两地之间的时差，就能由一地的时间推算出另一地的时间，换算公式如下：

所求时刻＝已知时刻±时差（所求时刻所在时区在已知时刻所在时区的东边则“＋”，在已知时刻所在时区西边则“－”）

例如，已知北京时间是10点，则伦敦是2点，纽约是前一天的21点，东京是11点。

为避免日期的混乱，国际上还人为规定位于太平洋中的180度经线为“国际日期变更线”，作为“今天”和“昨天”的分界线。为避免在一个国家中同时存在两种日期，国际日期变更线并非一条直线，而是折线，它北起北极，通过白令海峡、太平洋，直到南极。凡越过此线，日期要发生变化，变化规律为：从右到左，日期加一天；从左到右，日期减一天。例如，西12区的游客于12月31日越过国际日期变更线进入东12区，日期就变成了第二年的1月1日。

二、温度换算

温度的测算标准有两种：一种是摄氏温度，另一种是华氏温度。我国习惯用摄氏温度，而西方国家较多用华氏温度。二者的换算公式如下：

摄氏温度℃=(华氏温度℉-32)×5/9

例如，华氏100度换算成摄氏温度约为37.8℃。

华氏温度℉=摄氏温度℃×9/5+32

例如，20摄氏度换算成华氏温度为68℉。

三、度量衡换算

世界上的度量衡有公制和英美制，中国还有市制，它们之间的换算比较复杂，导游人员在工作中有必要掌握不同度量衡之间的换算方法。各种制式度量衡之间的换算如表1-3所示。

表1-3　　公制、英美制、市制度量衡换算表

	公制			英美制					市制	
长度	千米	米	厘米	英里	码	英尺	英寸		市里	市尺
	1	1 000	100 000	0.621 4	1 093.6	3 280.8	39 370		2	3 000
面积	平方千米	公顷	公亩	平方英里		英亩			平方市里	市亩
	1	100	10 000	0.386 1		247.105			4	1 500
体（容）积	立方米	立方厘米	升	立方码	立方英尺	立方英寸	加仑（英制）	加仑（美制）	立方市尺	市升
	1	1 000 000		1.308	35.314 5	61 023.6			27	
			1				0.22	0.264		1
重量	千克		克	磅		盎司			市两	
				常衡	金衡或药衡	常衡	金衡或药衡			
	1		1 000	2.204 56	2.009 42	35.274	32.150 75		20	

注：宝石，1克拉=0.2克；1金衡盎司=155.5克拉；1公顷=100米的平方=10 000平方米；1亩=666.67平方米。

练习与实践

一、单项选择题

1. 英国人托马斯·库克在（　　）年为苏格兰之行设置了专职导游，这是世界上第一次为旅行团正式配备职业导游。

A. 1841　　B. 1845　　C. 1846　　D. 1872

2. 下列对散客旅游定义阐述不正确的是（　　）。

A. 又称半自助旅游　　B. 自行安排行程

C. 零星现付各项旅游费用　　D. 自由度小，价格相对便宜

3. 近代旅游业的创始者，被称为“世界旅游之父”的是（　　）。

A. 陈光甫　　B. 托马斯·库克

C. 约翰·梅森·库克　　D. 瓦特

4. 新中国的第一家旅行社是（　　）。

A. 华侨服务社　　B. 中国国际旅行社

C. 中国青年旅行社　　D. 上海商业银行旅行部

5. 我国从（　　）年起开始在全国范围内推行导游人员资格考试。

A. 1988　　B. 1978　　C. 1999　　D. 1989

二、多项选择题

1. 下列属于现代的导游服务所呈现出的主要特点的是（　　）。

A. 多样化　　B. 规范化　　C. 自由化　　D. 法制化

E. 职业化

2. 未来导游服务的发展趋势有（　　）。

A. 导游内容高度知识化　　B. 导游手段科技化

C. 导游方法多样化　　D. 导游服务个性化

E. 导游职业自由化

3. 导游服务的性质除服务性之外，还包括（　　）。

A. 文化性　　B. 经济性　　C. 综合性　　D. 社会性

E. 涉外性

4. 下列对旅游团队阐述正确的是（　　）。

A. 10 人以上成团　　B. 自行安排行程

C. 一次性付清旅费　　D. 自由度小

E. 价格相对便宜

三、实践训练

1. 请阐述导游服务的发展历程。

2. 请简述团队旅游与散客旅游的区别。

3. 请思考并讨论在当前游客需求越来越个性化的情况下，怎样才能提高导游服务的质量。

项目二 认识导游人员

导游人员常被人冠以“无名大使”“民间大使”“祖国的一面镜子”等美好的称呼。从大的方面说，导游人员素质的高低关系着国家形象、地区形象；从小的方面说，导游人员的服务质量直接影响旅游者的旅游体验和感知。随着旅游业的蓬勃发展，以及导游人员队伍的迅速壮大，加强对导游人员的规范和管理显得越来越重要。与此同时，从业人员也需要明确自己的工作职责、行业规范，培养职业荣誉感和责任感。本项目将带领我们深入认识导游人员。

项目目标

【知识目标】

1. 掌握导游人员的概念；
2. 掌握导游人员的分类；
3. 明确导游人员的职责和从业素质；
4. 明确导游人员的礼仪规范。

【能力目标】

1. 能够在导游服务中充分展现职业素质；
2. 能够依据服务原则进行服务。

任务一　认识导游人员的概念和分类

一、导游人员的概念

日常生活中，人们常常用“导游”一词来指代导游人员，这其实是有一些混淆的。“导游”本是一个动词，是引导旅游者进行旅行游览的意思。它具有多层含义，既可指导游工作、导游服务，也可指从事导游服务的工作人员，因此，为了避免混淆，我们将后者称为导游人员。

关于导游人员的定义，各国官方、学者有不同的解释。在英语中，导游人员被定义为 a person who shows others the way esp. a person employed to point out interesting sights on a journey or visit，即为他人指路，尤其是受雇在旅行游览中为他人指点风景名胜的人。

我国对于导游人员的官方定义，取自《导游人员管理条例》第二条规定：“本条例所称导游人员，是指依照本条例的规定取得导游证，接受旅行社委派，为旅游者提供向导、讲解及相关旅游服务的人员。”

根据我国对导游人员的法定概念，我们可以从以下三个层次来理解导游人员的内涵：

(1) 导游人员必须取得导游证。《旅游法》第三十七条规定：参加导游资格考试成绩合格，与旅行社订立劳动合同或者在相关旅游行业组织注册的人员，可以申请取得导游证。导游证是国家准许从事导游工作的证件。在我国，只有取得了旅游行政部门颁发的导游证的人员才是合法正规的导游人员。未经合法途径取得导游证而从事导游业务的人，以及人们日常生活中因临时扮演了导游角色而被泛称的“导游”，都不是我们这里所讨论的导游人员。

(2) 导游人员必须要接受旅行社的委派。取得了导游证的人，并不意味着就可以带团成为导游人员，这只是一个前提条件而已。我国《旅游法》第四十条规定：导游和领队为旅游者提供服务必须接受旅行社委派，不得私自承揽导游和领队业务。也就是说，要成为一名正规的导游人员，除了具备导游证以外，还必须要接受旅行社的委派。在我国，导游虽然常被视为一种自由职业，但这并不意味着导游人员是一群无组织、无管理的从业者，他们必须经过旅行社或者导游服务公司的委派，才能接受带团任务，因此他们理所当然也要接受旅行社或导游服务公司的监督、管理，这也是导游服务质量的一种保障机制。

(3) 导游人员的工作范围很广，包括为旅游者提供向导、讲解服务及相关旅游服务。导游员的职责除了要引导游客游览参观，对沿途风景名胜进行解说外，还包括沿途照料游客的食、住、行、游、娱、购，解决游客旅途中遇到的困难、问题等，保证旅游活动的顺利进行。

知识链接

如何成为一名正规的导游员

在我国，要成为一名合法正规的导游员，必须经历以下几个程序：

首先，参加全国导游人员资格考试，并通过考试获得导游资格证书。依据我国《导游人员管理条例》规定，具备下列四个条件的人员可以参加导游资格考试：

(1) 必须是中华人民共和国公民。在我国，凡是按照《中华人民共和国国籍法》规定取得中国国籍的人，都是中华人民共和国公民。报名参加导游资格考试的人员，须提供身份证原件及复印件。

(2) 必须具有高级中学、中等专业学校或者以上学历。报名参加导游资格考试人员，须提供学历证明或在读证明。

(3) 必须身体健康。报名参加导游资格考试的人员，须参加体检，并提供合格的体检证明。

(4) 必须具有适应导游需要的基本知识和语言表达能力。只有具备了足够的专业知识和一定的口头表达能力、讲解能力，才能够顺利通过导游资格考试的笔试和口试两个环节，如愿获得导游员资格证书，如图 2-1 所示。

图 2-1　导游员资格证书样本

其次，获得导游证。导游证是国家准许从事导游工作的证件，它不同于导游资格证，它是导游人员从业的凭证，也可被视为“上岗证”，导游在出团时必须正确佩戴导游证。《旅游法》规定，若未取得导游证便提供导游服务的人员或旅行社安排此类人员提供导游服务的，由旅游主管部门责令改正，没收违法所得，并处以罚款。根据《导游人员管理条例》，取得了导游人员资格证书的人员有条件申请领取导游证，申领的途径有两种：

(1) 与旅行社订立劳动合同。这类人员是指专职导游员，是旅行社的雇员，与旅行社的关系是通过劳动合同来确定的。

(2) 在导游服务公司登记。这类人员可以是专职导游员，也可以是非专职导游员，他们都不是旅行社的正式员工，而是在导游服务公司注册登记后，如果某旅行社需要导游员，可通过导游服务公司聘用他们。所谓“导游服务公司”，是指从事对导游人员的业务管理、培训，并为旅行社和导游人员提供供需信息等服务的企业，它在导游人员与旅行社之间起到了桥梁的作用。

通过以上两种途径，可向省、自治区、直辖市人民政府旅游行政部门申请领取导游证。传统的 IC 卡导游证样本如图 2-2 所示。

图 2-2 IC 卡导游证样本

这里说到了导游员资格证书和导游证两种证件，它们的区别见表 2-1。

表 2-1 导游员资格证书和导游证的区别

	性质	颁证机构	领取程序	作用	期限
导游员资格证书	标志某人具备从事导游职业资格的证书	由国务院旅游行政部门或国务院旅游行政部门委托的省、自治区、直辖市人民政府旅游部门颁发	参加导游人员资格考试并合格后，向旅游行政部门领取	仅仅表明持证人具备了从事导游职业的资格，但并不能实际从事导游职业，是从业资格的证明	没有期限规定
导游证	标志国家准许某人从事导游职业的证书	由省、自治区、直辖市人民政府旅游部门颁发	必须是取得导游人员资格证书，并与旅行社订立劳动合同或者在导游服务公司登记后，方可向旅游行政部门领取	表明持证人可以实际从事导游职业，是从业许可的证明	有期限规定，根据《导游管理办法》第十三条的规定，导游证的有效期为 3 年。导游人员需要在导游证有效期届满后继续执业的，应当在有效期限届满前 3 个月内，通过全国旅游监管服务信息系统向所在地旅游主管部门提出申请。

2017 年 11 月 1 日国家旅游局公布的《导游管理办法》中规定，启用“电子导游证”代替原 IC 卡导游证，建设“全国旅游监管服务信息系统”。电子导游证以电子数据形式保存于导游个人移动电话等移动终端设备中，它相较于原 IC 卡导游证的优势如表 2-2 所示。

表 2－2　　电子导游证与 IC 卡导游证的比较

	核发	载体形态	功能	使用和管理
IC 卡导游证	制作周期长，程序相对复杂，核发、使用的时间成本较高	虽然内含电子芯片，但以非电子数据形态存在	只能体现导游姓名、性别、证号等一般性静态信息	只有监管人员采用专用的扫描设备才可读取导游基本信息、识别导游真伪
电子导游证	导游通过全国旅游监管服务信息系统申请，在旅游部门审批通过后即可自动生成电子导游证，电子导游证和导游身份标识的申领均十分便捷	保存在导游个人移动电话等移动终端设备中，以电子数据形式存在，只要有手机等终端设备即可随身携带	除了显示导游的基本信息之外，还能够存储导游的执业轨迹，记录导游的社会评价，体现导游的服务星级水平，拥有导游执业的完整数据库	旅游者和旅游监管人员采用 App 扫描二维码的方式即可与系统信息进行比对，甄别导游身份，防止导游与证件不匹配而非法从事导游业务等问题

二、导游人员的分类

导游人员的工作范围广，内容繁杂，对导游人员的分类也相对比较复杂。各个国家由于语言的不同，服务方式、服务性质等的不同，对导游人员的分类也不尽相同，没有统一的标准。我国对导游人员的分类主要有以下几种标准，根据不同的标准，将导游人员分成了不同的种类。

（一）按业务范围划分

按照业务范围对导游人员进行划分，是导游人员分类的主要标准。按照业务范围不同，导游人员主要分为出境领队、全程陪同导游人员、地方陪同导游人员和景区景点讲解员四类。

1. 出境领队

出境领队，也称海外领队，指依法取得出境领队证，接受具有出境旅游业务经营权的国际旅行社的委派，全权代表该旅行社带领旅游团队从事出境旅游业务的工作人员。领队证的获取，不同于导游资格证需要参加考试，而是由导游员所在的旅行社推荐取得。根据《旅游法》第三十九条的规定，取得导游证，具有相应的学历、语言能力和旅游从业经历，并与旅行社订立劳动合同的人员，可以申请取得领队证。

知识链接

成为出境领队应具备的条件

按照《旅行社条例实施细则》，导游员担任领队应具备下列条件：（1）取得导游证；（2）具有大专以上学历；（3）取得相关语言水平测试等级证书或通过外语语种导游资格考试，但为赴港澳台地区旅游委派的领队除外；（4）具有两年以上旅行社业务经营、管理或者导游等相关从业经历；（5）与委派其从事领队业务的取得出境旅游业务经营许可的旅行社订立劳动合同。赴台旅游领队还应当符合《大陆居民赴台湾地区旅游管理办法》规定的要求。

2. 全程陪同导游人员

全程陪同导游人员，通常简称为全陪，是指受组团旅行社委派，作为组团旅行社的代表，在领队和地方陪同导游人员的配合下实施接待计划，为旅游者提供全程陪同服务的工作人员。组团旅行社（简称组团社）和地方接待旅行社（简称地接社），是根据业务范围不同，将旅行社划分的两种类型。前者指接受旅游者或者海外旅行社预定，制订和下达接待计划的旅行社，它主要负责招徕和组织旅游团，并提供全程导游服务。后者指接受组团社的委托，按照接待计划委派地方陪同导游人员负责组织安排旅游团在当地参观游览等活动的旅行社。

3. 地方陪同导游人员

地方陪同导游人员，通常简称地陪，是指接受地接社委派，代表地接社实施接待计划，为旅游团提供当地旅游活动安排、讲解、翻译等服务的工作人员。在一次旅游行程中，代表组团社的全陪与代表地接社的地陪相互合作，共同保证旅游团各项活动的顺利进行。组团社与地接社各自的业务范围不同，但彼此密不可分、缺一不可，二者的关系如图 2-3 所示。

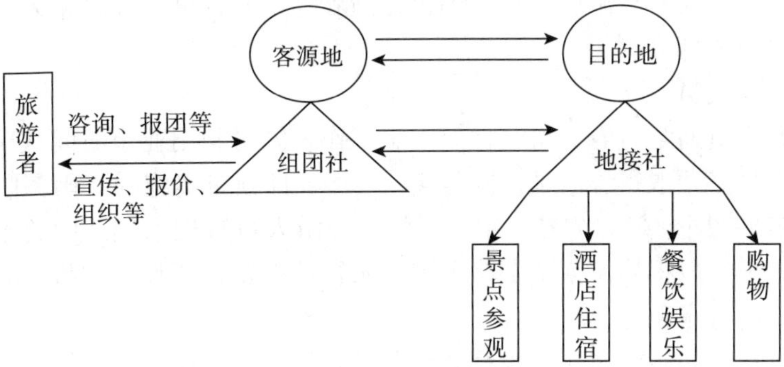

图 2-3　组团社与地接社关系图

4. 景区景点讲解员

景区景点讲解员，严格来说并不属于导游员，但由于其工作内容与导游员有极大的相关性和相似性，因此也将其归类为导游员。景区景点讲解员，是指在景区景点，如博物馆、公园、风景名胜区等，为游客进行导游讲解的工作人员。讲解员是受雇于各景区景点的，与旅行社无直接关系，但常常为旅游者提供景区景点的讲解服务，对导游员尤其是地陪的工作起到了很好的补充作用。因此，在生活中我们常常把讲解员称呼为“导游”，也就不足为奇了。

（二）按职业性质划分

按照职业性质，可将导游员分为旅行社专职导游员和社会导游员两类。

1. 旅行社专职导游员

专职导游员，顾名思义，就是专门从事导游职业的人员，以导游工作为其主要职业。

专职导游员大多受过专业训练，一般长期受聘于某家旅行社，作为旅行社的一名正式员工提供导游服务，并接受旅行社支付的固定报酬。

旅行社专职导游员与旅行社存在着固定、明确的雇佣关系，作为旅行社的一分子，接受旅行社的严格管理，具有明确的责、权、利关系，与旅行社之间是荣辱与共的命运共同体。因此，通常来讲，这一类导游员专业技能、职业素质比较整齐划一，是旅行社开展经营活动的坚实基础。但是，随着旅游市场的蓬勃发展，单单依靠旅行社专职导游员已远不能满足市场需求，再加上一些中小型旅行社从自身实际出发，不愿意或者无能力长期雇用专职导游员，因此，市场发展的需要催生出了另一类导游员，称为社会导游员。

2. 社会导游员

社会导游员是相对于旅行社专职导游员而言的，他们也是依法取得了导游证的从业人员。与旅行社专职导游员不同的是，社会导游员并非固定地受雇于某家旅行社，也不通过与旅行社签订劳动合同来申领导游证，而是通过在相关旅游行业组织注册来申领导游证。社会导游员又分为自由执业导游人员和兼职导游人员两类。

（1）自由执业导游人员。

这一类导游人员仍然以导游工作为主要职业，但并不受雇于固定的旅行社，而是通过签订临时劳动合同为多家旅行社服务，或者通过导游自由执业平台为散客提供导游服务。自由执业导游人员在许多西方国家很流行，占据导游队伍的大部分。近年来，随着市场环境的不断变化，自由执业导游队伍在我国也逐渐壮大，并且可以预见未来他们将成为我国导游人员的主要组成部分。

（2）兼职导游人员。

这一类导游人员通常有着一份其他的固定工作，同时利用业余时间从事导游工作，但前提是，此类人员必须取得导游证。2017 年 10 月 7 日颁布实施的《国务院关于修改部分行政法规的决定》（国令第 687 号）中，已将《导游人员管理条例》中关于“具有特定语言能力的人员，虽未取得导游人员资格证书，旅行社需要聘请临时从事导游活动的，可申领临时导游证”的规定删除。

不管是旅行社专职导游员，还是社会导游员，他们都为我国越来越庞大的游客群体提供着导游服务，为我国旅游市场的繁荣发展做出了巨大的贡献。我们也可以预测，未来随着我国旅游市场的进一步开放和发展，导游员的就业方式会更加多元化，导游员的队伍将更加壮大。

案例

还不知道私人导游，你就 out 了

如今，随着旅游需求越来越个性化，以及散客游的不断兴起，无论在国内还是国外，私人导游逐渐成为导游队伍里面越来越流行、越来越受欢迎的一个群体。私人导游，顾名思义，是只为个人或者小团队提供导游服务的导游，私人导游的出现是因为游客有不同的要求。与传统导游不同的是，私人导游可以为顾客提供一对一的导游服务。

1. 私人导游的分类

私人导游首先是要求持有国内认可的导游证才可以上岗。根据导游服务的区域、导游

的经验、提供的语种等将私人导游分为不同类型，如目的地的私人导游、英文私人导游、私人旅游管家等。

2. 私人导游的行程

私人导游可以根据游客的要求制定旅行路线，行程自由。目前我国很多人在国外做导游，专门接待国内的游客。他们可以根据游客需要，为游客提供不同的服务。如果客人需要游多个城市，可以要求导游带车，这样行程就会更加方便。

3. 私人导游的收费

私人导游分为普通话导游和外语导游，二者收费不同。普通话导游一天收费约 400 元。外语导游分为英语导游和小语种导游，英语导游一天收费约 500 元，法语、西班牙语、意大利语等小语种导游一天收费 600～800 元。

现如今，越来越多的境外出游者选择私人导游，不但能节约时间，还能更加充分地了解当地的风俗习惯，让出行更加方便顺畅。

请思考：私人导游的兴起对导游队伍以及我国旅游业会产生什么影响?

提示：私人导游的出现是由市场需求催生的，它实质上是散客导游的一种，其私人定制的性质与灵活机动的服务方式给散客旅游者带来了极大的便捷。可以预见，私人导游将成为未来导游队伍的主流，它也将推动我国未来的旅游活动向更多元化的方向发展。

（三）按使用语言划分

按照导游员使用的语言，导游员可分为中文导游员和外语导游员两类。

1. 中文导游员

中文导游员是指使用普通话、地方话或者少数民族语言从事导游业务的导游人员。目前，这类导游人员的服务对象主要是国内旅游中的中国公民和入境旅游中的港、澳、台同胞。

2. 外语导游员

外语导游员是指运用外语从事导游业务的导游人员。目前，这类导游人员的服务对象主要是入境旅游的外国游客和出境旅游的中国公民。

（四）按技术等级划分

按照技术等级，导游员分为初级、中级、高级、特级四种类型。

1. 初级导游员

凡是通过文化和旅游部组织的统一考试，获得导游人员资格证书并进行岗前培训，与旅行社订立劳动合同或在相关旅游行业组织注册后，即可自动成为初级导游员。

2. 中级导游员

取得导游员资格证书满 3 年，业绩明显，经笔试导游知识专题、汉语言文学知识或外语，合格者晋升为中级导游员。

3. 高级导游员

取得中级导游员资格满 3 年，工作成绩突出，无重大投诉，有较高导游工作研究水平的，经笔试导游能力测试和导游综合知识，合格者晋升为高级导游员。

4. 特级导游员

取得高级导游员资格5年以上，职业道德高尚，工作成绩优异，有突出贡献，在国内外同行中有较大影响的，经论文答辩通过后晋升为特级导游员。

任务二 认识导游人员的职责和从业素质

一、导游人员的职责

（一）导游人员的基本职责

导游人员的基本职责是指各类导游人员都应履行的共同职责。各类导游员由于工作性质、工作对象、工作范围和时空条件各不相同，职责重点也有所区别，但他们的基本职责是共同的，就是为游客提供良好的导游讲解、旅行服务等，保证旅游活动的顺利开展。导游人员的基本职责有如下几个方面：

1. 接受任务，带团游览

导游人员应接受旅行社分配的导游任务，按照接待计划安排和组织游客参观、游览。

2. 导游讲解，传播文化

导游人员负责向游客导游、讲解，介绍一国或一地的传统文化和旅游资源，使文化得以传播和宣扬。

3. 安排旅游事宜，保护游客安全

在旅游的过程中，导游人员应配合和督促有关部门安排和落实游客的交通、住宿等各项事宜，保护游客生命和财产的安全。

4. 反映意见要求，安排相关活动

对于游客提出的意见和要求，导游人员应及时向上级反映，并积极协助有关部门做好相应的安排。

5. 解答问询，处理问题

对于游客提出的问题或咨询，导游人员应耐心予以解答，并协助处理游客在旅游过程中遇到的各种问题和事故。

6. 引导文明旅游

在旅游的过程中，导游人员要以身作则，遵守文明旅游规范，并引导游客开展文明旅游活动。

除了以上这些基本职责以外，导游人员根据业务范围的不同，各自所负的主要职责也有所不同。

（二）出境领队的主要职责

出境领队代表客源地的组团社，带领旅游团出境游览，他是旅游团的领导者和代言人，为旅游团提供全程的旅途生活照料，同时也是游客利益的维护者。由于境外情况不同，面临着更复杂的环境和更多变的形势，出境领队会肩负更加重大的责任。出境领队的主要职责有以下几个方面：

1. 全程服务，旅途向导

旅游团出行前，领队应召开行前说明会，向全团游客介绍旅游目的地（国）的概况及注意事项，做好必要的提醒工作。在旅游期间，领队应全程陪同旅游团进行参观游览活动，并提供必要的旅途导游和生活服务。

2. 落实旅游合同

领队要监督及配合旅游目的地（国）的全陪、地陪（如果有）安排好旅游计划，组织好游览活动，全面落实旅游合同。

3. 做好组织和团结工作

领队应关注并听取游客的要求和意见，做好旅游团的组织工作，解决矛盾，维护旅游团内部的团结，并适时调动游客的积极性，保证旅游活动顺利进行。

4. 协调联络，维护权益，解决难题

领队应负责旅游团与当地（国）接待社的联络工作，转达游客的建议、要求、意见乃至投诉，维护游客正当权益，遇到麻烦或问题时要出面斡旋解决。

（三）全程陪同导游人员的主要职责

全程陪同导游人员在导游工作集体中处于中心地位，起着主导作用。他的工作职责与出境领队既有相似之处，也有不同。全陪在接待入境团的时候，代表的是接待国（地），是旅游团在该国（地）活动的主要决策人。全陪在接待国内团的时候，代表的是国内的组团社，负责全程陪同旅游团完成旅游活动。全陪的主要职责有以下几个方面：

1. 实施旅游接待计划

全程陪同导游人员应按旅游合同或约定实施组团社的接待计划，代表组团社监督各地接待单位对接待计划的实施情况和提供的接待质量。

2. 联络工作

全程陪同导游人员负责旅游过程中同组团旅行社和各地接待旅行社的联络，做好旅途中各站的衔接工作，确保旅游活动的连贯性、一致性和多样性。

3. 组织协调工作

全程陪同导游人员应协调旅游团与地方接待社及地方陪同导游人员之间、领队与地方陪同人员之间、司机等各方面接待人员之间的合作关系，协调旅游团在各地的旅游活动，听取游客的意见。

4. 维护安全，处理问题

全程陪同导游人员应维护游客的生命和财产安全，当发生突发事件或问题的时候，全陪应充当旅游团的代言人去处理问题、解决问题，维护游客的利益。当游客提出意见和要求的时候，全陪要予以转达，并力所能及地对这些意见、要求乃至投诉给予相应处理。

（四）地方陪同导游人员的主要职责

地方陪同导游人员代表的是地方接待社，是旅游接待计划的具体执行者。地陪是典型的、完全意义上的导游员，他的工作量最大、最辛苦，所起的作用最关键。地陪的主要职责有以下几个方面：

1. 安排旅游活动

地方陪同导游人员应严格按照旅游接待计划，合理安排旅游团在当地的旅游活动。

2. 做好接待工作

这是地方陪同导游人员的重点职责之一，包括安排、落实旅游团在当地的接送服务和食、住、行、游、购、娱等服务，并与全陪、领队密切合作，按照旅游接待协议做好当地旅游接待工作。

3. 导游讲解

地陪与全陪、领队工作最大的不同之一就是承担讲解的工作，地陪要负责旅游团在当地参观游览中的导游讲解，积极介绍和传播当地文化和旅游资源，解答游客在游览中提出的问题。

4. 维护安全，处理问题

地陪要维护游客在当地旅游过程中的生命和财产安全，做好事故防范和安全提示工作。当游客在当地旅游过程中发生各种问题时，地陪应妥善处理。

（五）景区景点讲解员的主要职责

景区景点讲解员与前面三种导游人员的不同是，他不负责游客在旅途过程中的生活照料，工作内容比较单一，工作职责明确，主要包括以下几点：

1. 导游讲解

景区景点讲解员的职责重点就是负责所在景区景点的导游讲解，解答游客关于该景区景点的任何问询。

2. 安全提示

景区景点讲解员在游客参观游览的过程中要做出必要的安全提醒，遇到问题和突发事故时，要给予必要的协助。

3. 宣讲相关知识

景区景点讲解员有义务结合景区的景观景物向游客宣讲环境、生态和文物保护等相关知识。

总的来说，导游员是为游客的旅游活动顺利开展提供重要保障的人，虽然由于分工的不同，他们所负责的具体工作内容和工作职责有些区别，但他们的工作对象、工作目标是一致的，即为游客提供力所能及的周全的服务，这也是他们之间合作共事的坚实基础。他们之间的关系是密不可分、互相依存的。各类导游员的异同如表 2-3 所示。

表 2-3　　各类导游员的异同

	区别					共同点
	委派单位	工作重点	讲解内容	陪同范围	旅途服务	
出境领队	客源地组团社	组织和团结工作	召开行前说明会，介绍目的国（地）的基本概况和出行注意事项	全程陪同	为游客提供生活照料	共同的工作对象、共同的工作目标
全陪	国内组团社	自始至终参与旅游团各环节的衔接，监督接待计划的实施，协调领队、地陪、司机等的协作关系，按照服务规范提供各项服务	介绍沿途各站点情况	全程陪同	为游客提供生活照料	

续前表

	区别					共同点
	委派单位	工作重点	讲解内容	陪同范围	旅途服务	
地陪	地方接待社	实施旅游接待计划，负责当地旅游活动的安排、接待和导游讲解	介绍接待地及游览景点基本情况	接待地陪同	为游客提供生活照料	共同的工作对象、共同的工作目标
景区景点讲解员	景区	负责景区导游和宣传	景点导游词	景点陪同	无	

案例

领队为救游客被大象踩死

2017年12月21日，由重庆北国假期国际旅行社组织的一个泰国出境游旅游团，在芭提雅象园内游玩。两位游客不听导游和领队的提醒，擅自接近大象与之合照。象园内的象夫发现后，第一时间将游客赶出了现场。但是两位游客心有不甘，再一次跑进去拉、摸大象尾巴，导致大象被激怒，紧追他们不放。领队何某发现这一情况后，赶紧跑上前去将两名游客救出。不幸的是，何某被大象用鼻子卷起后重重甩下，并被踩踏致死。

请思考：如果你是一名领队，如何避免案例中类似事故的发生？在发生事故时，又应该采取什么措施处理？

提示：预防事故的发生，以及当事故发生时维护游客的生命财产安全是每个导游员的职责。作为一名领队，面对国外复杂多变的环境，要时刻保持高度的警惕，随时提醒游客须知的注意事项，必要时候采取严厉的措施来警示游客。当事故发生时，领队首先须保持冷静，快速分析事态，找出最佳解决办法，以维护自身和游客的生命财产安全为首要原则。

二、导游人员的从业素质

当今社会，旅游已经成为人们生活中必不可少的一个组成部分，并且旅游活动也越来越成为一种文化活动，人们出外旅游更多的是为了开阔眼界、获取新知，这就对导游员的素质提出了更高的要求。总之，高品质的旅游需要的是高素质的导游。

新中国成立后，我国出现了最早的一批导游员，他们扮演的角色与其说是导游，不如说是外交家。他们具备了相当高的素质，思想过硬、业务过硬、外语过硬，在陪同外国政要、友好人士访华的过程中身兼数职，翻译、讲解、宣传我国的文化风貌，是全国精挑细选出来的一批从业人员。改革开放以来，我国导游工作发生了较大的变化，要成为一名合格的导游人员，应该具备以下几点素质：

（一）良好的思想品德

高尚的品德是21世纪对于人才的首要要求。作为一名导游人员，他不仅代表着公司的形象，更代表着一个地区、一个国家的人民的精神风貌，因此，导游人员必须具备良好的思想品德，具体来说，表现在以下几个方面：

1. 热爱祖国、热爱家乡

热爱祖国、热爱家乡，是成为一名合格导游人员的首要条件。一方面，在我国，导游人员所从事的工作是祖国整个事业的一部分，祖国培养了导游人员，为导游人员的成长创造了良好的社会环境和工作条件，因此导游人员应懂得感恩，并通过自己的努力工作来回报祖国的培育。另一方面，导游人员的一言一行都代表着自己的祖国、自己的家乡，尤其是在接待海外游客的时候，导游人员更要注重自己的言行举止是否与国家的形象、民族的尊严相称，并把自己对祖国、对家乡的热爱转化成激情昂扬的话语，讲给游客听，从而感染游客、打动游客，让他们获得美的享受。

2. 优秀的道德品质和高尚的情操

优秀的道德品质和高尚的情操是导游人员必备的修养。导游工作是一份与人高度接触的工作，导游人员随时随地需要与游客、各接待单位、本社工作人员等各种各样的人打交道，只有具备了优秀的道德品质和高尚的情操，导游人员才能在各种人际交往中受人尊敬，才能获得别人的认可与配合，在游客面前也才能发挥好表率作用，引导游客文明旅游，共同维护社会主义的精神文明风貌。

3. 热爱本职工作

导游是一份辛苦的职业，不仅日晒雨淋、起早贪黑，还时刻面临着各种突发状况、各种委屈不快，甚至意外和危险，对游客还要随时做到细心体贴、服务周到，因此如果没有一颗对本职工作的热爱之心，是很难坚持下来做好导游工作的。

4. 遵纪守法

遵纪守法是每个公民应尽的义务，作为导游人员，可能会面对社会上形形色色的现象、行为，可能会面对各种诱惑和精神污染，这就要求导游人员树立高度的法纪观念，自觉遵守相关的法律法规，以及旅游行业的规章制度，严格执行导游服务质量标准，在工作中多请示汇报，切忌自作主张，更不能做违法乱纪的事。

（二）渊博的知识

说起导游人员，人们的印象总是“上知天文，下知地理，能说会唱”的全能型选手，这从一个侧面反映了成为一名合格导游人员的必备素质之一——渊博的知识。导游人员的知识体系包罗万象，主要包括以下几个方面：

1. 语言知识

导游是一份与人打交道的职业，与人打交道最重要的工具就是语言，所以说语言是导游人员最重要的基本功一点也不为过。俗话说“工欲善其事，必先利其器”，没有过硬的语言能力，导游人员怎么可能把服务工作做好呢？

语言知识包括外语知识和汉语（或少数民族语言）知识。涉外导游人员至少应掌握并熟练运用一门外语，并了解或掌握2～3门其他语种的外语。除了要掌握外国的语言外，涉外导游人员还需要了解外国的文化，以便与外国游客无障碍地交流沟通，在接受新思想、新观念的同时，传播中华文化。中文导游员不仅要能用中文表达交流，还要修炼说话的艺术，让游客在听你讲解的过程中获得美的享受。

2. 史地文化知识

史地文化知识包括历史、地理、民族、宗教、风俗民情、风物特产、文学艺术、古典建筑和园林等诸方面的知识，这些知识是导游讲解的素材。俗话说“巧妇难为无米之炊”，导游人员如果没有丰富的知识储备，就无从做到精彩讲解。因此，导游人员平时要多看书、不断学习，尤其是对于即将去的旅游景点、旅游目的地要了如指掌，还要善于将当地的风景名胜、自然风貌与历史典故、文学名著、名人逸事、民间传说等联系起来，使游客获得“看景不如听景”的乐趣。

3. 政策法规知识

政策法规是导游人员工作时的正确指引。导游人员在导游讲解、回答游客提问或同游客谈论有关问题时，必须以国家的方针政策和法规为指导，避免给游客造成误解。在旅游过程中若出现有关问题，导游人员须根据国家政策和有关法律法规予以正确处理。此外，导游人员要自觉遵纪守法，自身的言行必须符合国家政策法规的要求。

4. 心理学知识

导游人员的工作需要与形形色色的人打交道，他所扮演的角色也是多重的，有时是讲演者，有时是推销者，有时是协调者，有时是管理者。为了能顺畅地扮演好各种角色，完成各项任务，导游人员需要具备一定的心理知识，从而能够在工作中有的放矢，更有针对性地做好服务工作。

5. 美学知识

旅游活动是一项综合性的审美活动，导游人员不仅要向游客传播知识，也要传递美，让他们获得美的享受。因此，作为一名合格的导游人员，要会欣赏美，引导游客发现美，并善于用生动形象的语言向游客介绍美，也要会用良好的审美情趣来提升自己。

6. 政治、经济、社会、国际知识

导游人员面对的游客可能来自各个领域、各种教育背景以及社会阶层，其中不乏对政治、经济、社会、国际问题关注、热衷的人士，为了获得更多的与他们交流的机会，导游人员势必需要丰富自己这些方面的知识储备。不仅如此，游客在旅游目的地游玩的过程中，也会对当地的政治、经济、社会等问题感兴趣，导游人员也需要学习了解这些方面的知识以备讲解或者解答游客提问之用。

涉外导游人员还需要掌握必要的国际知识，了解国际形势、国际热点问题，熟悉旅游客源国（地）和接待国（地）的概况，包括其历史、地理、文化、风土民情、宗教信仰、民俗禁忌等，在旅游接待的过程中做到知己知彼、有问能答。

7. 旅行知识

导游人员在接待游客的过程中，需要随时帮助游客解决旅行中的种种问题，例如出入境、交通工具、卫生疾病、货币、度量衡等，因此作为一名合格的导游人员，还需要储备这些方面的知识，以备不时之需。

（三）独立工作能力和创新精神

导游人员在工作的过程中面对的人和环境具有复杂性、多变性的特点，虽然有行业规范、政策法规的指引，在遇到问题和困难时也可以求助于计调人员、旅行社领导，但是更多的时候要求导游人员具备清晰地分析问题、正确地判断问题、独立地解决问题的能力，既能够按规范操作，又不墨守成规，懂得随机应变和创新。具体来说，要求导游人员具备以下几个方面的能力：

1. 独立执行政策和进行宣传讲解的能力

导游人员必须具有高度的政策观念和法制观念，要以国家的有关政策和法律、法规指导自己的工作和言行。要积极主动地宣传祖国，讲解我国现行的方针政策，介绍我国人民的伟大创造和社会主义建设的伟大成就，回答游客的种种询问，帮助他们尽可能全面、正确地认识我国。

2. 组织协调和管理的能力

导游人员接受任务后，代表各自的旅行社为游客提供服务。在旅游期间，他们就是游客的领路人、代言人，他们不仅要负责在景点的讲解，还要负责游客在旅途中的食、住、行、游、购、娱。这就要求导游人员具有较强的组织协调能力，从而保证旅途中各个环节的顺畅衔接。

导游人员接团后，就是这个团队的负责人。要使这个团队顺利圆满地完成旅游计划，就要组织管理好这个旅游集体。旅行前对所有旅游者发出安民告示，提出要求和注意事项。团队组成人数比较多的情况下可编成若干小组，每个小组推选或指定一个召集人，这样便于管理和快速集结。

3. 善于和各种人打交道的能力

导游人员的工作对象相当广泛，与年龄、性别、族群、信仰和理念、受教育层次、性格、品质各异的人打交道，需要导游人员具备较强的人际交往能力，掌握一定的公共关系学知识，能够灵活地处理好各方面的关系，提高导游服务质量。

4. 独立分析、解决问题，处理事故的能力

冷静分析、果断决定、正确处理意外事故是导游人员最重要的能力之一。旅游活动中意外事故、突发状况在所难免，这就要求导游人员具备临危不乱、头脑清楚、冷静沉着、处理果断、积极主动等特质。

（四）熟练的导游技能

导游服务是典型的服务技能型工作，既包括操作技能，又包括智力技能。具体来说，要求导游人员具有与同事协作共事，与游客成为伙伴，使旅游生活愉快的带团技能；根据旅游接待计划和实情，巧妙、合理地安排参观游览活动的技能；选择最佳的旅游路线，组织活动，当好“导演”的技能；触景生情、随机应变，进行生动精彩的导游讲解的技能；灵活回答游客的询问，帮助他们了解旅游目的地的宣讲技能；沉着、果断地处理意外事故的应急技能；合情、合理、合法地处理各种问题和旅游投诉的技能；等等。

语言、知识、服务技能构成了导游服务三要素，缺一不可，只有三者的结合才称得上是高质量的导游服务。导游人员的服务技能与他的工作能力和掌握的知识有很大的关系，需要在实践中培养和发展。导游人员要在掌握丰富知识的基础上，努力学习导游方法、技巧，并不断总结、提炼，形成适合自己特长的导游方法、技巧及自己独有的导游风格。

（五）健康的身心

导游工作是一项脑力劳动和体力劳动高度结合的工作，内容繁杂、量大面广、流动性

强、体力消耗大，而且工作对象复杂。因此，导游人员必须是一个身心健康的人，否则很难胜任工作。导游人员的身心健康包括以下几个方面：

1. 身体健康

导游人员在带团的过程中经常需要走很多路，上山下海，作息时间不规律，这就对导游人员的身体素质提出了一定要求。加之导游人员带团的时候东奔西走，经常需要在短时间内变换多个地方，甚至国家，不断变化的气候、水土、时差等对于他们来说都是严峻的考验，没有一个健康的体魄，导游人员很难胜任这份工作。

2. 心态平和

导游人员的工作说到底是给游客带来精神上的愉悦，因此他本人就需要在精神上时刻保持愉快、饱满的状态，从而带动和感染游客。导游的工作千变万化，经常需要面对和处理一些突发状况，也可能会面临游客的抱怨、指责、过分的要求，因此，导游人员的心理素质必须要好，要会调整心态，保持平和。

3. 思想健康

导游人员应具有健康的审美情趣、高尚的情操和超强的自控能力，能够抵制形形色色的诱惑，清除各种腐朽思想的污染。

总之，一名合格的导游人员应精明、能干、老练、沉着、果断，有领导能力，而且工作积极、耐心、细心，会关心人、体谅人，富有幽默感，导游技能高超。

任务三 认识导游人员的礼仪规范

一、导游人员的仪容仪表

心理学家通过实验证明，对于第一次接触的人来说，第一印象的形成主要来自视觉，即人的仪容仪表。

仪容，指一个人的容貌，不仅包括一个人天生的长相，还包括一个人按照社会公认的审美标准或职业规范进行修饰之后的容貌。仪表，指一个人的外表，包括人的形体、服饰、姿态、举止、风度等方面，是一个人精神面貌和状态的外在体现。导游人员的仪容仪表，不仅反映了其本人的审美情趣，更是其职业素养的体现。作为经常与人打交道的工作人员，须注意自己的仪容仪表是否符合职业要求，是否能给交往对象带来良好的感受。

（一）面容礼仪

面容，即面部的仪容。在人际交往中，最容易受人关注的就是一个人的面容。大多数人的容貌都不是十全十美的，导游人员要学会扬长避短地修饰自己的面部容貌，使自己光彩照人。在很多国家，化妆被视为一个人对自身及他人的尊重。化妆不是胡乱地涂脂抹粉，更不是浓妆艳抹，化妆要遵循礼仪规范，才能起到其应有的作用。化妆需遵循以下一些原则：

1. 干净整洁，端庄大方

干净整洁是化妆的最基本要求，女士化妆前要做好洁肤、护肤的工作，男士应剃须修面、修整鼻毛等，切忌蓬头垢面、须发不整。职业妆要自然大方、素净雅致，符合导游人员的角色定位，不应有明显的修饰痕迹，易被服务对象接受和认可。

2. 整体协调，与环境相适应

职业妆要注意使用同一色系的色彩，保持化妆各部位整体协调。并且，在不同的时间、不同的场合，要化不同的妆。例如导游人员白天带团时，在日光的照射下，穿梭于秀丽的湖光山色中，适合化淡妆，与周围环境相映衬。晚上，导游人员如需参加舞会、宴会等社交活动，则可化稍浓的妆，与艳丽的服装相搭配。

3. 恪守化妆禁忌

化妆作为一种礼仪，需遵守以下禁忌：

(1) 不要在众目睽睽下化妆或整理妆容，这是很失礼的行为，女士尤其注意不要在男士面前化妆；

(2) 对别人，尤其是外宾的妆容不可指指点点、评头论足；

(3) 不要借用他人的化妆品，这样既不卫生也不礼貌；

(4) 临睡前，不能因疲倦、劳累不卸妆，这样对皮肤是非常有害的。

(二) 发式礼仪

一个人的头发是最易被别人关注的部位之一，所以一定要随时保持头发的整洁和美观。发式，通常是一个人依照自己的审美习惯、工作性质和自身特质，对自己的头发进行的修剪、造型和装饰。在造型之前，首先应做到头发的清洁与养护。

通常应三天左右洗一次头，因为人的头皮每天都在不停地分泌油脂，如不经常洗头，分泌的油脂会阻塞毛囊，产生头皮屑，发丝容易打结。顶着一头油发去接待客人，是不礼貌的行为。

头发除了要做到定期清洁以外，还需要养护，尤其是导游人员，工作中经常风吹日晒，头发损伤较严重，应及时做好养护。

发型设计必须与一个人的脸型、身材、年龄及工作场合相适应。职场中的女性，发型应显干练稳重、优雅大方。女导游人员的发型以简短平直为宜，若留长发，则不宜披肩，可扎马尾或盘发。职场中的男性，发型以短发为主，要体现出刚毅有力的阳刚气质。男导游人员切忌留长发，以寸头为宜，显得干净阳光。

(三) 服饰礼仪

服饰是指人的服装穿着、饰品佩戴，它是一种历史符号、社会符号、礼仪符号、情感符号、个性符号。俗话说："人靠衣装，佛靠金装。"服饰对于人既能"扬美"又能"抑丑"，若能巧妙地运用，就会使其与人体构成和谐的美，起到相得益彰、锦上添花的作用。

着装要适宜，就需遵守以下原则：

1. 整洁原则

整齐干净是服饰打扮最根本的原则。在社交场合，人们往往通过衣着是否整洁大方来判断一个人的涵养素质。穿着整洁给人以积极健康的感觉，易得到别人的欢迎和肯定，而穿着邋遢、污浊则会给人颓废、失礼的感觉。尤其是导游人员，工作中四处奔走劳累、大量出汗，要注意勤换衣服，时刻保持干净清爽的形象。

案例

七天只换一次T恤衫

吴先生是北京某旅行社的导游员，在工作中一贯很注重自己的着装。一日，在他带一个马来西亚团去承德的路上，该团领队陈小姐对他说："吴先生，我的客人很欣赏你，因为他们注意到你每天都换衬衫。上次接待我们的那位导游先生，人很好，也很热情，但他穿的T恤七天里只换过一次，味道很难闻，所以大家对他都敬而远之。"

请思考：导游人员带团时在着装上应注重什么？

提示：导游人员在带团时，着装应以整洁、大方、方便工作为原则。勤换衣服、勤洗澡，养成良好的个人卫生习惯，不仅是个人素质的体现，也是对别人的尊重。

2. 个性原则

个性原则是指在社交场合中树立个人形象，以一个独立的人被社会接纳与承认。个性化不是盲目赶时髦，而是懂得根据自身的特点选择适合自己年龄、身份、性格、职业、文化素养等的服饰。

3. 和谐原则

和谐原则指协调得体，包括四层含义：

(1) 着装要适合自身体型。如身材丰满的人宜着深色宽松的服装，身材纤细的人则宜着浅色合身的服装。

(2) 着装要与年龄相符合，年轻人的穿着要体现出活泼朝气，中年人的穿着要体现沉稳庄重，老年人的穿着则以舒适方便为主。

(3) 着装要与职业相协调，职场中要着职业装，不能将生活中的装扮带入职场。

(4) 服饰色彩搭配和谐自然，全身着装颜色最好不超过三种，而且以一种颜色为主色调，颜色太多会显得乱而无序、不协调。

4. TPO 原则

TPO 分别指代 time、place、object 三个英文单词，即时间、场合、目的。所谓着装的 TPO 原则，是强调穿着要与环境相协调，与时间、场合、目的相适应。

(1) 与时间相适应。不同的时间有不同的着装要求，不同的时间既包括早晚的时间变化，也包括一年四季的变换，以及年代的差异。例如，白天不能穿晚礼服，冬天不能穿夏装，现代不能穿古装。

(2) 与场合相适应。服饰打扮应与所处的场合相协调。正式社交场合，着装应庄重大方，不宜过于浮夸和随意。参加晚会或喜庆场合，服饰可明亮、艳丽。工作场所不宜着休闲装，反之，休闲时间也不宜西装革履。此外，不能穿睡衣、拖鞋到公共场所，这是不雅和失礼的行为。

(3) 与目的相适应。着装应与交往对象、交往目的相适应，有选择性地穿着打扮会给对方留下良好而深刻的印象。尤其应注意在与外宾、少数民族接触时，着装要尊重他们的习俗禁忌。

总的来说，导游员的衣着应大方、整齐、简洁，要方便导游服务工作，不可穿过于暴露、过于新潮的衣服，佩戴的首饰也应适度，尽量少用名牌，以免让人产生误解和不快。

案例

精心打扮的导游员却受游客冷落

导游员秦小姐年轻漂亮，家境也颇殷实，平时好打扮，其服饰也总是走在时尚前沿。一次，秦小姐接了一个境外的旅游团，团成员多为30岁左右的女士。当秦小姐以精心打扮的形象出现在游客面前时，这些女士黯然失色。游览期间，秦小姐不断更换自己的名牌行头，更使旅游团中的那些女士成了她的陪衬。在游览过程中，虽然她讲解生动形象、为人亲切、服务周到，但那些年轻的女性游客却不愿与她在一起，秦小姐自己也有一种被冷落的感觉。

资料来源：车秀英．导游服务实务．2版．大连：东北财经大学出版社，2016.

请思考：秦小姐被游客冷落的原因是什么？以后带团时，她在着装打扮上应注意些什么？

提示：人与人之间都有攀比的心理，秦小姐的时髦打扮和名牌行头，使得与她朝夕相处的其他女游客相形见绌，于是女游客在心理上产生了对秦小姐的排斥和隔阂。女导游带团时的着装打扮应以简洁、大方、自然、便捷为原则，不宜过分装扮、修饰自己。

（四）香水礼仪

香水越来越成为一种国际交往中每个人的随身必备品，适当地使用香水，不仅有助于增加个人魅力，也是个人礼仪素养的一种体现。在恰当的时间，通过恰当的手法，使用恰当的香水，是一个人具备高超的礼仪修养的表现之一，也是拉近人与人交往距离的技巧之一。

选用香水，要注意自身的年龄、性格、心情，以及适用场合、对象、季节、时间、服饰等因素。要做到浓淡相宜，场合得体。

香水的正确使用方法是，出门前20分钟，涂抹在脉搏处，如手腕、耳根、颈侧、膝部、踝部等处，用脉搏的微热帮助香水持续地散发。或使用喷雾法，在穿衣服前距身体10～20厘米喷出雾状香水，喷洒范围越广越好，随后立于香雾中5分钟；或者将香水向空中大范围喷洒，然后慢慢走过香雾，使香水均匀落在身体上，留下淡淡的清香。

正确使用香水，还需要注意以下一些事项和禁忌：

（1）人身体上有一些不适合涂香水的部位，如面部、腋下、易被太阳晒到的暴露部位、易过敏的皮肤部位以及有伤口或发炎的部位。

（2）探病或就诊时宜用淡香水，以免影响医生和病人。

（3）参加严肃会议，千万不要用浓香水。

（4）在工作场所，切忌用个性强烈的香水。

（5）在宴会上，香水涂抹在腰部以下是基本的礼貌。过浓的香水会影响食物的味道，可能降低食欲。

（6）香水不能重叠使用，否则可能会变味，无法表现出香水本身的特质。

(7) 流汗后要把汗水擦干净再重新喷上香水。

(8) 不宜直接在白衣服上喷香水，以免留下污渍。

(9) 佩戴珠宝、金银饰品时，要先喷香水再佩戴，否则首饰会褪色、损伤。

(10) 香水应喷在干净、刚洗完的头发上，若头发上有尘垢或油脂会导致香水变味。

(11) 男士用香水要注意：一是抽烟的男士最好不要用香水，否则香水混合了烟味后会变味；二是男士用香水切忌过多、过浓；三是男士要用男士香水，不能用女士香水，否则会给人怪异的感觉；四是用香水时切忌用有香味的发油、发胶、摩丝，否则多种味道混合在一起，显得俗气。

知识链接

如何选购香水

购买香水前要先试香，试香时，最好先将香水喷在手腕上或是试香纸上，等香水干了再闻。一般来说，从开瓶到试香大约三分钟，品质良好的香水均具有三段式香味，由前味、中味、后味表现出起承转合的韵律感。

前味：香水喷在肌肤上约十分钟后产生的香味。最初的香味会混有挥发的酒精味。

中味：在前味之后十分钟左右产生的香味，酒精味消失，此时的香味是香水原本的味道。

后味：香水喷后约三十分钟后才会有的香味，是表现个性最好的香味。这种香味是混合个人肌肤以及体味所产生的综合味道。

在试香水时，可向空中喷洒香水，再用手拨接味道至鼻边闻，此时直接呈现中味及后味，可试出香水的主调。此外，最好不要在饥饿时试香，否则会对香味产生恶心感。

二、导游人员的日常交际礼仪

交际礼仪是指在社会交际活动中，为了表示对他人的尊敬和友好，在言谈、举止、仪表等方面遵守约定俗成的礼仪规范，即人们常说的社交礼仪。导游人员在工作中如能学会使用日常交际礼仪，不仅能体现出个人的文化层次和道德修养，还能赢得旅游者及其他工作人员的尊重和赏识，更代表着一个地区和国家的文明程度。

(一) 日常接待礼仪

1. 握手

握手礼是当今社交活动中使用频率最高、适用范围最广的迎送和相见的礼节。握手礼起源于欧洲，并随着欧洲文化的传播逐渐为各国各民族所接受，成为一种人们在见面、分别、问候、祝贺及表示友好、和解时常用的"国际化"礼节形式。

(1) 握手的动作要领。

行握手礼时，一般采用单手握，即见面双方各自伸出右手，四指并拢，拇指张开，肘关节微曲，手臂抬至腰部，上身向前微倾，双脚立正，两人相距约一步远，目视对方，面带微笑，两手握住上下轻摇 3～5 秒。握手时用力要适度，太紧或太轻都不妥。

（2）伸手的先后次序。

在社交活动中，握手时由哪方先伸手有特殊的讲究。见面时，如有身份高者、年长者或女士，应由他们先伸手；在表示祝贺、宽慰、谅解对方时，应主动伸手；在迎来送往中，迎接客人时，由主人先伸手以示欢迎，客人告辞时由客人先伸手。在正规场合，当一个人需要与多人一一握手时，既可以按尊卑次序握手，也可以由近及远逐个握手。

（3）握手的忌讳。

忌多人同时交叉握手；忌用左手与人相握，尤其是某些国家和宗教信仰的人，特别忌讳对方用左手与之相握；忌不摘手套、墨镜、帽子等与人握手，但女士在交际场合可以戴着礼服手套与人握手；与人握手时忌左顾右盼、心不在焉；见面或告辞时，不要跨门槛握手；握手一般应站着相握，年老体弱者、残疾人除外；单手握手时，左手不能插口袋；异性间握手不可握住久久不放。

2. 介绍

介绍是日常生活及社交活动中人与人结识的一种重要方式，也是一种常见的礼节。根据介绍对象不同，一般分为自我介绍和介绍他人两种情况。

自我介绍，内容一般包括单位、部门、职务和姓名。自我介绍时发音要清晰，语句要连贯，语速要适中，举手投足要庄重、大方，充满自信，面部表情要亲切、自然，充满笑意，要能给对方留下良好而深刻的印象。

介绍他人时，要注意介绍的顺序，一般情况下，介绍顺序的国际惯例如图 2-4 所示。

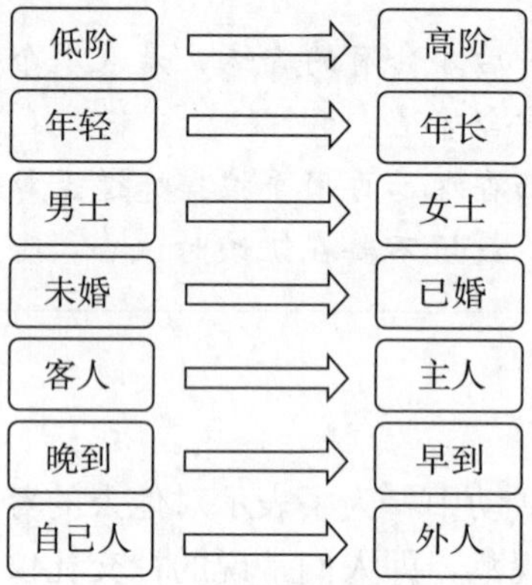

图 2-4　介绍顺序的国际惯例

资料来源：杨梅，牟红．旅游服务礼仪．2 版．上海：上海人民出版社，格致出版社，2015：168.

3. 递送名片

递送名片是人们在社交场合中一种重要的自我介绍方式。递名片给他人时，应郑重其事，起身站立，走上前去，双手（或至少右手）递上。递名片时应正面朝上，或将名片上印有对方认得的文字的那一面朝上。向多人递送名片时，遵循由近及远，或由尊及卑的顺序。在圆桌周围或呈圆形站立人群前递送名片，应按顺时针方向递送，不可挑三拣四，采用“跳跃式”，让人产生误解。

当他人表示要递名片给自己时，应立即停止手上所做的事情，起身站立，面带微笑，目视对方。接受名片时应双手捧接，或以右手接过。接过名片后，当即要用半分钟左右的时间，从头至尾认真默读一遍。接过他人名片后不要看也不看就装入口袋，更不要在手头把玩，或弃之桌上，这些均为失礼的表现。一般来说，收到别人的名片后应“礼尚往来”，随即递送出自己的名片。

4. 交谈

交谈是社交中拉近人与人之间距离的最好方式，在与人交谈时应注意以下一些礼仪礼节：

(1) 语言文雅得体。在社交场所谈话时应使用礼貌用语，避免使用粗俗、不雅的词汇，也不应尖酸刻薄、出言不逊，或用讥讽的语言。

(2) 态度诚恳坦诚。与人交谈时态度要真诚、庄重，不能摆出傲慢的姿态，不能冷漠待人，也不能唯唯诺诺、点头哈腰。

(3) 眼神专注柔和。与人交谈时，应注视对方的眼睛，眼神不能飘忽不定、左顾右盼，让人觉得心不在焉的样子，也不能死盯对方的眼睛，甚至怒视对方。

(4) 音量适中、语气平和。与人交谈要注意音量，既不能过于小声，或含含糊糊，也不能用尖厉的声音。

(5) 保持适当的距离和角度。在社交场合中与人交谈，适宜的距离为1～2米，过近会让人产生反感或不安，过远会让人感觉疏离。另外，两人交谈时最好有一定的角度，在对方的侧面倾斜30度站立最佳。

(6) 避开忌讳的话题。社交中的交谈应尽量避免诸如疾病、死亡等易令人不悦的话题；避免涉及个人隐私的内容；对于别人不愿谈论的话题应及时转移；避免涉及宗教、政治等敏感话题。

(二) 宴会礼仪

导游人员在带团过程中常常需要陪同旅游者参加宴会，或是陪同旅游者品尝风味餐，这时导游人员就需了解和掌握相关的礼仪常识。

1. 入座

由主人安排座次；在长者和女士坐定后方可入座；入座时，男士应为身边的女士拉开座椅并协助其入座。

2. 座次

基本上按照以右为尊的原则；人数较多的宴会，通常会在桌上摆放桌签以供客人确认自己的位置。

3. 体态

入座后姿势应端正，脚踏在本人座位下，不跷腿、不抖动腿脚，也不可任意伸直；胳膊肘不要放在桌面上，也不要向两边伸展而影响他人。

4. 交流

宴会是一种社交场合，在餐桌上要关心别人，不能只顾自己埋头吃东西，要不时地与餐桌上的人交流，但要尽量避免口中有食物时与人交谈，也不要在别人口中有食物时找人交谈；交谈时不要高声喧哗，或嬉笑打闹。

5. 用餐

夹菜应注意礼让，替人布菜用公筷和公匙；夹菜时不可一次夹太多，也不能在菜碟里乱挑乱搅；从菜碟中取菜后先放入自己的餐盘或小碗中，再取食送入口，避免直接从菜碟或汤碗中取菜送进嘴里；吃东西时不可发出声响，要闭嘴咀嚼；万一要打喷嚏或是咳嗽，应马上掉头背向餐桌，同时用纸巾遮挡；食物残渣不能直接吐在餐桌上或地上，应用餐具或手取出放入骨碟中。

6. 敬酒

若有长辈或贵客在座，应先为他们斟酒；主人在为客人倒酒时，客人应以手扶杯表示恭敬和致谢；首次敬酒由主人提议，客人不宜抢先；敬酒以礼到为止，各自随意，不应劝酒。

7. 散席

一般由主人表示结束宴会，主人、主宾离座后，其他宾客方可离开；离席前，筷子不能一横一竖交叉摆放，不能插在饭碗里，不能搁在碗上；客人离开前要向主人辞别和致谢，不可不告而别。

（三）导游活动中的礼仪

除了以上提到的礼仪礼节外，导游人员在带团时还应注意以下一些礼仪事项：

1. 守时

导游人员必须要有严格的时间观念，与游客约定好的时间一定要遵守，如遇特殊情况延迟或取消，务必要尽早告知，诚恳解释说明，并向对方致歉。

2. 问候

导游人员每天首次见到游客时要主动问候，面带微笑，语气热情。在旅途中遇到游客时，也应主动上前打招呼，不能视而不见。

3. 正确佩戴、手持相关物品

导游人员出团时必须随身携带电子导游证，将旅行社的徽章、工作证佩戴在左胸上方，正确高举导游旗。

4. 扶老携幼

上下旅游大巴时，或在行进的过程中，发现有行动不便的老年人、残疾人或儿童，要主动上前搀扶或协助。

5. 口气清新

导游人员带团时随时会与游客近距离交谈，因此要注意保持口腔的清洁，勤刷牙，带团前忌吃葱、蒜、辣椒等会产生异味的食物。

6. 举止得体

导游人员在行走或等待时，要保持身姿挺拔，不要勾肩搭背、双手插在口袋里，或蹲歇。

7. 讲解礼仪

导游人员在讲解时，表情要自然大方，语气要自然亲切，音量要适中，语速要不急不缓。在旅游大巴上进行讲解时，导游人员应站立在司机背后，拉开挡板，背靠挡板、面对游客，持话筒进行讲解。若旅游车较小，不便站立，导游人员应坐于前排，转过身，面朝游客，持话筒进行讲解。导游人员在试话筒音量时，不可吹气，不可用手拍打话筒，使用话筒时距离也不可过近。在讲解的过程中，不得咀嚼食物，不得抽烟。

8. 手势礼仪

导游人员在讲解时可适当配合一些手势，但动作不要过大、过多，不要手舞足蹈、指手画脚。运用手势时还要考虑不同文化背景的游客的忌讳。在清点人数时，导游人员不可用手对着游客指指点点，可用点头的方式默数，或用右手，以伸直、并拢五指的手势进行清点。

9. 登车

在游客上车时，导游员要在大巴前门两侧恭候，等所有游客都上车后，导游员才能上车。

10. 面对提问

当游客提出疑问或意见时，导游员要认真听取、耐心解答；如果自己正在说话或讲解，可示意对方稍等，待说话告一段落再解答，不可视而不见、充耳不闻。

11. 进出客人房间的礼仪

导游员有事需到客人房间去，应事先预约，进门前敲门，经允许后方可进入。避免在深夜或客人休息时间拜访，如有急事，应先表示歉意，说明原因，并及早离开。进入客人房间后，不要随便乱碰客人的物品，不要坐在客人的床上，尽量不要用客人的卫生间。

项目小结

本项目围绕导游人员展开，阐明了导游人员的概念、分类，介绍了导游人员的职责和从业素质，概括了导游人员的礼仪规范。通过本项目的学习，我们对导游人员这个职业群体有了初步的认识，为我们后面更好地学习导游人员的工作内容打下基础。

拓展知识

货币与保险知识

一、国际旅行中常用的几种支付手段

（一）外汇

外汇是以外币表示的可用于国际结算的一种支付手段，包括外国货币、外币存款、外币有价证券、外币支付凭证等。跨国旅行的游客使用最普遍的支付手段便是外国货币，而各个国家和地区对于外汇的管理有着不同的政策和制度，出行前要事先了解清楚。

中国对外汇实行由国家集中管理、统一经营的方针。在中国境内，禁止外汇流通、使用、质押，禁止私自买卖外汇，禁止以任何形式进行套汇、炒汇、逃汇。外国旅游者来华携带的外币和票据金额没有限制，但入境时必须据实申报。在中国境内，外国旅游者可持外汇到中国银行及各兑换点兑换成人民币，要保存好银行出具的外汇兑换证明（俗称水单，其有效期为半年）。离境时，人民币如未用完，可持水单将其兑换回外汇，最后经海关核验申报单后可将未用完的外币和票证携出。中国公民要出境旅游，也可在境内兑换外币。在中国境内能兑换的外币主要有美元、欧元、英镑、日元、澳大利亚元、加拿大元、瑞士法郎、丹麦克朗、挪威克朗、瑞典克朗、新加坡元、新西兰元、菲律宾比索、泰国

铢、韩元、俄罗斯卢布及港币、澳门元、新台币等。出境旅游的中国公民应注意，一些国家和地区对于入境的外国游客携带的当地货币数额有限制，不得少于或多于某个数额，否则会被拒绝入境。

(二) 信用卡

信用卡又叫贷记卡，是银行和专门机构为提供消费信用而发给客户在指定地点按照给予的消费信用额度支取现金、购买货物或支付劳务费用的信用凭证，是一种非现金交易付款的方式。信用卡是一种电子智能卡，正面印有发卡银行名称、有效期、号码、持卡人姓名等内容，卡面有芯片、磁条、签名条。

信用卡在跨国旅行中也是一种非常常用的支付方式，它快捷且便于携带。目前全球通用的几大信用卡包括万事达卡（Master Card)、维萨卡（VISA Card)、运通卡（American Express Card)、JCB卡（JCB Card）和大莱卡（Diners Club Card）等。其中，维萨卡、万事达卡和中国的银联卡（China UnionPay）在全球范围构建了一个刷卡消费联盟，国内银行与它们合作后，国内银行发行的信用卡就能在联盟范围内刷卡消费，甚至在部分国家和地区可以直接持银联卡消费。目前，银联卡受理网络已经延伸到境外140多个国家和地区，中国游客常去的旅游目的地，银联卡都可使用，特别是在境外许多大型商店、酒店消费可以刷银联卡进行结算。

(三) 旅行支票

旅行支票（Traveller's Cheque）是银行或旅行支票公司为方便旅行者，在旅行者交存一定金额后签发的一种面额固定、没有指定的付款人和付款地点的定额票据，如图2-5所示。境内居民在购买时，须本人在支票上签名，兑换时只需再次签名即可。

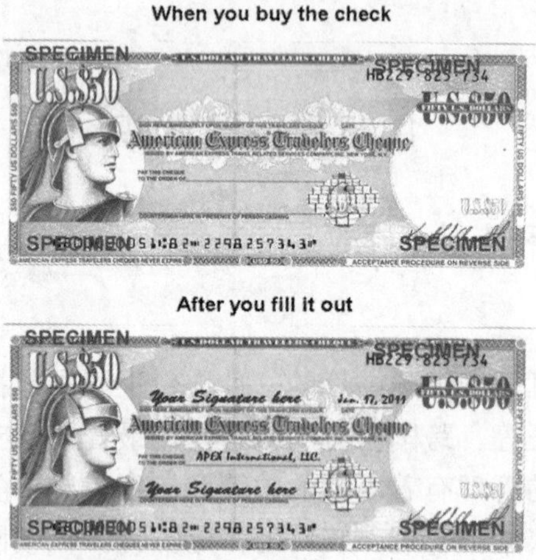

图2-5 旅行支票样本

由于旅行支票没有指定的付款地点和银行，一般也不受日期限制，因此能在全世界通用，客户可以随时在国外的各大银行、国际酒店、餐厅及其他消费场所兑换现金或直接使用。旅行支票是国际旅行常用的支付凭证之一，在全球范围内被普遍接受，在很多国家和地区其流动性如同现金一般。

购买旅行支票时，购买人除向银行交付票面金额外，通常还要缴纳票面金额0.5%～

1%的手续费。中国银行在收兑旅行支票时收取7.5‰的贴息。相比现金，旅行支票的优势是安全性高，体现在两个方面：首先，旅行者购买旅行支票时，须在出售银行柜台上当面在旅行支票初签位置上签字，作为预留签字。兑换或使用时，须在兑付行的柜台上当面在旅行支票的复签位置上第二次签字，兑付行核对初签与复签相符后，方可付款。其次，在旅行过程中，如旅行支票不慎遗失或被盗，可提出“挂失退款申请”，只要符合发行机构的有关规定，挂失人就可得到退款或补办新的旅行支票。

目前，全球通行的旅行支票品种有美国运通、维萨以及通济隆、万事达、花旗等品牌。其中，美国运通旅行支票在中国2 000多家银行营业网点都可以买到。

二、旅游保险

旅游保险是保险业的一项业务，指根据合同约定，投保人向保险人支付保险费，保险人对于合同约定的在旅游活动中可能发生的事故所造成的人身财产损失承担赔偿保险金的责任。目前，游客报名时所涉及的保险通常有三种：旅行社责任险、旅游意外险和交通意外险。

（一）旅行社责任险

旅行社责任险，是承保旅行社对于在组织旅游活动过程中因疏忽、过失造成的事故应承担法律赔偿责任的险种，该险种的投保人为旅行社，保险期限为一年。投保后，一旦发生责任事故，将由保险公司在第一时间对无辜的受害旅客进行赔偿。旅行社责任险属强制保险。投保人（同被保险人）必须是在中华人民共和国境内依法登记注册并持有旅行社业务经营许可证的公司。

旅行社在下列情形中不承担赔偿责任：

（1）旅游者参加旅游活动时，由于自身疾病引起的各种损失或损害。但如果在签约时旅游者已声明且旅行社接受照顾，而旅行社及其工作人员未尽到照顾义务，则旅行社仍需承担赔偿责任。

（2）旅游者个人过错导致的人身伤亡和财物损失，以及由此产生的各种费用支出，旅行社不承担赔偿责任。

（3）旅游者自行终止旅行社安排的旅游行程，或没有参加约定的旅游活动而自行活动时，发生的人身、财物损害，旅行社不承担赔偿责任。

（二）旅游意外险

旅游意外险，是被保险人在保险期限内，在出差或旅游的途中因意外事故导致死亡或伤残，或保障范围内其他的保障项目，由保险人承担保险责任。旅游意外险可以由旅游者自行购买，或由旅行社在组织团队旅游时进行购买，由旅行社支付保险费。若是由旅行社代为购买的旅游意外险，保险期限是从旅游者在约定的时间登上由旅行社安排的交通工具起算，到该次旅行结束旅游者离开旅行社安排的交通工具为止。如果旅游者自行终止旅行社安排的旅游行程，其保险期限则至终止旅游行程时为止。

旅游意外险的索赔时效以自事故发生之日起180日内为限。

（三）交通意外险

交通意外险，是以被保险人的身体为保险标的，以被保险人作为乘客在乘坐客运大众交通工具期间因遭受意外伤害事故，导致身故、残疾、医疗费用支出等为给付保险金条件的保险。主要包括火车、飞机、轮船、汽车、地铁等交通工具。

目前，市面上的交通意外险可谓多种多样，许多保险公司都提供了相关的保障服务，其中，综合交通意外险是最为公众接受的险种。它的保障涵盖多种常见公共交通工具，包括飞机、汽车、轮船、火车、出租车、长途客车，保障时间灵活，一般为数天至一年。

练习与实践

一、单项选择题

1. 受接待旅行社委派，代表该接待社实施旅游行程接待计划的导游员是（ ）。

A. 领队　B. 全陪　C. 地陪　D. 景区景点讲解员

2. 获中级导游员资格（ ），业绩突出，水平较高，在国内外同行和旅行社中有一定影响，经考核考试合格者可以晋升为高级导游员。

A. 一年以上　B. 两年以上　C. 三年以上　D. 四年以上

3. 导游员资格证书是由文化和旅游部统一印制的，其颁发机关是（ ）。

A. 县级人民政府　B. 省、自治区、直辖市旅游局

C. 文化和旅游部　D. 国务院

4. 在导游员等级考核中，下列哪个等级的考核采取的是论文答辩的形式？（ ）

A. 初级　B. 中级　C. 高级　D. 特级

5. 在整个旅游过程中起着穿针引线作用的是（ ）。

A. 团长　B. 地陪　C. 全陪　D. 领队

6. 为了保持良好的形象，导游员在礼仪上应做好的准备是（ ）。

A. 男导游员穿圆领汗衫　B. 女导游员使用香水

C. 不要吃葱、蒜等有气味的食物　D. 戴漂亮贵重的饰品

7. 导游人员与游客交换名片后，正确的做法是将名片（ ）。

A. 拿在手上　B. 装入口袋　C. 交给他人　D. 认真看一遍

8. 下列几种导游员中，主要负责景区导游讲解的是（ ）。

A. 地陪　B. 领队　C. 全陪　D. 讲解员

二、多项选择题

1. 参加导游员资格考试的条件有（ ）。

A. 具有高中、中等专业学校或者以上学历

B. 身体健康

C. 具有符合导游需要的基本知识和语言表达能力

D. 具有从事导游工作的各种技能

E. 会说一门流利的外语

2. 导游员按照业务范围划分，分为（ ）。

A. 出境领队　B. 全陪　C. 地陪　D. 兼职导游员

E. 英文导游员

3. 下列关于导游员递交名片的做法中，正确的有（　　）。

A. 递名片给他人时，只能用右手，以表示恭敬对方

B. 递名片给他人时，名片正面应面朝对方

C. 与多人交换名片时，切勿挑三拣四、采用“跳跃式”的方式递交名片

D. 接受名片时，以双手捧接最佳

4. 导游人员在介绍他人时，一般应（　　）。

A. 将男士介绍给女士　　B. 将年轻者介绍给长者

C. 将主人介绍给客人　　D. 将身份高者介绍给身份低者

三、实践训练

1. 请阐述出境领队、全陪、地陪和讲解员几种导游员的主要工作职责有何区别。

2. 导游员接待礼仪规范练习。

任务一：将学生进行分组，4～6 人为一组，每小组同学轮流完成自我介绍、递送名片、握手、交谈等社交动作，由老师根据礼仪规范进行评判，分别指出学生的错误操作和正确操作。

任务二：每小组同学分角色扮演导游和游客，练习手势、站姿、话筒的使用、文明用语等，由老师根据礼仪规范进行评判，分别指出学生的错误操作和正确操作。

第二部分　实务篇

项目三 地陪导游服务

在熟悉和了解了导游服务、导游人员之后，我们将进入重要的实务篇的学习。所谓实务，就是实际的事务。在前面的学习中，我们了解到导游的工作范围广泛、工作任务繁重，那么到底广泛到何种程度，繁重到何种程度？通过实务篇的学习，我们将得到全面的解答。

本项目将给大家详细介绍地陪的工作职责。地陪是地方陪同导游人员的简称，是指接受地方接待社委派，代表地接社实施接待计划，为旅游团提供当地旅游活动安排、讲解、翻译等服务的工作人员。地陪的工作通常被视为最典型的导游服务，因为它几乎涵盖了导游员职责的全部内容，既包括讲解，又包括游客旅途中的生活照料，琐碎而繁杂。本项目将从导游员接到接待计划开始，沿着地陪的工作轨迹一一展开阐述。通过学习本项目，你将熟悉和了解地陪带团的每一个环节的工作内容和规范要求。

项目目标

【知识目标】

1. 了解地陪服务的准备工作；
2. 掌握迎接服务程序；
3. 掌握入住饭店服务程序；
4. 掌握游览观光服务程序；
5. 掌握用餐、购物、娱乐服务程序；

6. 掌握送站服务程序；

7. 掌握善后工作程序。

【能力目标】

1. 能够运用准备工作流程来完成地陪的准备工作；

2. 能够根据地陪服务程序和规范要求完成迎接、入住、用餐、游览、购物、娱乐、送站、善后等各环节的接待任务。

地陪服务也称地方导游服务，是指地方接待社委派的导游员（地陪）在当地接待旅游团时所提供的导游服务及其他旅游接待服务。地方导游员应该遵照特定的程序和标准向旅游者提供导游服务。从服务流程和标准来看，地陪的工作任务环节较多，并且包含了景点讲解的环节，也是我们的认知中最典型的导游人员。地陪导游服务的流程如图 3－1 所示。

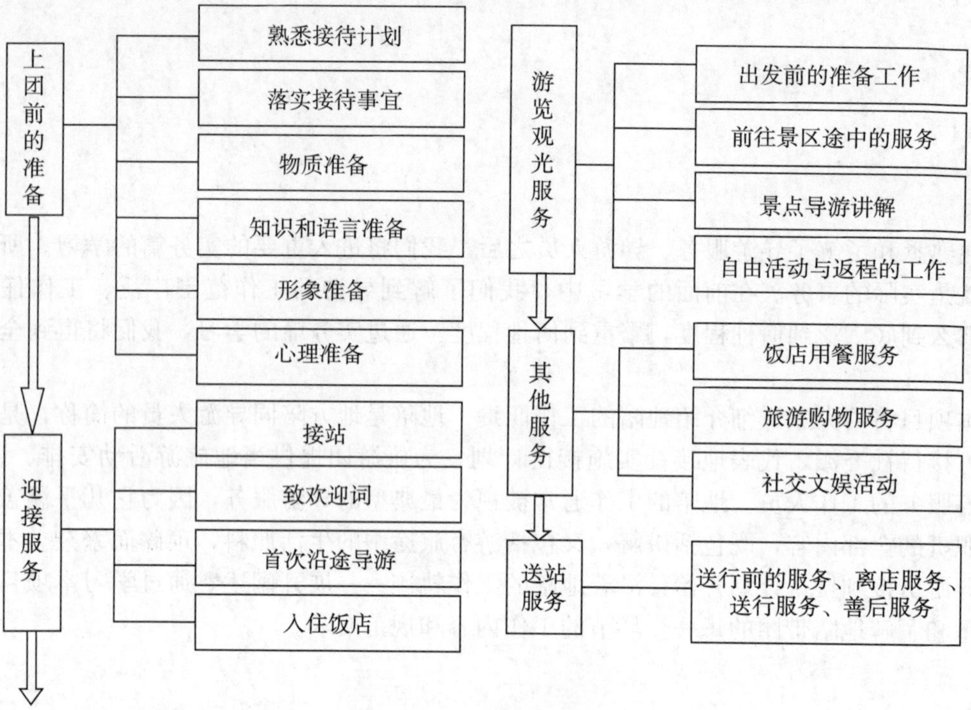

图 3－1　地陪服务流程图

任务一　上团前的准备

一、熟悉接待计划

导游员的带团工作是从接到旅行社下达的接待计划开始的。接待计划是组团社委托各地方接待社组织落实旅游团活动的契约性安排，是导游员了解该旅游团基本情况和安排活动日程的主要依据。因此，地陪在接到接待计划以后，要认真研读，充分熟悉接待计划，并在旅游团到达之前，根据接待计划落实各项接待事宜，做好各方面的准备。

地陪阅读接待计划后，需了解、掌握旅游团的以下情况：

(1) 旅游团概况。主要包括组团社名称（计划签发单位），联络人姓名和电话号码，旅游团名称、代号、序号，旅游团国别、语言，收费标准，领队姓名等。

(2) 旅游团成员情况。包括团队人数，团员姓名、职业、性别、年龄、宗教信仰等。

(3) 旅游路线和交通工具。包括全程路线、出入境地点、乘坐的交通工具，旅游团抵离本地时所乘交通工具的班次、时间和地点。

(4) 交通票据情况。要了解旅游团去下一站的交通票据是否按计划定妥，有无返程票，有无国内段国际机票，出境机票的票种是 OK 票还是 OPEN 票。

(5) 旅游团成员的特殊要求和注意事项。要留意该团是否有相关人员的迎送、会见、宴请等礼遇的要求，团队成员在住房、用车、游览、用餐等方面是否有特殊要求，团队中是否有老幼病残等需要特殊服务的成员，在当地是否有需要提前办理的相关证件，如通行证、许可证等。

(6) 机场建设费的付费方式，是由目的地的组团社先行垫付，还是游客自付。

知识链接

OK 票和 OPEN 票的区别

国际机票有 OK 票和 OPEN 票两种，二者的区别在于：OK 票是已经定妥日期、航班和机座的飞机票，但是持 OK 票的旅客若在该联程或回程站停留 72 小时以上，国内机票需在联程或回程航班起飞前两天中午 12 点以前、国际机票需在 72 小时前办理座位再证实手续，否则原定座位不予保留；OPEN 票就是不定时客票，旅客的回程机票上标有“OPEN”字样，旅客乘机前需持机票和有效证件（护照、身份证等）去民航办理订座手续，包括机票变更、退票、乘机、行李托运等。可见，这两种客票中前者属于“定”的状态，后者属于“活”的状态，后者可根据时间安排进行调整，但风险较大，尤其在旺季时可能出现订不上座位的情况。

二、落实接待事宜

导游员在旅游团抵达的前一天，应与各有关部门或人员落实旅游团的食宿、交通、游览等事宜，以确保旅游团行程的顺畅。需落实的接待事宜主要包括以下几方面：

（一）核对日程安排表

地接社根据组团社的旅游接待计划，安排旅游团在本地的活动，并制定旅游团活动日程表。地陪接到活动日程表后，要认真核对上面所列的日期、时间、交通工具、游览项目、就餐地点、风味品尝、购物、晚间活动、自由活动及其他特殊项目，如发现有出入则立即联系本社相关人员核实。另外，必要的时候地陪还可根据自己的经验或全陪的建议，对活动日程表做适当的修改。

（二）落实旅行车辆

导游员应提前与旅游车司机取得联系，确认安排的车辆是否与该团旅游人数相符，问清车牌号及车辆相关信息，与司机商定好接头的时间地点，并预先告知第二天行程安排和行车路线，请司机提前了解路况，做好准备。如果接待的是大型旅游团，还要注意需在车上贴上编号或醒目的标志。

（三）落实住房与用餐

导游员要了解和熟悉旅游团入住的酒店及就餐的餐馆的位置、概况、服务设施和服务项目等。提前与酒店相关人员取得联系，确认房间数目、级别、用房时间是否与接待计划相符。提前与餐厅相关人员取得联系，确认日程表上用餐的落实情况，告知用餐人数、餐标、时间、特殊要求等。

（四）了解落实运送行李的安排情况

如果旅行社为旅游团安排了行李车，地陪应与行李车司机联系，告知旅游团抵达的时间、地点及下榻的饭店，请其做好准备。

（五）熟悉游览景点

对于旅游团即将参观游览的景点，尤其是新开放或导游员不熟悉的景点，地陪应事先了解景点位置、行车路线、开放时间、最佳游览路线、厕所位置等。必要时，导游员可先行踩点，以保证到时游览活动的顺利进行。

（六）落实其他计划内项目的安排情况

如果组团社发来的接待计划中包括会见、宴请、品尝风味餐等活动，地陪应提前与相关单位、人员等取得联系，落实接待事宜。

（七）掌握各方联系电话

导游员应备齐并随身携带有关旅行社各部门、餐厅、饭店、车队、景区、行李员和其他导游人员等的联系电话，并与全陪取得联系，了解旅游团目前所处的位置及最新状况、特殊情况。如果接待的入境团是首站抵达，则地陪应与全陪约定好一起迎接旅游团的时间、地点。

三、其他方面的准备

（一）物质准备

导游员上团前，应做好的物质准备主要包括：

1. 工作相关的票据、表格

地陪上团前，要根据旅游团的游客人数或活动日程表中安排的活动实际需要的数目，到旅行社有关人员处领取门票结算单、餐饮结算单等凭证，游客意见表等与该团有关的表格以及费用。

2. 必要的工作证件、资料、物品

地陪出团时必须随身携带导游证（电子导游证）、胸卡、导游旗、宣传资料，及扩音器、接站牌、行李牌、旅游帽、导游图等所需物品。

3. 个人物品

除必备的工作物品外，导游出团时还可根据自己需要配备一些个人物品，以备不时之需，如名片、雨伞、帽子、防晒霜、常用药品、记事本、导航设备、充电器等。

（二）知识和语言的准备

知识和语言是导游员日常就需要磨炼的基本功，绝非一日之功，上团前，导游员也应根据具体所接旅游团的特点做一些相关的准备。例如，导游员即将接待某个专业旅游团或特种旅游团，则需相应补充一些专业知识、专有名词；导游员即将接待一个入境团，则需熟悉该国（地区）的语言、常用词汇，及客源国（地区）概况。除此之外，导游员还需对即将参观到访的景点、地区的相关知识进行必要的准备，需对当前社会热点新闻、国际时事和游客可能感兴趣的话题等进行有针对性的准备。与游客有话可聊、有话能聊，对于导游员工作的开展是很好的铺垫。

（三）形象准备

导游员的形象不仅对游客产生一种视觉上的影响，也是一种礼仪，因此导游员出团时应注意形象（包括服饰、发型和化妆等）的准备。导游员出团时的着装要符合本民族、本地区的习惯，要符合导游员的身份。衣着追求简洁、整齐、大方、自然，方便导游工作。导游员出团时可佩戴适当的首饰，但不应过多，不宜浓妆艳抹。如果接待计划中安排有会见、宴会、舞会等，导游员要准备好适合这些场合的服装，如西装、套装、晚礼服、旗袍或民族服装等。

（四）心理准备

导游员的工作十分辛苦，作为地陪，不仅要负责大量的讲解工作，还要照料游客在当地的一切生活起居，经常是早出晚归、披星戴月。尽管身体疲累，地陪也要保持耐心、保持微笑，细心周到地为游客提供服务。在遇到突发状况或者问题时，地陪要能做到遇事不慌，妥善处理。面对游客的无理要求、抱怨、不理解、挑剔，甚至指责、谩骂、投诉，导游员也要沉着冷静地应对，任劳任怨地继续为游客提供服务。所有这些都要求导游员具备良好的心理素质，出团前做好充足的心理建设和思想准备有助于形成良好心态。

任务二　迎接服务

一、接站

接站是指旅游团即将到达本地时，地陪前往机场、车站或码头迎接旅游团前后的工作。按照时间先后顺序，地陪的工作程序如下：

（一）旅游团抵达前的工作安排

导游员接站是导游员与旅游团的第一次接触，是给游客留下良好第一印象的关键时刻，因此工作一定要做得细致周到，确保万无一失。在接团当天，旅游团抵达本地前，地陪应做好以下工作：

1. 确认旅游团所乘交通工具抵达的准确时间

为避免漏接事故的发生，虽然导游员在准备阶段已熟记旅游团所乘交通工具抵达的时间、地点，但以防万一，导游员在接团当天最好再次联系旅行社，询问接待计划是否有变，并尽早致电旅游团的全陪或领队，掌握旅游团的最新动态，尤其是在天气恶劣的情况下，应了解旅游团是否准时出发、所乘的交通工具是否延误等。此外，地陪出发前，最好再次向机场或车站确认所接航班（车次）的准确抵达时间。

2. 与旅游车司机联系

通知旅游车司机出发的时间，商定见面地点，并告知司机旅游团的活动日程和具体时间，以便司机心中有数，更好地配合接待工作。

3. 与行李员联系

如果旅游团配备了行李车，导游员需提前与行李员联系，告知旅游团相关信息和行李运送的地址。

4. 提前抵达接站地点

在准备工作做好之后，导游员应尽早出门，需提前半小时抵达接站地点（机场、车站或码头），与司机商定车辆停放位置，并再次确认所接航班（车次）抵达的准确时间。同时，导游员还需确认领取行李和卫生间的位置，以确保旅游团抵达后能给游客提供正确的指引。

5. 持接站牌迎候旅游团

在旅游团出站前，导游员应手持接站牌或导游旗，站在出口醒目位置，等候旅游团的出现，并与全陪或领队取得联系，了解其方位。有乘客出站时，导游员可从着装、组团社的徽记、人数等进行判断，上前询问，主动认找自己的旅游团。

（二）旅游团抵达后的服务

1. 确认旅游团

导游员找到旅游团后应面带微笑地热情接待，并与全陪或领队进行仔细地确认，问清全陪或领队的姓名，旅游团的人数、国别、团名、团号等详细信息，核实无误后方能接走，切忌发生错接事故。

2. 核实人数

接到应接的团，地陪应向领队或客人做简单的自我介绍，并及时向全陪或领队核实旅游团人数，如发现与计划人数不符，则应立即报告旅行社，以便安排住宿、饮食等接待服务的变更。

3. 集中清点行李

如果旅游团是乘飞机抵达的，地陪应协助旅游团游客将行李领取后集中放到指定位置，并提醒他们检查各自的行李物品是否完好无损，若发现行李数量缺少或有损坏，地陪应协助当事人到机场失物登记处或相关部门办理行李丢失登记和赔偿申报手续。若旅游团配备了行李车，地陪应与领队、全陪和行李员一起清点和核对行李件数，并填写行李卡，注明团名、人数、行李件数、下榻饭店名称，一式两份，由地陪和行李员双方签字。

4. 集合登车

最后，地陪要提醒游客带齐行李物品，引导游客前往乘车处。当游客行李装载完毕后，地陪应站立在旅游大巴前门旁，搀扶或协助游客上车（如果游客拒绝搀扶，则应尊重游客）。游客全部上车后，全陪、领队再随后登车，地陪最后上车。上车后，地陪可协助游客将小件行李放在行李架上，并协助其就座。等游客坐好后，地陪再一次检查行李架上的物品摆放是否稳妥，然后礼貌地清点人数。清点人数时，切忌用手指指点点，可用点头的方式默数。清点完人数，示意司机开车。

二、致欢迎词

在旅游车开往下榻酒店的途中，导游员有项重要的工作要完成，就是致欢迎词。导游员致欢迎词时需站立在车的前部、司机后侧，如旅游车为小型车辆，则导游员需坐在前排，转身面向车内游客讲话。讲话时手拿麦克风，面带微笑、表情自然。导游员使用麦克风要注意，不要用吹气或拍打的方式来试音，而应以问好的方式询问游客音响效果和音量大小是否合适。

一般先是全陪致欢迎词，然后地陪致欢迎词。致欢迎词最好控制在5分钟左右，形式可以多样，导游员可根据自己的个性特点或接待对象的身份特点来选择适合的形式。例如，导游员的个性是开朗活泼的，则可使用调侃式欢迎词，在轻松幽默的氛围中开场；如果导游员能歌善舞，尤其是在某些少数民族地区，则可采用唱歌的形式来开场，顿时可以活跃车内的气氛，还能引起游客对当地文化的浓厚兴趣；如果旅游团规格较高，游客身份特殊，则应使用规范式欢迎词，辞藻平实；如果旅游团在旅途中遇到了飞机晚点、天气不佳等不如人意的事情，游客心情难免低落，导游员则需使用安慰式欢迎词，帮助游客忘掉不快，重新燃起兴致。不管采用哪种形式，一般来讲欢迎词都需包括以下几个要素：

（1）欢迎。也就是问候语，导游员要代表旅行社、本人和司机向客人表达欢迎之意。

（2）介绍。即介绍自己、司机以及其他参加接待的人员和单位，并告知客人自己的联系方式和接待车辆的车牌号等重要信息。

（3）态度。导游员要表达出提供服务的诚挚愿望，也就是要表示为大家热情服务、努力工作，确保大家满意的意愿。

（4）预告。导游员需预先告知客人在当地的整个行程的大致安排，好让游客心中有数。

（5）预祝。最后还要预祝成功，即表达希望得到游客的支持与合作，努力使游览顺利进行的心情。

案例

一位湖南导游的欢迎词

各位朋友，大家好！一路辛苦了！欢迎各位来到风景秀美、气候宜人、美食成堆、美女如云、帅哥成林的中国历史文化名城、国家级优秀旅游城市——湖南省的省会长沙市，俗话说得好，“百年修得同船渡，千年修得共枕眠”，用现在流行的说法呢，就是“百年修得同车行”，我们大家今天在同一辆车里可是百年才修来的缘分呀！

中国有句话，说要活到老学到老，入乡随俗，那来到了咱们湖南呢，大家都知道，自古以来咱们湖南就是一个政治偏热、经济偏冷的地方，因此我们首先也不忘讲讲政治，学习一下“三个代表”重要思想：第一，我谨代表热情好客的790万长沙人民对远道而来的各位朋友表示热烈的欢迎！第二，我谨代表湖南××国际旅行社全体员工欢迎大家参加本次快乐之旅，欢迎，欢迎，热烈欢迎！第三，我代表我本人和司机师傅，做个简单的介绍，我是湖南××国际旅行社的导游，也是大家这次湖南之行的地接导游，我的名字非常好记，就比"国母"宋庆龄少个"龄"字，有人曾经说，少了个"龄"，是不是不太"灵"了？但是灵不灵，"数风流人物，还看今朝"嘛。这三天时间里大家有任何问题都可以随时找我，只要您叫一声"小宋"，或者"宋导"，我就会来到您的身边，24小时欢迎您骚扰！但是小宋有个小小的要求：在景区里面如果您有事找我千万别喊我"导游"，为什么呢？因为景区里面的团队非常多，导游千千万万，如果您呼唤一声"导游"，那么回头率是相当高的，就不止小宋一个人在回头看着您了。

那接下来呢，我要为大家隆重地介绍一下在我们本次旅游中占有绝对重要位置的人，那就是为我们保驾护航的总舵手，我们的司机师傅××师傅。他出生在一个驾驶世家，据师傅说他祖上在清朝年间的时候就是压镖赶马车的，到了他父亲那代是开东方红手扶拖拉机的，到他这辈就是开汽车的了。大家走南闯北不知是否知道在我们旅游业内有这样的说法，我们的司机师傅到了内蒙古是"蒙（猛）开"，因为一望无垠的大草原，感觉就像策马奔腾；而到了吉林是"吉（急）开"，因为东北平原的道路平坦；那有没有人能想到来了我们湖南，司机师傅是怎么开啊？有人说"湖（胡）开"?！这怎么可以呢？还是我来揭开谜底吧，我们湖南的司机师傅比较特殊，他们是"黑白两道都能开"，为什么这样说呢？那就要说到我们湖南的气候了，"春有百花秋有月，夏有凉风冬有雪"，这就是我们湖南的气候特征，四季分明，春夏秋三季的道路一般是黑色的，到了冬季一下雪，道路就变成白色了，所以我们的师傅是黑白两道都混得很熟的，大家对我们这几天的行车安全可以放一万个心了。请各位嘉宾伸出您热情而高贵的金掌、银掌、仙人掌，把您最热烈的掌声送给我们出色的司机师傅吧！

在这里，我先预祝大家在湖南玩得开心、吃得尽兴，把您的满意和微笑留下，把湖南人民的热情带回您的家乡！

点评：这名导游员的欢迎词语言风格幽默活泼，顿时营造出轻松愉悦的气氛，对自己名字的介绍也很有特色，使人印象深刻。

三、首次沿途导游

导游员在结束欢迎词后，就开始首次沿途导游，这是导游员第一次展示讲解技能、专业知识的机会，不仅可以满足旅游者对当地的好奇心和求知欲，也有助于导游员在游客心目中树立良好的形象，增进旅游者对导游员的信任感。根据首因效应理论，导游员若能做好致欢迎词和首次沿途导游的环节，将极大地有助于此后旅游活动的顺利开展。

知识链接

首因效应理论

首因效应理论的核心，是人们在初次接触某人、某物、某事时所产生的即刻印象，通常会在对该人、该物、该事的认知方面发挥明显的，甚至是举足轻重的作用。首因效应的第一个观点，也是最重要的观点，就是认为人们的第一印象至关重要，第一印象甚至会决定一切。第一印象，大都是在人们看到或听到对方的某些行为或话语之后的一刹那之间形成的。实践证明，良好的第一印象是一张最有效的社交通行证，也是最有权威的介绍信。因此，导游员在接待游客的初次亮相之时，应力求使对方对自己产生较好的第一印象。

资料来源：张金霞．导游接待礼仪．北京：旅游教育出版社，2007：25.

首次沿途导游的内容包括以下几方面：

（一）介绍当地概况

旅游者初到一地，最好奇的就是当地的基本情况，因此地陪在进行首次沿途导游时，应首先介绍当地概况，包括城市特色、历史沿革、面积、人口、区域划分、地理及气候条件等概况，以及经济发展、文化特色。讲解时，要注意触景生情、点面结合、简明扼要。

（二）沿途风光导游

除了对当地进行概括性介绍外，导游员在车上还需对沿途景物进行选择性介绍，选择的原则是：讲游客感兴趣的、讲体现当地特色的、讲有标志性意义的。还要注意，讲解内容要与所见景物同步，已经过了的景物大可不必再讲，否则，游客只能听到，不能看到，会感觉很遗憾。大体来说，沿途风光导游的内容可涉及以下几方面：

1. 道路

道路就犹如城市的血管，给这座城市源源不断地输送血液和活力，它不仅代表着一座城市的经济发展水平和文化观念，也浓缩着一座城市的历史。例如，深圳的深南大道，可说是“深圳的第一张名片”，它不仅是连接深圳东西向的重要主干道，它发展的历程也串起了深圳的昨天和今天，由这条道路还能引申出深圳的城市交通网和城市功能区分布。

2. 植物

植物是一个地区最有代表性又最常见的景观，它代表着这个地区的气候条件、环境资源，甚至人们的生态观念。例如，在海南随处可见的便是椰子树，在城市，它是引人注目的景观植物，在田间，它是重要的经济作物，海南人民离不了它，来海南旅游的人们也忘不了它。还有一个城市的市树、市花，不仅在城中非常常见，通常还象征着这个城市的精神风貌，这些都是非常好的讲解题材。

3. 标志性建筑

如今的大城市高楼林立，车水马龙，城市间的区别越来越模糊，而游客到了一个新地方，希望看到的就是与众不同，因此，城市中的标志性建筑便成为沿途讲解中不可或缺的要素。例如，象征着“深圳速度”的国贸大厦，代表着现代广州风貌的“小蛮腰”，等等。

（三）介绍下榻饭店

经过了长途奔波的疲劳，游客对于即将入住的饭店也十分期待，因此地陪在旅游车到达饭店前，还应向旅游者介绍一下下榻饭店的基本情况，包括饭店的名称、位置、星级、规模、周边环境、主要设施设备及入住手续和注意事项等。

在旅游车到达饭店，游客即将下车时，地陪还有必要向游客讲明后面的安排，以及下次集合的时间、地点，并提醒带齐行李和随身物品。

案例

苏州市的首次沿途导游词

中国有句古话:“上有天堂,下有苏杭。”今天我们就来到了人间天堂——苏州,为什么这座城市会被比喻为人间天堂呢?主要是因为千年以前中原地区军阀混战,民不聊生,大批难民南迁,到达江南后看到一片和平富足、安居乐业的景象,恍若来到了天堂,所以就把苏州比喻为人间天堂。

苏州市地处富饶的长江三角洲南部,东靠上海,南界浙江,西濒太湖,北邻长江。现下辖六区(姑苏区、吴江区、苏州工业园区、苏州高新区、相城区及吴中区)以及四市(常熟、张家港、昆山和太仓市)。现全市面积 8 657 平方公里,人口为 691 万,其中市区人口为 300 多万。

苏州是著名的历史文化名城。大量的新石器时代出土文物证明,苏州历史可以追溯到六七千年前。公元前 10 世纪前后,出现了一个隶属于周朝的诸侯国“勾吴”,即吴国。公元前 560 年迁都于苏州,公元前 514 年吴王阖闾命大臣伍子胥建造阖闾大城,周长 47 公里,建有水陆城门各八座,其中盘门水陆城门保存最完整,是我国一座典型的水陆城门,所以在中国旅游界就有一句话,说“北看长城,南看盘门”,给了盘门很高的评价。

案例

深圳市的首次沿途导游词

不知您是否听说过这样一句话:看千年历史到西安,看百年历史到北京,看四十年改革开放到深圳。我们今天走的这条深南大道,周边建筑不仅时代特征明显,也充分展示了深圳改革开放以来的成就。深南大道东段以现代写字楼为主,有地王大厦、赛格大厦等;中段以行政、文化功能为特色,集中了市民中心、中心广场、五洲宾馆、高交会馆等;西段有著名的华侨城景区和深圳科技工业园,是我国城市道路建设的精品。

深南大道东起沿河路口的三九大酒店,西至南头检查站,全长 28 公里,双向 8 车道,最宽的地方有 160 米,双向行车道加上辅道共有 14 条车道,是深圳市最长的城市主干道。它连接罗湖、福田和南山三个区,是深圳一条融政治、经济、文化、旅游、科技于一体的交通大动脉。大道两侧均为绿地,绿化面积相当于 300 个足球场。500 万株美人蕉常年不败,道路中央绿化带绵延 20 公里,可能是中国最长的花园式道路。

广东有句俗话,说“要致富,先修路,路通财通”。大家知不知道深南大道最初的名字呢?深南大道原先叫深南路。在 20 世纪 90 年代的时候,深圳特区经过十年的发展,各项基础设施都已经有了巨大的变化和提高,唯独交通成了一个难题。因为深圳特区是一个长条形的地带,从东到西延伸达 49 公里,但从南到北最窄的地方只有 8 公里。在深圳特区十年发展之后,以罗湖区为核心的市区面积已达到 90 平方公里,并不断向东、西两侧发展、延伸。由于当时深圳东西交通主要由特区北部靠近山区的北环路和贯穿深圳市区的深南路构成,这样就造成了这两条公路的沉重负担。

当时的深南路双向行车仅仅是两条车道，而且上海宾馆以西的路段情况非常差，加上当时深圳第一个主题公园锦绣中华刚刚开张不久，大批前往观光的游客和去南头、西乡探亲的香港居民以及从深圳北上东莞、广州的乘客都必须经由深南路，从而造成严重的交通阻塞。当时，从罗湖口岸乘车经深南路去锦绣中华需要一个半小时，由罗湖区乘车到南头也要两个小时。在这种情况下，深圳市政府在1992年正式开始扩建深南路，将两条车道的深南路扩建成了今天的双向8车道的深南大道。

好，我们的车马上进入深南大道的精华路段了，沿途有非常多的精华景点，深南大道像一条彩带把一颗颗美丽的珍珠串起来，我会给大家做详细的介绍。

大家知不知道什么是“深圳速度”？大家往左边看，远处左边顶上有旋转餐厅的就是国贸大厦。深圳国贸大厦高53层、160米，由于建设者们试验成功大面积滑模施工方法，创下“三天一层楼”的施工纪录，而且质量过硬，充分体现了深圳建设速度，于是这座大厦便作为“深圳速度”的象征，载入了特区建设的史册。“深圳速度”也体现了深圳人办事效率高、开拓进取的精神。

我们右边这里就是东门步行街。大家往右边看，那座有绿色玻璃幕墙、两个尖尖触角的大楼就是深圳的标志性建筑——地王大厦，楼高383.95米。其设计灵感源自中世纪西方的教堂和中国古代文化中通、透、瘦的精髓。它的宽与高之比例为1∶9，创造了世界超高层建筑最“扁”、最“瘦”的纪录，建成时在世界超高层建筑排行榜雄踞第四、亚洲第一。1993年4月动工兴建，1996年5月竣工，从设计到施工只用了3年时间，便完成了建筑施工在美国需要5年、在日本需要3年半的艰巨任务，更创下了2.75天一层楼的新纪录，被称为“深圳效率”，这也是中国乃至世界建筑史上的一个奇迹。旁边的那幢商住楼的外形很像一本书，矗立在深圳这条有名的金融街上，大家觉得它是不是象征着中国人“书中自有黄金屋”的人生哲理呢？

地王大厦的对面就是深圳书城，地面30层，为全国新华书店楼层最高、设备最先进的购书中心之一。整个书城建筑设计非常有意义，从建筑正面来看，就是厚厚的一本翻开了的书，还有一支笔夹在书的中间。在书城大门的台阶上还有三层几十级的台阶，只有爬上这几十级的台阶，您才可以进入知识的海洋。这代表了“书山有路勤为径，学海无涯苦作舟”。

再过一点，前面左边就是中国第一家证券交易所——深圳证券交易所，交易所前面有一头雄伟的铜牛，表达了大家祈求牛市旺市升值的愿望。中国的第一支股票——深发展就是在这里发行的。当年带着小板凳、通宵排队购买股票认购证明的第一批股海弄潮儿，很多人在这里积累了第一桶金。

从这里开始是深圳的金融中心，有深圳市证券交易所、深圳发展银行、建设银行、工商银行、农业银行、中国人民银行、中国银行、商业银行、农村信用合作社……在这儿真正体会到了“银行多过米铺”。

大家再往右边看，这是深圳大戏院，深圳很多著名的话剧和电影都是在这里上演的。

我们的车停在前面的十字路口，大家可以往前方看看。前方有一幅画，大家是不是很熟悉？对，那就是邓小平画像。

大家再往右边看，这里是赛格广场，也是深圳第二高的楼，高度有355.8米，75层。下面是华强北商业街，这里是深圳电子元件、高科技产品汇集的地方，也是全国最大的电子元件集散地。

这里是深南大道繁华路段，是深南大道的第一乐章，也是整个深南大道乐章的高潮。每当夜幕降临，上海宾馆对面矗立的12根霓虹灯灯柱射出的光束，形成了一座座“灯光凯旋门”。白天，华强北的喧闹、市政府大院的肃静、小平画像的庄严、地王大厦的现代、证券交易所的华丽，每过一个路口就有一个深南大道乐章的高潮。

2001年10月1日起，上海宾馆以西道路两侧的路灯，以及上海宾馆以东所有大厦的射灯都实现了远程无线遥控启停和检测。深南大道上的大部分灯光都实现了“统一亮灯、统一灭灯”，成为深圳市知名的形象工程。在评选国际花园城市的过程中，特地将原来铺在深南大道两侧的水泥路板路通通铺上了漂亮的红色大理石，人行道旁还专门为自行车和残疾人铺上了特别的通道，为深圳打了一个漂亮的形象分，在深圳市当选为中国第一个国际花园城市的评比中立下了汗马功劳。

第二乐章从五洲宾馆开始，这里有市民中心、音乐厅、高交会会馆区等，是深圳未来行政、文化和经济的中心，代表着人们对深圳新世纪发展的遐想。

进入华侨城后，深南大道也进入了第三乐章。这里到处洋溢着欢乐、热烈的旅游气氛。世界之窗、欢乐谷等景点建筑和入夜后的大道两旁的灯光设计都围绕着快乐的主题，棕榈树、奇葩异卉、大红灯笼交织在一起，深圳的城市艺术家们用现代手法谱写出一曲节奏快、动感强、韵味深的道路舞曲。

现在，我们的旅游车进入了深圳高新技术园区，这可是深圳最“值钱”的地方，我们就算它是第四乐章吧。深圳高新区成立于1996年9月，占地面积11.5平方公里，是国家重点支持的六大科技园区之一。这里高新技术企业密集、产值高，国内外很多著名的高科技企业研发基地设在这里，引领我们走进信息时代、IT时代。

深圳西部起点南头以绿地为主，宽阔的绿地广场和如茵的碧草中央攒簇的花朵给人一种想要深呼吸的感觉。哦，这就是特区，这就是小平同志足迹踏过的地方！

夜色下的深南大道最有韵致，立交桥、人行天桥色彩绚丽，道路两边的灯光和色彩浓淡相宜，构成远近相间、内外相透、动静结合的夜景奇观，这个时候的深南大道就像一条美丽动人的彩带，漫步其中仿佛置身星光银河。即使与世界上知名的道路相比，深南大道也毫不逊色，它充满时代气息，代表着深圳发展的特色。

四、入住饭店

（一）办理入住手续

地陪带领旅游团进入饭店后，应尽快在领队或全陪的协助下办理好住店登记手续。具体的做法是：先由领队或全陪收齐每位游客的身份证件，然后地陪将游客的身份证件与旅游者名单递交给饭店前台。拿到房间号和房卡后，由领队或全陪来安排房间，将房卡分发给游客，并将游客身份证件归还。地陪要掌握领队、全陪和团员所住的房间号。地陪如留宿饭店，则应将自己的房号告诉领队、全陪；如不留宿饭店，则在离开前将自己的电话号码告知全陪、领队，以便联系。

在办理入住时，可能出现安排的房间是奇数的情况，即单房差。旅行社给客人的价格是按照一个床位计算的，因此，如果有游客单出来了，则需要在团队内进行协调，看是否可能将此游客安排在团内其他游客的房间，或者安排在司陪间，但安排的原则必须是以保障游客安全为前提。如果游客不愿接受这种安排，而提出单独住宿一间房的要求，则需游客补单房差，即额外补交另一个床位的费用，这时必须要跟游客解释清楚。

（二）介绍饭店设施及注意事项

在游客拿到房卡后，导游员应向游客简要介绍饭店的主要设施及注意事项，包括餐厅位置、用餐时间，游泳池、健身房、商务中心等饭店的服务设施和项目等，并说明游客可免费享受的服务和需额外付费的服务。提醒游客入住期间注意安全，建议游客将贵重物品寄存饭店保险柜或随身携带；不可随便给陌生人开门，尤其是在夜间；提醒游客电梯位置和安全通道的位置等。告知游客，进入房间后请检查房间设施是否完好，如房间有问题可通知服务员或导游员来处理，与游客约定好时间，在大堂等候协助游客。团队解散前，地陪还应向游客宣布当天的其余安排，如就餐的安排、游览活动的安排等。

（三）处理旅游者进房间的有关问题

旅游者进入房间后可能出现一些问题和情况，如窗户破损、马桶坏了、浴室没有热水、床上用品污脏等问题，或者出现对房间不满意想换房、对房间分配有异议、发现行李丢失等情况，导游员应及时与饭店联系，协助游客解决。对于换房的要求，在可能的情况下尽量满足，但如果涉及房间等级的变更，则需向游客说明费用情况。总之，在处理各种矛盾、问题时，一旦涉及费用增加，都需事先跟游客讲明或提醒到位。

案例

退房时游客被告知需补交房差

小刘是江苏某旅行社的地接导游，在安排旅游团入住酒店房间后，502 房的两名男游客发生了口角，互相嫌弃对方生活习惯不好，且越吵越激烈，争执不下便去找小刘解决，希望小刘给他们重新安排房间。小刘为尽快息事宁人，便一口答应了其中一名游客李某提出的单独住宿的要求，并为其开了房间。经过几天的游玩，旅游团即将离开当地，在游客递交房卡办理退房手续时，李某被酒店前台告知需补交 200 元的房费。李某不解，坚称自己团费里已包含住宿费，凭什么还要再收钱。此时，小刘出现，告诉李某，因为他要求单独住宿一个房间，所以需要补交房差。李某顿感愤怒，指责小刘为什么不提前告知，小刘也一时语塞，不知如何解释。

请思考：如果你是地陪小刘，当游客内部发生矛盾提出换房要求时，你会如何处理?

提示：当游客之间发生矛盾时，导游员应尽量详细了解事情始末，并从中调解，如地陪调解不成功，可请全陪、领队从中协调。如果经过多方努力，游客仍然坚持换房间，导游员应首先试图在旅游团内部进行调整，若尝试调整失败，最后才用单独开房间的方式解决，并应事先告知游客单独开房间需补交单房差。

（四）核对、商定活动日程

地陪在接受地接社下达的接待任务时，计调部门已根据组团社制订的旅游团接待计划，安排好了该团在当地的所有活动日程，并制定了日程表。虽然组团社制订的接待计划的依据是旅游者签订的旅游合同或协议书，但游客作为产品的购买者和消费者有权审核最终的旅游活动计划，也有权提出修改意见。作为旅游团代言人的领队或全陪，也希望得到当地地陪导游员的尊重和合作，使商定和宣布活动日程成为其行使职权的表现。从另一个角度来看，领队或全陪手中持有的是组团社下达的接待任务，而地陪手中持有的是地接社制定的日程表，两份接待计划由不同的人制作，则有可能出现不一致的情况，所以地陪应与领队、全陪尽早核对、商定日程，确保行程的万无一失，也是必要的。

核对、商定活动日程，可以说标志着地陪与领队、全陪正式合作的开始，应尽早安排。如果旅游团抵达当地后是直接去景点游览参观，核对和商定的时间、地点则可选择在接站地点或行车途中。如果旅游团抵达后先入住饭店，则可在办理好入住手续，待游客进入房间休息时，进行核对和商定。

在核对、商定活动日程时，可能出现以下几种情况，地陪要做好应对的准备：

1. 对方提出小的修改意见

地陪在不违背旅游合同的前提下，对于“合理又可能”的要求，可尽力予以安排。如果对方提出增加游览项目，而新增的项目又涉及费用增加，地陪应先向旅行社有关部门反映，并事先讲明费用情况，如对方同意，则订立书面合同，按规定收取费用。对于无法满足的要求，地陪要耐心做好解释工作。

2. 对方提出的要求与原计划有较大变化且涉及接待规格

这种情况地陪一般应委婉拒绝，并说明己方不方便单方面违反合同。如领队、全陪或全体团员提出的要求确有特殊理由，地陪须请示旅行社有关领导，根据领导指示来决定。

3. 双方的接待计划有出入

发生这种情况时，地陪应及时报告旅行社，查明原因，分清责任。若是接待方的责任，则由地陪实事求是说明情况，并致歉，且及时做出调整；若责任不在接待方，则地陪也需耐心做好说明工作。

(五) 确定叫早时间

地陪在结束当天活动之前，应与领队、全陪确定第二天的叫早时间，并通知饭店前台和全体团员。注意，对于叫早时间的确定，应根据第二天的行程安排、交通状况、饭店早餐时间等多种因素综合考虑，地陪可依据经验给领队或全陪提出建议，在征得其同意后再确定，而不应擅自做主，在忽略领队、全陪的情况下直接宣布给游客，这是对领队、全陪不尊重的表现。

案例

地陪擅自决定叫早时间与分配客房

地陪导游员小康接待一个入境旅游团，在从机场到饭店的途中，小康向游客介绍了团队的日程安排。当小康通知游客第二天 6 点 30 分叫早时，领队说：“6 点 30 分不行，太早！”小康说：“要不就 7 点好了。”领队说：“7 点也早。”小康说：“那您看几点合适？”领队此时非常严肃，冷冷地说："到时候再说吧！"车上气氛顿时紧张了起来。到饭店后，小康开始分配客房，此时领队毫不客气地对小康说："让你们旅行社重新换一名导游吧！"

资料来源：李海玲．导游带团技能速成——经典案例训练．北京：中国旅游出版社，2013：27.

请思考：地陪小康做错了什么导致领队生气？

提示：地陪在确定叫早时间前需征求领队或全陪的意见，分配客房也应由领队或全陪负责。案例中的小康由于不注重细节，没有体现出对领队应有的尊重，而招致领队的不满。

任务三　游览观光服务

参观游览是旅游者出游的主要目的，是旅游者消费旅游产品的主要组成部分，也是旅游者在出游过程中最注重的核心部分，因此带领旅游者参观游览是导游服务工作的中心环节。地陪的服务应使旅游者参观游览的全过程安全、顺利，同时又使他们详细了解参观游览对象的特色、历史背景等，以及其他感兴趣的问题。为此，地陪必须认真准备、精心安排、热情服务、精彩讲解。

一、出发前的准备工作

地陪导游员为保证顺利完成游览观光服务，首先需做好出发前的准备工作，工作内容主要包括以下几个方面：

（1）备好导游旗、导游证和所需的票证，以及其他必备物品。

（2）与司机联系，督促司机做好各项准备工作，如查询路线、路况，检查车辆、空调，以防途中故障。

（3）与餐厅联系，核实中、晚餐的预定情况。

（4）提前10分钟到达集合地点，一般为旅游团下榻的酒店大堂。在等待的过程中，地陪应主动与纷纷到达的游客、全陪、领队寒暄、问候。

（5）提醒游客注意事项，例如提醒游客带雨具、防晒物品、登山鞋等。

（6）准点集合登车。能否准点出发是衡量一名导游员组织能力的指标之一，为保证准点出发，地陪要注意清点人数，及时找前台或全陪提醒未到的游客尽快登车。

二、前往景区途中的服务

（一）重申当日活动安排

旅游车开动后，地陪要向游客重申当日的活动安排，以及每项活动的时间安排，让游客对当天的行程安排心中有数。

（二）沿途风光导游

在前往景点的途中，地陪应适时地向游客介绍沿途的风土人情、自然景观，并回答游客的提问。沿途风光导游的讲解要做到及时、精辟、避轻就重，忌死板、平铺直叙。

案例

两种讲解方式的对比

在前往明代长城游览的途中，地陪A向游客介绍沿途风光：

游客朋友们，前方就是雁门群山了。我们看到，这座雄伟的大山像一道巨大的屏障隔开了塞内和塞外。大家看：远处的山脊上长城蜿蜒、烽台耸峙，这就是举世闻名的雁门关长城，这段长城全长8 848米，连接起了广武口和白草口两个重要隘口，相当于在两大隘口间连接起了一道难以逾越的封锁线，它像一条穿越时空的生命线，近千年如一日地维系着雁门关和中原大地的平安。

同样的情境下，地陪B是这样讲解的：

游客们，前方是雁门群山，那这边就是塞内，那边就是塞外了。看，山上有长城，那是雁门关长城，长8 848米。长城两头分别是广武口和白草口两个重要隘口。

请思考：两位地陪的讲解词，你觉得哪段讲解更精彩、更吸引人呢？

提示：地陪A的讲解生动、形象，语言优美；而地陪B的讲解死板、平铺直叙。

（三）介绍游览景点概况

在抵达游览参观点之前，地陪在车上应对该景点做一些简要介绍，如景点的历史背景、价值、特色，以及参观时的注意事项。介绍时要尽量简明扼要、点到即止，目的是引发游客对即将参观的景点的好奇心和期盼，也为后面的景点讲解做一个很好的铺垫。

（四）活跃气氛

如果前往景点的路途较长，地陪在做完以上的讲解工作后，还有一大段时间空闲，可通过组织一些娱乐活动或者讨论的方式，来活跃车内的气氛，避免长时间枯燥乏味的车上时光。但是娱乐活动要适时、适度、适量，否则可能起到反作用。

三、景点导游讲解

（一）交代游览注意事项

到达游览景点后，地陪应在下车前提醒游客记住旅游车的型号、颜色、标志、车号和游览时间、集合时间与地点等重要信息。

进入景区大门后，地陪应召集游客在景点示意图前稍作停留，向游客讲明游览线路，对景点做概括性介绍，并讲明游览参观中的注意事项，如禁止吸烟、禁止拍照、小心路滑等，还需提请游客在游览过程中保持手机开启，谨防走失。

（二）游览中导游讲解的要求

在景点游览的过程中，地陪应始终处于旅游团队伍的最前方，带领旅游团前行，并随时做讲解、回答游客的提问。此时，全陪应保持在旅游团队伍的最后面，提醒游客别掉队。地陪在行进的过程中，要注意速度，不能一味地赶路，也不能自顾自地做讲解，要随时留意游客的动向，也要学会发现游客的兴趣点。地陪要以生动的讲解来吸引游客，必须做到以下几点：

(1) 内容要繁简适度。任何一个景点，可讲的内容都很多，哪些内容详讲、哪些内容略讲，地陪必须要做选择。通常，对于人文型景点，详讲的内容包括景点的历史背景、文化内涵、地位和价值；对于自然型景点，详讲的内容包括自然成因、特色和代表性。

(2) 语言要生动、富有表现力。导游的讲解是一门语言的艺术，不能死背导游词，导游的语言要做到“八有”。

知识链接

导游语言要做到“八有”

(1) 言之有物。内容充实，有说服力，不讲空话、套话。

(2) 言之有理。摆事实，讲道理，以理服人。

(3) 言之有据。有根有据，不胡编乱造，不弄虚作假。

(4) 言之有情。语言友好，富有人情味，对游客亲切、温暖。

(5) 言之有礼。语言文雅，谦虚敬人，礼貌待人。

(6) 言之有神。语言形象，声音传神，引人入胜。

(7) 言之有趣。说话生动、幽默、风趣。

(8) 言之有喻。适当比喻、生动易懂，使人印象深刻。

---

(3) 形式要讲解与引导游览相结合，适当集中与分散相结合。导游在讲解时，可辅以一些手势，但切忌手势过多、夸张。导游讲解前要将游客召集到一起，讲解完后可给予游客短暂的时间自由参观。

(三) 导游讲解的几种常用方法

景点讲解不是简单地背导游词，要使讲解生动、引人入胜，要讲究方法，这个过程可视为文学作品的再创作。导游讲解时常用到以下几种方法：

1. 分段讲解法

对那些规模较大、内容较丰富的景点，导游员可根据景点布局，按照游览路线，对景点进行分段逐一讲解。

(1) 景区概况。

就景区的地理位置、历史、面积、地位、价值等情况向游客进行概括性介绍，使其对景区有个大致了解和轮廓性认识。这部分多用于前往景区的途中或景点入口处的示意图前，使游客对即将游览的景区有一个“预览”，对景区有个初步印象。

(2) 顺次讲解。

进入景区后，导游员按照事先交代好的参观游览路线，带领游客顺次游览，并逐一展开讲解。在讲解一个景点的景物时，不要过多地涉及下一个景点，但可在此景点游览的末尾适当地提示下一个景点，使得景点与景点之间形成连贯的线索，也引起游客对下一个景点的兴趣，达到一环扣一环的效果。

(3) 整体总结。

在该景区所有景点的游览结束之后，可以进行适当的概括和总结，让游客对整个景区有个总体的把握，也加深游客对景区的印象和审美感受。

2. 突出重点法

在导游讲解中不必面面俱到，而要突出景点的某一方面或某些方面。通常而言，要突出讲解景点的四个方面内容：

（1）突出景点的特征及与众不同之处。

景点的特征和与众不同之处，往往就是这个景点最有游览和观赏价值的部分。例如，福建土楼的代表之一——裕昌楼，俗称“东倒西歪楼”，不同于其他建筑，也不同于其他土楼，该楼最奇特的地方是所有看得见的梁、柱、楹都是歪歪扭扭的，却能屹立 600 多年不倒，奇特之极。

（2）突出具有代表性的景观。

尤其对于规模较大的景区，游览时间又有限，导游员要重点讲解和引导游客参观该景区具有代表性的景观。例如，北京故宫占地 72 万平方米，建筑面积约 15 万平方米，现存房屋 8 000 多间，而其中最有代表性、最重要的便是中轴线上的“前三殿”（太和殿、中和殿、保和殿）和“后三殿”（乾清宫、交泰殿、坤宁宫）。

（3）突出游客感兴趣的内容。

导游讲解的对象是游客，因此导游员在讲解的过程中要根据游客的兴趣爱好，进行有针对性的讲解，才能达到良好的效果。游客可能因文化水平、受教育程度、职业、性格等不同而有不同的兴趣爱好，当众口难调时，导游员就要抓主体，重点讲解旅游团中大多数人感兴趣的内容。

（4）突出“……之最”。

“之最”，通常是景区某方面突出特征的体现，也反映该景物在同类中的地位，导游员应突出介绍，如最大、最小、最古老、最长等。

3. 问答法

在讲解时，导游员可向游客提问题从而引起他们的注意和好奇，也可启发游客提问题，从而加强导游员与游客之间的双向交流。问答法通常包括三种形式：

（1）自问自答法。

即导游员提出问题，做适当停顿，留给游客一定猜想空间之后，自己给出问题的答案，目的是要吸引游客的注意力，加深其印象。

（2）我问客答法。

即导游员提出问题，让游客来回答，这种提问通常难度不会太大，游客通过思考后能给出完全正确或部分正确的答案。导游员也可给予适当提示和引导，游客回答出来后，不管对错，导游员都要给予适当的鼓励和肯定。这种方法可增强游客的参与感和成就感，提升他们的兴致。

（3）客问我答法。

即游客提出问题，由导游员来解答。导游员在讲解的过程中，应多鼓励游客提问，游客提问说明他们在用心参观、用心听讲解，千万不能对游客的提问感到不耐烦和反感。面对游客的提问，导游员要认真倾听，尽力解答，如果实在解答不出，要对游客表示歉意，并表达自己会进一步学习了解的意愿。

4. 虚实结合法

所谓实，是指实实在在的眼睛见到的景物；所谓虚，则是指与景物有关的民间传说、神话故事、趣闻逸事等。虚实结合法就是导游员在讲解中将景点的典故、传说与景物介绍有机结合起来，用编织故事情节的手法来增加讲解内容的生动性、趣味性。应用虚实结合法的时候，应注意以“实”为主、以“虚”为辅，并且要适当选择具有较高审美情趣的、符合大众或传统审美观念的传说、典故。“虚”的存在是为了烘托、增加实景的美，切不能装神弄鬼、故弄玄虚。

5. 制造悬念法

制造悬念法是一种“先藏后露，欲扬先抑”的导游讲解方法，是指导游在讲解时提出令人感兴趣的话题，但故意引而不发，以激起游客急于知道答案的欲望，俗称“吊胃口”“卖关子”。恰当地使用制造悬念法，可起到活跃气氛、制造意境、提高游客兴致的效果。

案例

深圳民俗文化村导游词

说话间我们来到了民俗村东大门，首先映入我们眼帘的是一株高达 15 米，覆盖面积达 990 平方米的人造大榕树，其仿真程度足以乱真。民俗村有四大景点号称世界最大的“四大人造景观”，这是其中之一。还有三个分别是什么呢？等我在参观路上告诉你们吧！

6. 画龙点睛法

画龙点睛法是指用凝练的词句概括所游览景点的独特之处，给游客留下深刻的印象。此种方法的运用，一般是在游客已经参观完景点的全貌后，导游员用简练而精辟的语句，点出景物的精华所在，给人留下意犹未尽之感。

以上几种方法是导游在做景点讲解时常用的方法，通常是综合使用这几种方法，从而使得导游词精彩、生动、富有感染力。以下是一则景区导游词，细细研读，体会几种方法的灵活运用。

案例

深圳仙湖植物园导游词

（景区概况）

说起植物园，几乎全国各地都有，是吧？这次带您去的深圳仙湖植物园却与众不同。它建于 1982 年，1988 年 5 月 1 日正式开放，占地面积 8 800 亩，根据地形、植被和名胜被划分为五个区。这里有野生植物 1 500 多种，热带植物 400 多种，尤其宝贵的是，植物园收集并保存了濒临灭绝的珍贵物种 140 多种，如水杉、桫椤等。大家刚才边走边看，每种植物均挂有牌子，介绍其科属、学名、产地、用途，我们既可以观赏名贵珍品，也可以学习园林知识，乐在其中。

有人说：名字这么好听——仙湖，有没有什么故事呢？没错，相传远古时期三位美丽的仙女从天上下凡，一路风尘，经过深圳东北部梧桐山西坡时，三位仙女被这里的幽雅景色深深吸引。尽管景色宜人，但是这里久旱成灾，稻田干涸，水贵如油，百姓正遭受饥荒之苦。三位善良的仙女动了恻隐之心，她们决定在这里隐居，为这里的百姓祈雨赐福。只见三位仙女围成一个圈，衣袖轻轻一摆，一场大雨从天而降。奇妙的是大雨过后，三位仙女围圈的地方，成了一个碧绿的湖泊，后人把它命名为“仙湖”，期盼它永远为百姓消灾赐福。

深圳仙湖植物园与普通植物园的不同之处就是“一树一寺，一林一馆”。

（邓小平手植榕树）

神话传说永远是美丽的，因为它虚无缥缈。然而，在深圳仙湖植物园，却有一个比神话传说更美丽的故事，时隔多年一切仍历历在目，勾起人们对一位伟人的回忆和怀念。1992年春天，我国改革开放的总设计师邓小平来南方视察并发表了一系列重要讲话，为中国新一轮改革开放浪潮拉开了序幕，为中国这艘历经风雨的东方巨轮指出了前进的航向。那年的2月22日上午，和煦的阳光照在碧波荡漾的仙湖上，邓小平同志在中央、省市领导的陪同下，兴致勃勃地游览了仙湖植物园，对此地的自然景色和园林布局赞不绝口，指示“要把植物园办好，植物园大有可为”，之后他在仙湖旁亲手种下一棵高山榕，这棵树不但为植物园增添了一个游览的好景点，而且成为一个历史事件的见证。人们说，这是仙湖的福气。你看，这棵郁郁葱葱的榕树就是伟人留给我们的永久记忆——前人栽树，后人乘凉，请大家和它照相留念吧。

（弘法寺）

在仙湖植物园的北区，有一座深圳市区唯一的寺院——弘法寺。弘法寺的前身是“仙女庙”，就是为了纪念传说中的三位仙女而建成的。1985年“仙女庙”重建时改名为“弘法寺”。它是岭南最年轻的寺院，建筑面积1万多平方米，有藏经阁、大雄宝殿、天王殿、钟鼓楼等建筑。弘法寺的特色之一在于它香火之旺。每逢节假日，许多善男信女到弘法寺朝拜。特别是春节期间，通往弘法寺的路上，人流与车流交汇，一定要实行交通管制才行。另一大特色是弘法寺的和尚，他们大多是佛学院的毕业生。现任方丈是印顺大和尚，具有佛学博士学位，他重视佛教教育与僧才培养，加强与世界各地佛教界的交流。目前弘法寺由中国佛教协会直接管理，成为加强港澳台与海外佛教徒联系的纽带。

（化石森林）

接下来我将向您强力推介仙湖植物园内的一处特殊的森林——迄今为止我国唯一的一座化石森林。以深圳的亚热带海洋性气候条件，这里是不可能有化石的。但是深圳人敢想敢干，“九五”期间，投资一千多万元，在一万多平方米的土地上造就了一个可能。什么样？让我们去瞧一瞧。在蓝天白云下，一棵棵褐色的古老树干，或站或躺，有200多棵，最重的有9吨，最高的有6米。看着它们，就像和历史在做无声的交流，让人感受到震撼。世界旅游组织的官员来此调研的时候感慨地对园长说：“这就是你们对外最大的卖点！”

（古生物博物馆）

在化石森林的旁边，有一座独特的建筑——深圳古生物博物馆，它是仙湖植物园的又一个中国第一——国内第一座古生物博物馆。走进馆内，你就被带入了遥远的地质历史。从地球的形成、生命的起源到人类的出现，在短短的时间里，你就能轻易地穿越时空隧道，感受到地质历史中生命的兴盛与衰亡。目前，馆内收藏有从古生代到中生代以及新生代的各类标本。您看这边，这是第一次公开展出的井研马门溪恐龙，它长 20 米，是世界上脖子最长的动物。再看那边，有在哺乳动物进化史上有重要地位的张和兽，是最早发现的中生代时期完整的哺乳动物化石。这一切都给了我们亲密接触科学与历史的机会。

游客们，在欣赏了“一树一寺，一林一馆”后，是否对仙湖植物园有了一个深刻的印象？是否感觉此植物园非彼植物园，的确非同一般呢？这就是深圳的土地，一个不断创造奇迹的地方，希望您喜欢这里，欢迎您的再次光临。

请思考：仔细阅读该篇导游词，指出其中使用了哪些导游方法。

提示：景区概况一段用到了概述法、画龙点睛法、虚实结合法、问答法等。弘法寺、化石森林、古生物博物馆等几段，用到了分段讲解法、突出重点法等。

（四）导游讲解技巧

“祖国山河美不美，全凭导游一张嘴。”导游的讲解工作既是导游服务不可或缺的重要部分，也是导游人员扮演的“文化使者”角色传播文化、传播知识的过程。对于游客而言，听导游的讲解应该犹如享受着一场文化盛宴，从中获取美的享受。要达到这种效果，对导游人员的讲解技巧有很高的要求。

导游人员根据景观类型的不同，可采用有针对性的讲解技巧。

1. 自然景观的讲解技巧

自然景观是指一切具有美学和科学价值、具有旅游吸引力功能和游览观赏价值的自然旅游资源所构成的自然风光景象。简单地说，自然景观就是大自然自身形成的自然风景，如地貌景观、水体景观、生物景观以及天象气候景观等。

自然景观具有天赋性，一切自然景观都是大自然的鬼斧神工雕刻而成的，它的美是天生天然的。导游人员在导游时，首先，要引导游客欣赏自然景观的形式美，调动游客的视觉、嗅觉、听觉、味觉、触觉等感官系统。其次，游客对于自然景观的好奇心和求知欲，仅通过感官系统来满足还远远不够，因此导游人员还需要从文化内涵的角度来诠释景观。例如，黄山上的奇石造型千姿百态，人们根据不同的形态给这些奇石起了不同的名字，每个名字的背后都可能有一段传说，或凄美、或喜悦，以及这些奇石的前世今生、它们形成的原因等，这些东西讲出来都可以极大地丰富自然景观的文化美。

自然景观的文化美可通过三种方式来挖掘和呈现：

（1）恰当使用神话传说。

我国的大多数自然景观在悠悠历史长河中，都被当地勤劳智慧的劳动人民用神话传说的形式赋予了鲜活的生命力。恰当运用神话传说，可大大提升自然景观的美。

案例

阿诗玛的故事

云南石林世界地质公园素有“天下第一奇观”“石林博物馆”的美誉，它是“石林”这种独特的喀斯特地质地貌的命名地。景区内有一泓湖水碧波粼粼，湖畔屹立着一座独立的石峰。这座石峰远远看去，极像一位拥有着颀长高挑身段、风姿绰约的少女。从少女头上裹着的包巾和身后背着的背篓，看得出她是一位彝族撒尼少女。她的名字叫作“阿诗玛”，当地流传着一个关于阿诗玛的动人的传说。

从前在阿着底，贫苦的格路日明家生了个美丽的姑娘，爹妈希望女儿像金子一样珍贵闪光，就给她取名叫“阿诗玛”，也就是金子的意思。阿诗玛渐渐长大了，漂亮得像一朵艳丽的美伊花。她能歌善舞，许多小伙子都喜欢她。她与青梅竹马、两小无猜、聪明勇敢的阿黑相爱，立誓非他不嫁。在一年一度的火把节上，她和阿黑定了亲。财主热布巴拉的儿子阿支也看上了美丽的阿诗玛，便请媒人去说亲，但不管怎样威逼利诱，都无济于事。热布巴拉家趁阿黑到远方放羊之际，派人抢走了阿诗玛并强迫她与阿支成亲，阿诗玛誓死不从，被鞭打后关进了黑牢。阿黑闻讯，日夜兼程赶来救阿诗玛，他和阿支比赛对歌、砍树、接树、撒种，全都赢了阿支。热布巴拉恼羞成怒，指使家丁放出三只猛虎扑向阿黑，阿黑三箭射死了猛虎，救出了阿诗玛。狠毒的热布巴拉父子不肯罢休，勾结崖神，趁阿诗玛和阿黑过河时，发洪水卷走了阿诗玛。十二崖子的应山歌姑娘，救出阿诗玛并使她变成了石峰，变成了回声神。从此，你怎样喊她，她就怎样回答你。她的声音、她的影子永远留在了人间。

阿诗玛的传说故事在当地，甚至整个云南地区都流传甚广，该题材被改编成了电影、大型歌舞剧，在国内外放映和演出后，引起了强烈的反响。2006 年，云南旅游局将“阿诗玛”注册为旅游商标。

请思考：试将阿诗玛的故事穿插在石林景区的讲解词中，并对比有这段内容和没有这段内容，讲解的效果有何不同。

（2）适当联系历史传说。

不同于神话传说的完全虚构，历史传说是有一定事实根据的传说故事，例如历史上真实存在的人物或发生过的事件，在现有史料的基础上用文学的手法将其加工成一段完整的故事。这些故事不仅增加了自然景观的美感，更突显出景观的历史积淀。

（3）巧妙联系宗教传说。

俗话说，“天下名山僧占多”，我国的名山大多与宗教有关，这一方面是因为佛教、道教等宗教所追求的境界与山水自然环境融于一体，另一方面是因为名寺名僧也为山水风光增添了一层文化之美。

2. 人文景观的讲解技巧

人文景观，是指人们在日常生活中，为了满足一些物质和精神等方面的需要，在自然景观的基础上，叠加了文化特质而构成的景观，包括历史古迹、建筑设施、宗教文化、风俗风情等。人文景观的美，除了外在的形式美以外，更多的是蕴含在景观之中的内涵美，因此对人文景观的讲解要侧重于挖掘它的内在美，应把讲解的重点放在以下三个方面：

（1）人文景观的历史。

了解景点的建筑年代、重要人物的生存年代或重要事件的发生年代，对于游客更好、更全面地认识人文景观相当重要，因为在不同的历史时期，社会的方方面面都会烙印上时代的特征。游客在观景的过程中首先需要了解该景观的社会背景，这有助于游客更好地理解该景观。

案例

深圳大鹏所城的历史

深圳目前唯一的国家级重点文物保护单位大鹏所城，始建于明洪武二十七年（1394年）。明朝初年，政府建立了“卫”“所”的军事制度。公元1377年，明政府在东莞县城南设立了南海卫，后由于沿海地区不断受到盗匪和倭寇的侵犯，于是朝廷增设了大鹏千户所，即今天的大鹏所城。大鹏所城是明清两代中国南部的海防军事要塞，有着600多年抵御外侮的历史，涌现了赖恩爵、赖信扬、赖恩锡、刘起龙、刘黑仔等一批杰出的民族英雄。

（2）人文景观的地位价值。

景点在世界上以及国内、省内、市内处于何种地位，这是景点价值的体现。人文景观既包括有形的文化载体，也包括无形的文化符号，它们都是人民智慧的结晶，也是人类历史的见证，具有地区和时代的独特性。导游人员在给游客做讲解时，应突出这种独特性。

（3）人文景观的内涵。

相比于自然景观而言，人文景观内涵更深厚，甚至涉及专业的文化知识。例如，同样是佛教寺庙，为什么汉传佛教与藏传佛教、南传佛教的寺庙建筑格局迥然不同？再如，中国古典园林的基本构景方法有抑景、添景、隔景、对景、夹景、框景、借景等，了解了这些构景方法，游客便能更好地欣赏古典园林的美。这些文化知识极大地丰富了人文景观的内涵，通过讲解，游客不仅能更好地理解景观，也能汲取景观的文化养分，同时，这也是文化传播和传承的表现。

3. 导游讲解的一般技巧

不管是自然景观还是人文景观，导游人员在做讲解时都要做到以下几点：

（1）切忌背书式讲解。讲解绝不等同于死背导游词，背出来的东西是死的、没有生命力，更不可能有感染力，因此导游在讲解时必须要加入自己的感情，要有自己的创作和发挥。

（2）要有充足的知识储备作为后盾。讲解词不是一个个知识点的串连，不能点到即止，要能深入、全面地讲，对于游客的提问还要有问必答、有问能答，这都要求导游人员平时要有丰富的知识储备。

（3）讲解的语言要准确、顺畅，内容健康，注意使用文明用语。

（4）讲解时把握游客心理，观察游客的兴趣点，有针对性地讲解。

（5）克服不良口语习惯。不良的口语习惯一般包括含糊、啰唆和不良口头语。不良口头语是指在讲解的过程中由于忘词或者个人习惯，经常使用“嗯”“啊”“这个”“那个”等。

（6）恰当运用手势。导游员在讲解时可配合手势，手势要求简洁易懂、协调合拍，并且要有节制，不能手舞足蹈。

（7）时刻提醒游客注意安全。在讲解的过程中不忘时刻提醒游客注意安全，既能体现导游员的周到细心，又能避免事故的发生。

案例

自顾自地讲解

一个炎热的夏天，地陪小李在上海带领着一群兴致勃勃的游客参观游览龙华古寺。在宝塔下，他滔滔不绝地讲解着。开始时，游客们津津有味地听着，10分钟后，游客走掉三分之一；15分钟后，游客又走掉一半；当他讲解20分钟后，身旁的游客已寥寥无几。这时有几位游客在一旁的遮阳处大声叫喊起来："导游，差不多了，有人要中暑了。"

请思考：导游员小李的讲解存在什么问题?

提示：导游员的讲解既要精彩，能用丰富的知识吸引游客，也要在讲解时注意时间、地点，以及游客的反应，否则结果会事与愿违。导游员在服务时不仅需要规范操作，还需要细心的关怀，设身处地为游客着想，这样才能提高游客的满意度。

四、自由活动与返程的工作

(一) 自由活动的工作

景区的参观游览活动一般分两部分：集体参观和自由活动。集体参观的过程中，地陪需做好引导和讲解工作，当重要的景点参观讲解完后，一般应留出一定的时间给游客自由活动，游客可利用这段时间弥补之前未完成的参观，或拍照留念，或购买纪念品，也可稍事休息。在解散队伍之前，导游员务必强调集合的时间和地点，以免耽误后面的行程。对景区游览时间的把控，是对导游员业务能力和水平的一种考验，既不能过分催促、责备拖延时间的游客，又要保证给后面的行程安排留有充足的时间，这就是一种处理问题的艺术了。

案例

如何制止游客迟到、拖沓的行为

"各位团友，刚才我带大家游览了江南名刹——灵隐寺的主要景点，现在给大家半个小时的自由活动时间，大家可以拍拍照，在景区各处走走，有对景区不清楚的问题可以来问我。11点整，请大家一定要准时在停车场集合登车！"在灵隐寺参观游览时，导游员赖小姐正向她的游客宣布注意事项。在两天的游览过程中，总有那么几个游客时常迟到，赖小姐提醒他们别迟到、拖沓，但他们总有理由，对此一些游客也颇有微词。

11点到了，又有两个游客未准时上车。赖小姐很着急，心想，如果不及时采取措施，会导致旅游团组织涣散；另外，若经常为此事而提醒，守时的游客听了也会不耐烦。等到11:05，两位游客仍未上车。赖小姐拿起车上的麦克风笑着对车上的游客说："我们说好11:00准时上车的，现在还有X小姐和M小姐没回来，她们回来后，我们罚她们唱一首歌，好不好?"游客齐声附和。过了七八分钟，两位小姐终于姗姗而来。赖小姐照事先安排，让游客出面，罚那两个迟到的小姐唱了几首歌，两位小姐在游客们一致的要求下，只好唱歌。为了给这两位小姐面子，她们唱完后，赖小姐自己也唱了一首歌。唱完后，赖小姐一边微笑一边反话正说："欢迎大家迟到！我们立个规矩：第一次迟到者唱歌，第二次迟到者跳舞，第三次迟到者载歌载舞。大家说好不好?"游客们齐声叫"好"。从此，迟到、拖沓的事情再也没有发生。

请思考：点评导游员赖小姐的做法。如果你是导游员，遇到此种情况，你会如何处理?

提示：旅行过程中，有游客迟到是常见的，若放任其行为，势必造成旅游团的散漫，甚至耽误旅游行程。然而，用强硬的措施，诸如训斥迟到者或干脆丢下其不管，则又与我们"宾客至上，服务至上"的宗旨相违背，严重者还会导致游客投诉。因此，导游员只能采用一些高明的手段或"软"方法，一方面让迟到者引以为戒，另一方面又不使其在他人面前丢面子；同时，还要能使其他游客以之为戒。本案例中所采用的"罚唱歌"不失为一种好办法，导游员赖小姐所讲的一段话实为妙语，赖小姐本人不出面由旅游团游客出面"执法"，则是一招妙棋。

（二）返程的工作

当天的游览活动结束后，在返回酒店的途中，地陪有如下几个工作要完成：

1. 回顾当天活动

返程中，地陪应带领大家回顾当天参观游览的内容，用简洁、精辟的语言概括当天活动的亮点，加深游客美好的印象。如在游览的过程中，需讲解的内容有遗漏，则可在此时进行补充，或者之前埋下的伏笔、留下的悬念，可在此时揭晓答案，为当天的参观游览画上完美的句号。

2. 沿途风光导游

如果返程路线不是"回头路"，则地陪沿途需对车外风光做简要介绍；如果返程是原路返回，则不需再做沿途风光导游，只做必要的补充讲解即可。也可在路途中安排一些娱乐活动或者组织游客做小游戏，但如果此时游客已显出疲态，则讲完重要事情后应让他们好好休息。

3. 宣布次日活动日程

在抵达酒店下车之前，地陪要向游客宣布当日晚上和次日的活动日程、出发时间、集合地点等重要事项。如晚上无活动安排，则应提醒游客自行外出时的注意事项。

4. 安排叫早服务

如该团第二天需叫早，地陪要确定好叫早时间，在结束当天工作、离开酒店之前安排好叫早服务。

任务四　饭店用餐服务

一、用餐前的工作

凡是旅游合同中包含的午、晚餐，不管是在酒店用，还是在酒店外，地陪都需提前落实当天的用餐，保证用餐质量。在用餐前半小时打电话给餐厅，逐一核实并确认以下事项：

(1) 餐厅的具体位置。地陪对于没去过、不熟悉的餐厅，应事先问清它的具体位置，除了了解在哪条路、门牌号外，还应问清楚餐厅的楼层、方位、房间号等具体信息，以免到时找来找去，耽误用餐时间。

(2) 告知团队抵达的大概时间，提醒餐厅做好准备。提前半小时打电话，为的就是可以大致确定旅游团抵达餐厅的具体时间，确认或提醒餐厅做好餐食准备，以使旅游团在抵达后能第一时间用餐。

(3) 向餐厅经理或主管说明团队人数、饮食习惯、特殊要求、餐标，提醒半餐和不含餐的儿童人数。关于团队用餐的详细信息，旅行社方面已根据合同内容事先告知了餐厅，为确保万无一失，地陪还需再做确认和提醒。

二、用餐的注意事项

用餐前，地陪需向游客介绍用餐的注意事项。如果是在参观游览结束后前往餐厅，则一般在游客下车前宣布。用餐的注意事项包括：

(1) 用餐形式，是中餐还是西餐，是自助餐还是围桌，地陪需提前讲明。如果是吃当地的特色餐，地陪也可介绍一下它的特别之处。

(2) 用餐地点。

(3) 用餐时间，向游客强调用餐时间，提醒游客遵守时间，否则可能影响后续的行程安排。

(4) 餐后集合的时间、地点，以及行车时间。

三、用餐时的服务

游客用第一餐时，地陪应亲自带领进入餐厅，帮助游客找到自己的用餐座次，并说明有关事项，比如，十人一桌、八菜一汤、酒水自理等。地陪在分配餐桌时，可由游客自由搭配或请领队、全陪安排，夫妻及其孩子尽量安排在同一桌。

在游客用餐的过程中，地陪还需做好以下一些工作：

(1) 介绍饭菜特色，尤其是当地的特色菜式，地陪需介绍该菜的名字、来历、吃法，甚至原材料和做法，这些知识对于游客来说既新鲜有趣，又增长见闻。饮食，不仅是一种生理需要，也是一种享受，饮食文化本身也是构成地方文化的一个重要组成部分，因此，地陪有责任、有义务协助游客享受好这顿美食盛宴和文化盛宴。

(2) 用餐过程中，地陪要巡视游客用餐情况 1～2 次，并回答游客的提问。游客在用餐的过程中可能对某道菜感兴趣，想要更多地了解，地陪应趁此机会给予游客必要的解答。

(3) 监督、检查餐厅是否按标准提供餐饮服务，解决可能出现的问题。地陪作为地接社的代表，有权利、有责任监督餐饮服务供应方是否按旅行社采购的标准来供应餐饮，以及餐饮的质量，如果游客在用餐的过程中发现质量问题，地陪有义务协助游客要求餐厅给予相应的解决。

(4) 如果餐厅服务员忙不过来，地陪也可主动帮忙，为游客服务，这不仅可以增加游客和餐厅对导游人员的好感，也节约了用餐时间，保障后面的行程顺利进行。

（5）把握用餐节奏。如果餐后还有活动安排，地陪则应准确把握用餐时长，以免耽误后面的行程。

案例

如何处理游客的投诉

××国际旅行社的导游员小李带一个境外团赴B城海滨旅游度假，下榻B城的某饭店。这天中午，当游客们兴致勃勃地从海滨浴场回来用餐，一位游客发现餐厅所上菜肴中有一条虫子，顿时一桌游客食欲全无，有的还感到恶心。游客们当即找到导游员小李，气愤地向他投诉，要求换家餐馆用餐。面对愤怒的游客，导游员小李首先代表旅行社和饭店向全体游客表示歉意，然后很快找来该饭店餐饮部经理，向他反映了情况，并提出解决问题的建议。餐饮部经理代表饭店向游客做了诚恳道歉，同时，让服务员迅速撤走了这盘菜，为了表示歉意，还给游客加了一道当地风味特色菜。面对导游员小李和餐饮部经理真诚、积极的态度，游客们谅解了饭店餐厅的失误，也不再提出换餐馆的要求。

请思考：点评导游员小李面对游客投诉时的做法。

提示：本案例中的导游员小李及时得体地处理了游客的投诉，使得一场本来可能会给旅行社带来麻烦、给自己的合作伙伴——饭店带来经济损失的意外事故及时地化解了，可见，导游员对待投诉处理恰当与否，其意义非同小可。

案例

餐饮不达标

国庆期间，导游员小康接待了一个来自北京的旅游团。在饭店就餐时，由于是旅游旺季，用餐人数比较多，导游员也没有事先通知餐厅到达时间，所以，到餐厅等了很久，游客才坐上餐桌，又等了好久才上菜。原定是10人一桌、8菜1汤，而实际每桌都在12人左右，而且餐厅以小盘或大盘少菜的办法克扣菜量，饭菜有异味，令人难以下咽。等到菜刚上齐，小康又催着游客快吃，吃完出发去下一个景点，大家只好匆匆吃一点完事。

餐后游客对就餐意见很大，但导游员小康对此置之不理。返回北京后，有游客拿着就餐时拍的照片和其他游客签字的意见表向旅游质监所提出了投诉。

资料来源：李海玲．导游带团技能速成——经典案例训练．北京：中国旅游出版社，2013：57.

请思考：此案例中导游员小康的工作有何不妥之处？

提示：（1）没有事先联系餐厅，告知到达时间，尤其是在旅游旺季、就餐人多的情况下。（2）就餐时间安排不够，在就餐前，导游员应事先讲明就餐时间，让游客合理安排时间。一般来说，早餐40分钟，午、晚餐1小时左右。（3）当发现餐厅提供的餐饮服务不达标或有质量问题时，导游员没有第一时间出面为游客解决，导致游客的正当权益受到侵害。

案例

带领团队用好第一餐

导游员小吴去机场接一个从上海飞来沈阳的旅游团，接到游客已是晚上7点半。小吴问大家是否已在飞机上用过晚餐了，大家回答说："吃是吃了，不过飞机餐一点也不好吃，我们想吃你们沈阳有特色的东西，导游有没有安排呀？"根据该旅游团的行程安排，当天包了一顿晚餐，于是小吴安慰游客道："大家请放心，我们旅行社早已考虑到大家可能会在飞机上吃不好，所以特地给大家安排了我们沈阳最有特色的'老边饺子'，让大家一饱口福。东北人有一句话，叫'站着不如倒着，好吃不如饺子'。沈阳的'老边饺子'在全国可是很有名气的，在中央电视台的满汉全席比赛——饺子宴中，拿回好几个金奖呢！一会儿，准保让大家吃得满意！"

小吴的一席话，将全团游客的热情一下子被调动起来了，许多人还在车上讲着自己在家包饺子的心得。当旅游车停到饭店门口后，小吴第一个从车里下来，一路小跑进了餐厅。原来，他想马上去趟洗手间。客人进到大厅里面，看不见小吴，也不知道该往哪里走，正在焦急等待时，小吴跑了回来并连连道歉，将客人引领到提前预订好的餐位上。从上海一同到沈阳的全陪张小姐和司机师傅不知道该坐在哪里为好，小吴在忙着给客人倒水，两人没好意思上前打扰。此时，服务员过来询问两个人是否需要帮助，两人讲明身份后，服务员将两位引领到陪同桌坐下。由于过了用餐高峰，餐厅里的客人不是很多，后厨上菜也很快。也许是这里的饺子确实独树一帜，上海游客品尝后连连称赞。

资料来源：李娌．导游服务案例详解．北京：旅游教育出版社，2014：95.

请思考：导游员小吴的工作是否有不妥之处？

提示：此案例中，导游员小吴的热情给上海游客留下了较好的第一印象，但是在接下来的服务中，小吴有几处失误：(1) 没有提前落实用餐，好在餐厅用餐人数不多，否则会导致游客不必要的等待；(2) 没有及时引领游客进入餐厅用餐区；(3) 忽略了司机和全陪，照顾不周。

四、用餐后的工作

用餐后，地陪的工作要点如下：

(1) 地陪应按实际用餐人数、标准和领用的酒水数量，如实填写餐饮费结算单（见表3-1），与餐厅结账。如游客有额外消费，要提醒游客自行与餐厅结算。

表3-1　旅行社餐饮结算单

旅行社名称		导游员签字			
团号		团队人数		用餐标准	元/人
游客人数		餐费小计			
地接导游		餐费小计			

司机		餐费小计			
全陪		餐费小计			
餐费合计：　　　（元）					

（2）离开餐厅前，提醒游客检查随身物品。

（3）带团结束后，要针对自己带团过程中的用餐服务进行总结。

任务五 旅游购物服务

旅游商品，是指在旅游活动过程中所购买的商品，包括旅游纪念品、旅行用品等。对于旅游目的地来说，旅游商品收入所占旅游总收入的比例，逐渐成为衡量该地旅游业发达程度的重要指标。因此，旅游商品的合理、科学开发对于促进当地经济发展和旅游业发展非常重要。同时，购物也是旅游者外出旅游的一个重要目的，在旅游的过程中买到满意的旅游商品，能极大地提高旅游者出游的满意度。

一、旅游团购物的形式

（一）计划内购物

计划内购物是指在旅游团接待计划中明确规定的购物，这种购物活动在旅游合同中已注明，因此，是旅游者事先知晓并接受的。计划内的购物有明确的时间和地点，通常安排在当地最知名或最有特色的购物场所，要求商店规模大、价钱公道、质量可靠。

案例

天然绿宝石和人工绿宝石

杨某一家三口参加了A市某旅行社的“新马泰港澳七日游”。旅游期间，杨某在新加坡指定购物商店购买了一些天然绿宝石。回国后，杨某让A市珠宝鉴定中心对所购宝石进行了鉴定，结果发现其所购绿宝石为人工培育品，并非店家所称的天然绿宝石，于是杨某要求该旅行社给予经济赔偿。

在与旅行社协商未果的情况下，杨某向A市旅游质监所提出投诉。旅游质监所在调查取证时发现，在杨某所提供的由其本人签名认可的“天然绿宝石”发票及质量保证书中，明确写明该宝石为“天然培育绿宝石”，而且发票上还介绍了该宝石的制作过程。

显然，杨某在购买该商品时并未仔细阅读质量保证书，就签上了自己的姓名。A市旅游质监所经过综合考虑，认为杨某的投诉请求缺乏必要的证明，因此对此案拒绝受理。

资料来源：李海玲．导游带团技能速成——经典案例训练．北京：中国旅游出版社，2013：61.

请思考：导游员在计划内购物时应注意些什么？

提示：案例中A市质监所处理本投诉的依据是：（1）购物商店为指定商店，符合法规要求；（2）质量保证书经游客本人签名认可，程序合法。导游员应从中吸取的教训是：购物前做好提醒工作，告诉游客不能轻信店家的描述，要仔细阅读各种鉴定书、质量保证书等。

（二）计划外购物

与计划内购物相反，计划外购物是指在旅游团的接待计划中没有明确规定的情况下，应游客的要求临时安排的购物活动。根据《旅游法》第三十五条规定，如果旅游者要求，且在不影响其他旅游者行程安排的情况下，可安排购物。在安排购物之前，地陪必须先征得领队、全陪的同意，方可进行。计划外购物不得与计划内的行程安排相冲突，导游员也不得诱导、欺骗、强迫或者变相强迫旅游者购物。

（三）自由活动购物

旅游团通常都会给旅游者安排一定时间的自由活动，旅游者也常常会利用这段时间进行购物，在当地买些纪念品、特产或是物美价廉的商品。这时，作为导游员应提醒游客注意保护自己的人身和财产安全，告知购物时的注意事项。如果是在景区附近购物，或者后面还有行程安排，则要规定详细的集合时间和地点，要求游客严格遵守时间安排。如果游客在购物的过程中与商家发生纠纷，导游员应立即前去解决处理，以维护游客利益为原则，避免不必要的麻烦。

二、购物服务的技巧

当前，社会上关于导游员强迫或诱导游客购物的负面新闻层出不穷，给导游这个行业的声誉造成了不小的冲击，降低了游客对导游的信任度，也使游客对于旅游购物产生了一层心理阴影，产生自然的反感。其实，正如前文所说的，旅游商品的发展水平是一个地区社会经济发展的重要方面，是衡量旅游地旅游业发展水平的一个重要指标。因此，站在区域经济和旅游业发展的角度，社会是提倡和鼓励旅游购物的。站在旅游者的角度，购物也是很多人出游的一个重要目的，也大大增加了旅游的愉悦性。可见，旅游购物本身是对各方都有利的一种旅游消费。只要旅游商品开发得当，旅游商品质量有保障，导游员的讲解工作做到位、服务工作做到位，旅游者对于购物一定会喜闻乐见，最终实现多方共赢。

要让游客心甘情愿、高高兴兴地购物，导游员需掌握一定的服务技巧，把该做的工作做到位，游客购物自然会水到渠成。

（一）多做讲解工作，突出旅游商品的文化内涵

作为地陪，其工作内容的一半都在讲解上，这个讲解除了讲景点外，还要讲饮食、讲特产。随着旅游行程的发展，地陪需要随时变换自己的角色，一会儿是学者专家在传播知识、解答疑惑，一会儿是美食家在带领游客品尝美食，一会儿是导购员在引导游客正确选购商品。

对旅游商品的讲解，导游员应着重突出以下几个方面：

1. 商品的名称、品牌及其内涵

商品的名称、品牌不是简单的一个词或一句话，许多商品，尤其是当地的驰名商标、老字号，其背后通常都有一段历史和故事，可能是有关创始人创业的故事，可能是有关经营者经营的故事，可能是有关名字来历的故事，等等。任何一个成功的品牌之所以能在市场上被广大消费者认可和接受，一定跟产品生产者的企业文化有关，这些内容都构成了商品的内涵，要学会去挖掘。

2. 商品的历史、文化承载和动人传说

一个地方的特产，通常是这个地方历史悠久、在当地认可度相当高的商品，承载着一些传说故事，而且集中体现了当地人的智慧、喜好，甚至生活习惯，从这个层面来说，商品也是一个地方地域文化的载体。因此，在讲解旅游商品的同时，可结合当地文化，使景点与旅游商品相辅相成，也能更好地起到宣传地方文化的效果。

3. 商品生产制作的工艺、特色

对于一个地方的特色旅游商品，游客通常好奇它的制作工艺和特色，因此从这个角度来讲解商品，不仅可以大大满足游客的求知欲，还可激起游客对商品的极大兴趣。并且，随着游客知识文化水平的提高和旅游经验的丰富，越来越多的游客不满足于走马观花、单纯地看景点，而更倾向于追求深度参与的旅游方式，这其中就包括参与当地特色旅游商品的制作过程。所以，导游员对商品不仅要懂、会讲，还要能够带领游客进行制作，这对于提升游客的旅游体验和促进旅游商品的销售都能起到极大的帮助作用。

4. 商品的鉴别、使用、保养的基本方法和技巧

商品常常因为材料、产地、制作工艺、加工方式的不同，而在品级、价格上存在巨大差异。例如，同样是西湖龙井茶，由于采摘时间、产地、加工方式不同，有的贵如黄金，一斤上千元，甚至上万元，有的可能只有几百元，这其中的差别，即便是茶叶爱好者，也未必能熟练掌握、准确区分。因此，如何鉴别商品的好坏、品级，商品购买回去后如何更好地使用和保养，这些知识都有赖于导游人员的指导和宣传。

（二）认真做好各个环节的导游工作，使购物活动与各环节相得益彰

导游员要明确，对于绝大多数的旅游团，购物都不是主要的行程内容，它只能作为整个旅游行程的插曲，因此，导游员工作的重点和关注点不能放在购物环节，而应放在如何为游客提供更好的旅途照料、如何为游客更好地讲解上，切勿本末倒置，否则一定是事与愿违。如果导游员认真负责地做好了其他环节的导游工作，在购物环节又能做到详细讲解、合理安排，则游客自然会玩得舒心、买得开心。

（三）合理安排购物

（1）合理安排购物时间。首先，不管是计划内购物，还是计划外购物，都最好安排在游览行程的最后，可以是一天参观游览的最后，也可以是整个行程的最后，总之一定不能与接待计划上的游览行程相冲突，也不能为了给购物腾时间而压缩行程。其次，如果接待计划里明确规定了入店购物的时长，则要严格遵守；如果没有规定，则每次入店购物的时间最好不要超过40分钟。因为，对于需要购物的游客来说，这个时间基本足够，而对于不需要购物的游客来说，这个时间也是他们能接受的等待时长，超出则可能引起部分游客的不满和反感。

（2）对不需要或不想购物的游客，应做合理安排，如就近参观其他景点，或安排到环境较好的地方休息等候等。

（3）合理安排购物的次数、购物地点等。

总之，购物安排要尽量做到游客满意，不致让游客利益受损，或让游客受到胁迫、诱骗，维护好游客正当权益。

案例

拙政园“摸黑游”，原来是为购物腾时间

某旅行社组织的苏州五日游，游览内容包括拙政园、虎丘、周庄、太湖、寒山寺等风景名胜。旅游团按计划于1月8日下午到苏州后略微休息便游览太湖，游完太湖已是下午4:30，大多数游客坐了长时间的火车，再加上3小时左右的游览已经感觉很累，希望回饭店休息，第二天再接着游览。地陪小张却说：“现在时间还早，拙政园这时候游人少，路上也不堵车，我们今天把拙政园也游了吧，这样可以充分利用时间。”游客人地生疏只能接受小张的安排。但因是冬季，到拙政园时天色已晚，游客不但无法照相留念，还有两名游客因看不清道路而摔跤。等到大家回到饭店时，已是晚上8:30，游客苦不堪言。第二天，小张压缩游览时间，带领大家来到石路商业区和观前街商业区，竭力推荐游客买这里的东西，说这个店主是老乡、那个店主是朋友，东西又好又便宜，让大家一个商店一个商店地逛，占用了大半天的时间。不愿购物的游客以为等不了多长时间就在车上等，结果一等就是大半天。

有游客说看见小张和店主在分钱，大家纷纷责问小张：“昨天摸黑去拙政园，拙政园内的对联都没看清，也没拍照，今天用一上午时间购物，你这不明摆着欺负我们游客吗？再说游览计划上也没安排用一个上午的时间来这里购物呀！”小张振振有词地说：“行程表上的安排仅供参考，只要项目不减少，内容可以灵活调整，这是行内惯例，导游有这个权利。”

资料来源：李海玲．导游带团技能速成——经典案例训练．北京：中国旅游出版社，2013：59.

请思考：地陪小张有哪些行为失当的地方？

提示：此案例中地陪小张行为失当之处主要有：（1）在游客没有要求，且没有征得领队、全陪同意的情况下擅自增加购物活动；（2）缩短了原定的景点游览时间，并擅自改变旅游合同安排的行程；（3）通过安排购物私自收取回扣；（4）诱导游客购物。以上几点都违背了《旅游法》的规定。此外，不当之处还有：不考虑游客生理规律，打疲劳战，第一天行程安排过于密集；没有注意节令，冬季天黑得早，还安排游览活动，以致游客游玩不尽兴。

三、指导游客购物的注意事项

（一）定时定点购物

地陪应严格按照旅游合同规定的时间和次数安排旅游团到指定的商店购物，同时必须遵循游客自愿的原则。一般每次购物时间不超过40分钟。

（二）如实介绍商品

地陪应如实向游客介绍本地商品的特色及选购方法，突出商品的实用性、收藏性、装饰性和纪念性。对不熟悉的商品及其价格不要轻易发表意见。

（三）不强劝游客购物

当游客对购买某些商品犹豫不决时，地陪不宜鼓动游客购买，否则当游客后悔时，则会责怪导游。

(四) 购买文物的注意事项

地陪若带海外游客购买古玩或仿古艺术品，一定要带到正规的文物商店购买，并提醒游客向商家索取正规发票，妥善保存，以备海关查验。如游客在地摊、私人手里购买古玩等物品，应劝阻，并告知其我国海关规定：携带文物出境时，须向海关详细申报，对在境内商店购买的文物，海关凭中国文化行政管理部门加盖的鉴定标志和“文物古籍外销统一发货票”查验放行。若发现个别游客有走私文物的可疑行为，须及时报告有关部门。

(五) 购买药材的注意事项

地陪带游客购买药材或中成药时，要介绍游客到质量可靠、有信誉的大药店消费。海外游客在购买中药材、中成药前，导游应告知我国海关准许带出的药品限额（前往国外不得超过 300 元，前往港澳地区不得超过 150 元，以发票为准）。尤其注意提醒游客，我国海关严禁携带麝香、犀牛角和虎骨出入境。

任务六　社交文娱活动

一、社交文娱活动的工作要点

(一) 社交活动

除参观游览活动以外，旅游团，尤其是一些专业团队，通常还会在旅游行程中安排一些社交活动，地陪对于行程内的社交活动必须做好相应的接待安排工作。常见的社交活动主要有宴请、会见、舞会等。

1. 宴请

宴请活动包括宴会、冷餐会、酒会和品尝风味餐等。对于宴会、冷餐会、酒会等较正式场合，要求地陪带领旅游团准时参加，并且衣着要整齐大方、得体。入席时，按主人或主办方的安排就座，注意言谈举止，切勿喧宾夺主。品尝风味餐是旅游团经常参加的一种宴请活动。风味餐是带有地方特色的餐食，它的形式较为自由，旅游者就餐时不用排座次。品尝风味餐分为计划内和计划外两种。对于计划内的，地陪要与旅游者一道参与，并做好餐前的各项联系落实工作，用餐时要介绍风味餐的特色。对于计划外的，也就是接待计划未安排、旅游者自发的自费品尝，若邀请地陪参加，地陪可随同前往，但不要反客为主。

2. 会见

会见是指旅游者，主要是专业旅游团会见本地的同行或政府相关部门负责人，以及海外旅游者会见在华亲友等活动。前一种情况，地陪要随行参与，并做好服务工作，如需要也可充当翻译。后一种情况，导游人员应协助安排，一般无充当翻译的义务。

3. 舞会

对于旅游计划有安排的、有关单位组织的社交性舞会，地陪应陪同前往。若是旅游者自发购票的娱乐性舞会，地陪可代为购票，是否参加自便。

(二)文娱活动

文娱活动分为计划内和计划外两种情况。

1. 计划内文娱活动

对计划内的文娱活动节目，地陪应陪同前往，并向旅游者简单介绍节目内容和特点。到达演出场所后，地陪要引领旅游者入座，并介绍有关演出设施与位置，解答旅游者的问题。在旅游者观看演出的过程中，对入境旅游者地陪要做好剧情介绍和必要的翻译工作。演出结束后，要提醒旅游者不要遗留物品并带领旅游者依次退场。

2. 计划外文娱活动

对旅游者提出自费观看、参加的计划外的文娱演出、活动，地陪一般应予以协助，告知演出时间、地点和票价，可协助其购票，但一般不陪同前往。如果旅游者前往大型娱乐场所，地陪应提醒游客注意安全、不要走散，以防不测。若旅游者要观看格调低下的不健康的文娱节目，地陪应有礼貌地劝阻。

二、娱乐活动服务技巧

除了在特定的时间、特定的场所参加的社交文娱活动，导游人员还可在长时间行车途中、闲暇空档时段，适时地安排一些娱乐活动，以丰富旅游者的闲暇时间，避免枯燥乏味。对于这类娱乐活动的安排，导游员要掌握一定的技巧。

(一)有一技之长

我们经常说，导游员是一个多面手，“上知天文下知地理，琴棋书画样样都能”。这就是说，要成为一名合格的导游员，不仅要专业知识扎实、业务熟练，还得博览全书、博古通今，并且能有一技之长。当然，导游员不可能做到在每个领域都是行家里手，但可以根据自己的特点、爱好，在某些方面培养一技之长。例如，爱好唱歌的导游员，可练习提高自己的歌唱水平，储备几首拿手歌曲；爱好魔术的导游员，则可练习一些适合表演、简单有趣的近景魔术；爱好历史的导游员，则可培养自己讲故事的能力。总之，导游员并非必须吹拉弹唱样样精通，但需要有意识地根据自己的兴趣爱好培养一些特长，这也是做好导游工作的必要条件之一。

(二)把握好时机和分寸

安排娱乐活动要注意时机，不能与行程内的活动相冲突，并且要根据旅游者的兴致和意愿来安排。例如，早上前往景区途中，行车时间过长，而此时旅游者又精神较好，则可在车上安排一些娱乐活动；再如，行车途中遇到车坏了或塞车的情况，在无奈、焦急等待时，可安排一些有趣的娱乐活动，以消除旅游者的焦虑。但是导游人员要注意，安排娱乐活动要适当、适度，不可强迫游客参与，更不能拿游客开玩笑、取笑游客，要拿捏好分寸。

(三)设计巧妙

娱乐活动设计要巧妙，最好跟整个游览行程的主题相符合，这都要求导游员平时善于积累，带团时勤动脑、巧安排。为做好娱乐服务工作，导游员平时可做如下积累和准备：

1. 故事

故事，包括历史典故、神话传说、幽默故事、寓言故事等。故事，谁都能讲，但不是谁都能讲好，需要平时多看、多练，才能够讲得精彩、讲得引人入胜。导游员所讲的故事应跟游览主题有关，如能作为导游讲解中的典故、传说、景点介绍的延伸和补充，就最好不过了。例如，游客在河北邯郸市游览参观，则可讲讲“邯郸学步”等成语故事。所讲的故事必须健康、积极，必须有一定依据，不得散布荒诞、迷信、黄色内容。另外，篇幅不宜过长，要引人入胜。

案例

沈万三的故事

导游员小玉正带着一个三十人的旅游团前往周庄游览参观，在旅游大巴上小玉对游客讲：“游客朋友们，一会儿我将带大家游览有名的江南水乡——周庄。从这里到周庄大概要40分钟的行车时间。说起周庄，大家都知道它是一座典型的江南小镇，被誉为‘中国第一水乡’。但是周庄的出名还不仅限于此，在周庄里还曾住过一位历史名人，就是具有传奇色彩的沈万三。

‘沈万三’这么奇怪的名字，大家知道是怎么来的吗？据董谷《碧里杂存》等资料解释，明朝初年称巨富为‘万户’，姓后加‘万’，是当时对富人表示敬意的一种习惯称法。当时人分五等，分别是‘奇、畸、郎、官、秀’，奇最低，秀最高。称‘秀’的人家产须在万贯以上，沈氏排行第三，家有亿万资产，故称沈万三秀或沈万三。可见，他的名字是尊称、排行与户等的合称。传说中的江南首富沈万三，富得让明朝开国皇帝朱元璋都垂涎，那他到底富到什么程度，历史上留下了许多有趣的传说。这里啊，小玉就给大家讲讲关于沈万三的传说故事。

传说，当朱元璋打下江浙后，沈万三与弟弟万四，也就是沈贵，在江浙豪富中首先输粮万担，献白金五千两，以资助朱元璋军粮开支。但是朱元璋却要‘务罄其所有金’，想方设法来消耗他的家财。有一次，朱元璋在某月初一召见沈万三，给他一文钱要他生利，从初二开始一文取两文，初三取四文，初四取八文，每天翻一倍，也就是按等比级数增长，以一个月为期。沈万三不知就里，欣然接受。哪知回家一算，一个月之后，该付给朱元璋的利息为五亿三千六百八十七万九百十二文。按洪武钱每一百六十文重一斤，则共计三千三百五十五万四千四百三十二斤。沈氏虽富，但哪里经得起这样的盘剥？除了巧取，还有豪夺。有一次，朱元璋要沈万三每年献白金千锭、黄金百斤，还命他造六百五十间廊房，养数十‘披甲马军’，并对他的田产每亩征九斗十三升的重税。沈万三大概也明白树大招风的道理，所以想主动报效国家以保平安。明洪武六年（1373年）前后，当他得知京城，也就是今天的南京要筑城墙时，就主动承担了修筑洪武门至水西门城墙的任务。当时的南京城墙全长三万七千一百四十米，合七十四华里多。按照朱元璋的筑城计划，仅造砖一项，便涉及一部（工部）、三卫（驻军，相当于军区）、五省、二十八府、一百一十八县，另有三个镇。而沈万三一人负责的城墙，占整个工程量的三分之一，他是怎样以一家之力如期完成的，没有人知道。

大家知道吗？在今天的南京水西门外，有座赛虹桥，这座桥原叫‘赛公桥’，相传是沈万三儿媳所建。明代记载，沈万三建造数桥之后，很是得意，便在家中炫耀。谁知儿媳很不以为然，便用私房钱悄悄建了一座桥。该桥‘工巧宏丽’，比公公所造之桥有过之而无不及，于是人们把它叫作‘赛公桥’。儿媳尚且如此，可见沈家确实实力不凡啊！

那么，大家知道沈万三是怎么发家致富的吗？民间有许多有趣的传说。清代著名文人褚人获写了一本小说《坚瓠集》，里面有个关于聚宝盆的故事，流传甚广。故事说，沈万三年轻的时候，家里贫穷，有一天，他梦见一百多个身穿青衣的人求他救命。第二天早上，他见一渔翁捉了一百多只青蛙，准备剥剐了拿到市场上去卖。沈万三联想到昨夜的梦，动了恻隐之心，就拿钱买下，放生于池中。当天晚上，青蛙呱呱地叫了个通宵，吵得他睡不着觉。沈万三早晨起床后准备去驱赶，只见青蛙都环绕着一只瓦盆蹲着，他觉得很奇怪，于是便把那只瓦盆抱回了家。有一天，沈万三的妻子在盆中洗手，把一支银钗掉在盆中，不料银钗一变二、二变四，不一会儿已是满满一盆，数也数不清。随后拿别的金饰银器来试也是一样。得此宝贝以后，沈万三便富甲天下了。

关于沈万三的故事咱们先讲到这里，待会儿到了周庄，小玉会带大家参观沈万三故居，到时再给大家做详细的介绍。”

---

2. 笑话

笑话轻松幽默，广受人们喜爱。导游员平时可搜集储备一些笑话或幽默故事，要求内容健康、新颖、积极，不能涉及迷信、黄色内容，也不能用笑话来取笑别人的缺陷、弱点。笑话的篇幅不宜太长，能让游客很快明白其中的笑点，否则场面会变得尴尬。

3. 朗诵

对于爱好诗歌、文学的旅游者来说，朗诵是一种较好也适宜开展的娱乐活动。导游员要会选择合适的朗诵内容，以诗歌为主，不宜太长、太深奥，最好是大家耳熟能详的。如果能结合自己的讲解内容，结合景点、景区就最好不过。例如，带游客参观某位诗人故居或故里，则可选择几首该诗人的诗歌来朗诵。朗诵讲究一定的技巧，要有一定的艺术性，但也要自然，不能矫揉造作。

4. 歌舞

歌舞是人们喜闻乐见的娱乐活动，很多游客都喜欢听歌、唱歌、跳舞，导游员可根据旅游参观地和游客年龄、职业等特点准备一些代表性歌曲，如红歌、儿歌、山歌、祝酒歌、通俗歌曲等。唱歌的时机最好选在导游员接团后首次讲解时，或旅游结束与游客告别之时，或旅途中游客疲惫时，或旅途单调漫长时。但是，导游员不要把唱歌环节当成开个人演唱会，自己一首接一首唱个没完，而应是用抛砖引玉的方法，达到烘托气氛、游客齐参与的效果。舞蹈表演对场地有一定要求，如果场地不适合跳舞，则可准备一些简单的手指或上身动作，尤其在交通工具上，游客久坐疲乏，导游员引导其做一些简单的舞蹈动作，既可达到娱乐的效果，又可让游客活动筋骨、消除疲乏。

5. 谜语

选取的谜语应该难度适中，让人经过短暂思考后就能找到答案。导游员对谜语的储备要时常更新，不然陈旧的谜语会让人感觉无趣。如果游客猜对谜语，可适当给予奖励，让他们更有兴致参与进来。玩谜语游戏时要随时观察游客反应，如果多数游客积极性很高则可多出一些谜语，反之则应适可而止。

6. 绕口令

绕口令的内容要有趣味性，最好是当地的方言，这样游客在玩游戏的过程中顺便学习和了解了当地方言，也增加了游客的兴趣。玩绕口令的游戏要先易后难，导游先提出一个绕口令，演示一遍，再一句句教给游客，可组织游客之间进行比赛，对胜出的游客给予奖励。

案例

粤语绕口令

以下是两则粤语的绕口令，试试能不能快速学会：

一蚊一只龟，七蚊一只鸡，佢话龟贵过鸡，我话鸡贵过龟，咁究竟龟贵过鸡定系鸡贵过龟？

一蚊一只龟，七蚊一斤鸡，我话一蚊一只龟贵过七蚊一斤鸡，佢话七蚊一斤鸡贵过一蚊一只龟，咁究竟系一蚊一只龟贵过七蚊一斤鸡定系七蚊一斤鸡贵过一蚊一只龟？

7. 其他趣味性活动

除以上这些娱乐活动外，导游员也可根据游客的年龄、职业、兴趣和场地，组织形式多样的娱乐活动，如脑筋急转弯、成语接龙、诗词接龙、玩游戏等。

任务七　送站服务

送站服务是地方导游服务的最后一个环节，根据末因效应理论，在人际交往中，人们留给交往对象的最后印象通常非常重要，可能影响甚至决定交往对象对接待方的整体印象。因此，地方导游员的工作要做到善始善终。只有当把旅游者安全顺利地送离当地，并妥善解决完旅游者可能遗留下的问题后，地陪服务的工作才算圆满完成。送站服务包括送行前的服务、离店服务、送行服务和善后工作几个部分。

一、送行前的服务

在旅游团即将离开当地的前一天，地陪需做好如下准备工作：

（一）核实交通票据

旅游团离开前一天，地陪要认真核实旅游团离开的机（车、船）票，包括团名、团号、人数、全陪姓名、目的地、航班号（车次、船次）、起飞（开车、起航）时间、离开的机场（车站、码头）等。如果发现有变更事项，如航班（车次、船次）、时间等，应及时向地方接待社的计调人员了解，是否已将变更情况通知下一站，以防下一站出现接站事故。

如果当地是入境旅游团在华旅游行程的最后一站，地陪应掌握该团交通票据的种类，如需确认，应提醒或协助全陪或领队按有关规定提前确认票据。另外，提醒领队和旅游者提前准备好海关申报单，以备海关查验。

（二）商定出发时间

地陪应首先与旅游车司机商量送站出发时间，然后与全陪、领队确认后及时通知旅游者。如果旅游团配备有行李员，则还需通知行李员第二天出发时间，提醒其与饭店行李部商定交接行李的事项。

（三）安排叫早和早餐时间

地陪应与领队、全陪商定叫早和早餐时间，并及时通知饭店有关部门和旅游者。如果该团是乘早班飞机或火车离开，需要改变用餐时间、地点和方式（如带盒饭），地陪要及时做好有关安排。

（四）协助旅游者处理与饭店的有关事宜

旅游团离店前，地陪应提醒、督促旅游者尽早与饭店结清自费项目，如洗衣费、长途电话费、送餐费等。如果旅游者损坏了客房中有关设备、器皿，地陪应协助其妥善处理赔偿事宜。总之，旅游者与饭店之间的有关事务要尽早解决，避免第二天办理离店手续时发生拖延的情况。

二、离店服务

离店服务，是指离开酒店时的服务工作，主要步骤包括：

（一）集中交运行李

离开饭店前，地陪应与领队、全陪共同清点旅游者行李件数，检查行李是否完好，是否锁好、捆扎好，然后交给饭店行李员，填写行李交运卡。

（二）办理退房手续

旅游团离开饭店前，如无特殊原因地陪应在中午12:00前办理退房手续。地陪可将旅游者的房卡（钥匙）收齐交到饭店前台，也可由旅游者自交，并及时办理退房手续。在办理退房手续时，要认真核对旅游团的用房数以及账单，无误后按规定结账签字。

（三）退还旅游者证件

一般情况下，地陪不应保管旅游者的证件，用完后应立即归还旅游者或领队。在离店前，地陪应检查一下自己的物品，如果发现确实保留了旅游者的证件、票据等，应立即当众将其归还给旅游者或领队。

（四）集合登车

出发前，地陪要询问旅游者与饭店的账目是否结清，提醒旅游者是否有物品遗留在饭店。旅游者上车后，地陪要协助他们放好随身行李，待入座后，仔细清点人数，再次提醒游客清点证件、随身物品，确认无遗漏再开车离开饭店。

三、送行服务

（一）致欢送词

致欢送词是与致欢迎词首尾呼应的重要环节，一篇成功的欢送词可给游客留下深刻而长久的印象，从而很大程度上影响游客对整个旅程的感知度，有助于提高游客满意度。

致欢送词的时机一般选在驶向机场（车站、码头）的旅游车上，也可选在机场（车站、码头）即将分别时。欢送词的形式可以多样，可以用唱歌的形式，可以用深情式，可以用轻松诙谐式。不管采用哪种形式，也不论篇幅长短，完整的欢送词一般需包括以下几个方面的内容：

（1）回顾旅游活动，感谢大家的合作。简要回顾几天的旅游活动，重点放在行程中的亮点上，如游览了什么名胜古迹，吃了什么特色小吃，参加了什么有趣、有意义的活动，遇到了什么开心的事，等等。回顾的目的是加深旅游者此次旅程中的美好记忆。除了回顾外，还要感谢，地陪要感谢全陪、领队的合作，以及全体旅游者对自己工作的支持与配合。

（2）表达友谊和惜别之情。经过几天的接触，导游员与游客之间建立了一定的感情，结出了友谊之果，分别之时导游员要表达出对这段友谊的珍惜，以及依依不舍之情，但也要注意感情的拿捏，不宜过分渲染伤感之情，让人觉得矫揉造作，只要自然地流露真情即可。

（3）诚恳征求旅游者对接待工作的意见和建议。征求意见建议，不仅是提升服务质量的重要途径，而且可借此机会让旅游者发表对旅程中接待服务工作的看法，如果游客对导游员的工作有不满之情，可趁此机会得以抒发。导游员对游客提出的意见，应认真倾听，并感谢游客的指正，如确有过失则改之，无则加勉，无须耿耿于怀，更不要跟游客争执。

（4）若旅游活动中有不顺利或服务不尽如人意之处，可借此机会再次向旅游者赔礼道歉。在整个旅游行程中，如导游员的工作出现过失误，或发生过不愉快的事，则要在这个时候再次诚挚地向旅游者道歉，取得他们的谅解，不能像什么事都没发生过似的避而不谈。

（5）表达美好的祝愿。最后，对旅游者表达美好的祝愿，祝愿他们接下来的旅途顺利、愉快，祝他们今后的生活幸福如意。

案例

一位济南导游的欢送词

女士们、先生们：

我们现在乘车前往济南遥墙国际机场，很快就要分别了！中国有句俗话："见时容易别时难。"在即将告别之际，我更加感到友谊情深、难舍难分啊！

我们这个旅行团在济南逗留了两天，时间虽然有限，但我们的日程安排既紧凑又丰富。我们游览了天下第一泉趵突泉、泉城明珠大明湖、泉城南部屏风千佛山、全国四大名刹之首的灵岩寺等；观赏了捏面人、制陶器等表演；品尝了糖醋黄河鲤鱼、九转大肠等名菜佳肴及风味小吃；购买了木鱼石、鲁锦等地方特色浓郁的旅游纪念品，可谓既饱眼福又饱口福，高兴而来、满载而归！

我们这次济南之行，可以说是一次顺利的、愉快的旅行。这次旅行能取得成功，是全体团友和领队大力协作、共同努力的结果！我和司机师傅对各位的热情合作与帮助，在此表示衷心的感谢！

各位团友，近年来济南市旅游业突飞猛进，取得了较大发展。但在接待服务等方面，可能存在一些不尽如人意的地方。如果有这种情况的话，请各位留下宝贵意见，以利我们改进工作，将来更好地为大家服务。

好了，机场马上就要到了，我和司机师傅最后祝福大家旅途顺利！

（二）提前到达机场（车站、码头）

导游人员送站，必须提前到达机场或车站、码头，留出充裕时间。按规定，旅游者搭乘出境航班需提前3小时到达机场，乘国内航班需提前2小时，乘火车或轮船需提前1小时。提前到达送站地点，是预防和避免误机（车、船）事故的最好办法。

注意，在送站前，导游员不应安排旅游团去繁华商圈、购物中心等人流密集的地方活动，以免发生意外而耽误了送站。送站过程中，如果游客发生遗落物品的情况，地陪不能离团帮游客寻找失物，而应请全陪帮忙，或另想他法。

（三）代客办理离站手续

1. 国际航班（车次、船次）的离站手续

如果旅游团是乘坐国际航班（车次、船次）离开，首先，地陪应和领队、全陪一起与旅行社行李员（如有）交接行李，清点、核实后协助将行李交给每位旅游者，由其自己携带行李办理托运手续。如有需要，也可协助旅游者办理购物退税手续。其次，地陪要向领队（或旅游者）介绍办理行李托运和出境手续的程序，由领队协助旅游者办理出境手续。当旅游者进入隔离区时，地陪应热情地与他们告别，并祝一路平安。等旅游者进入隔离区，直至看不到其身影，地陪、全陪方可离开。如能等到飞机（火车、轮船）起飞（发出）后再离开，则更好。

2. 国内航班（车次、船次）的离站手续

如果旅游团是乘坐国内航班（车次、船次）离开，首先，地陪应移交交通票据和行李，清点无误后交给全陪（无全陪的团交给领队），请其清点核实。如需要可协助办理登机手续。其次，在旅游团离开本地之前，地陪要请全陪填好旅游团和全陪在本地期间各项费用的单据，并妥善保管。等旅游者进入隔离区或适当位置后，地陪方能离开。如能等到飞机（火车、轮船）起飞（发出）后再离开，则更好。

（四）与司机结账

送走旅游团后，地陪应按旅行社的规定与司机办理结账手续，或在用车单据上签字，并妥善保留好单据。

案例

如此送站好惊险

南京××国际旅行社的导游员小蔡带领一个福建的旅游团在南京游玩了三天两夜后，准备搭乘3月7号下午2点的飞机返回福州。上午9点，办理好退房手续后，旅游团登车准备按原计划前往机场，这时旅游团有游客提出，来南京几天还没机会购物，想买些纪念品带回去送亲朋好友，现在就赶去机场太早，希望导游小蔡能带他们去南京最繁华的新街口逛逛。其他游客也异口同声要求小蔡带他们去逛一个小时，到时间一定准时集合登车。小蔡见大家都这么说，便让司机师傅先开车去新街口，并与游客们约定好，玩到11:15集合登车，准时开车前往机场。由于当天是周末，在新街口逛街的人特别多，很多店铺都排了长长的队伍，再加上正好临近午饭时间，有些游客被各式各样的特色小吃吸引，于是购物的、吃美食的、拍照的，大家玩得不亦乐乎，不知不觉便过了集合的时间。在地陪和全陪的四处寻找、催促下，好不容易所有游客到齐登车，时间已过12点。这时，小蔡感到很焦急，离飞机起飞只有不到2小时的时间了，于是不断催促司机师傅开快一些。就在赶往机场的路上，有位游客突然发现自己的相机不见了，经她回忆，应该是落在酒店房间的床头柜里了。小蔡安慰那位游客不要着急，并安排全陪继续陪同游客前往机场，自己则下车返回酒店帮游客取相机。等小蔡帮游客取回相机赶到机场时，时间刚好1:20。全陪见到小蔡，终于松了口气，拿到相机后赶忙带着那位游客过了安检准备登机。小蔡也终于有惊无险地完成了这次送团任务。

请思考：简要评析导游员小蔡在送站环节的服务工作。

提示：作为地陪，小蔡做到了热情为游客服务，不仅尽量满足游客的要求，而且积极为游客解决难题。但是根据导游员操作规范，小蔡有以下不当之处：（1）办理完退房手续，登车离开酒店前，小蔡未提醒游客检查行李和随身物品，以免遗留在酒店；（2）送站前，小蔡不应答应游客前往大而杂的地方购物；（3）没按规定时间，提前2小时到达机场；（4）当游客发现有物品遗落时，地陪不应离团帮游客寻找，应始终与旅游团在一起。

四、善后工作

送走旅游团后，并不意味着地陪的接待工作就结束了，还需做好一系列善后工作，使整个接待任务有始有终。

（一）处理旅游者遗留问题

旅游团离开后，地陪应按有关规定和旅行社的指示，妥善处理好旅游者之前委托的各项事宜，如委托办理代买、托运、转递物品和信件等。

1. 游客要求代为购买、托运物品

游客在当地购买了大件物品后，可能要求导游人员帮忙托运，这时导游员可告知商店一般经营托运业务，如商店无托运业务，导游员则需协助游客办理托运手续。还有一种情况就是，游客想买的商品当时无货，或者因为各种原因没有买到想要的物品，委托导游员在旅游团离开后代为购买并托运，面对这种要求，导游员的处理程序如下：

（1）一般应委婉拒绝，可以旅行社相关规定为由，或找其他合适的理由。

（2）如果游客确有困难，或非常坚持，导游员实在推托不掉，则要请示旅行社领导，根据领导的指示办理。

（3）如果接受了旅游者的此类委托，则应认真代为办理。首先，向游客收取足够的钱款；其次，购买物品、办理托运后，将相关发票、托运单及托运费收据等凭证寄给委托的游客，并在旅行社保存复印件以备查验。

2. 游客要求代为转递物品、信件

游客除了提出代为购买商品的要求外，还可能提出让导游员代为转递物品、信件给其在当地的朋友、熟人的要求，面对这种要求，导游员的处理程序如下：

（1）一般应婉言拒绝，尤其是贵重物品或游客说不出名称的物品，导游员应建议游客亲自送抵或邮寄。

（2）实在推托不掉，需先请示旅行社领导，按指示办理。

（3）如果接受了游客的委托，则应认真代办。首先，要求游客写下书面委托书，要注明物品的名称、品牌、数量，写清收件人的姓名、地址，让游客签字并留下其本人的详细通信地址。其次，当面核对游客委托的物品，确认是否与委托书上的内容一致。最后，转交物品后，要请收件人出具收据，收据上注明日期，收到物品的名称、品牌和数量。将所有凭证妥善保管好。

特别注意以下几点：

（1）如转递的物品属应税物品，则导游员应先督促游客办理完税手续后方能代为转递。

（2）如转递的物品是食品或其他易腐败变质、保存期短等的物品，导游员应婉言拒绝，请游客自行处理。

（3）如转递物品是可疑物品，或有违法嫌疑，导游员应及时报告旅行社，必要时向公安机关举报。

（4）如转递物品的收件人是国家机关或有关领队，则应请示旅行社，社方同意后，一定要请游客当面打电话给收件人，收件方同意后，方可接受委托，并将物品交到旅行社，尽量让收件人来旅行社领取，并签署收据。

总之，对于游客提出的上述类似要求，导游员处理的原则就是：先婉言拒绝，不能轻易答应；实在难以拒绝，应请示旅行社领导，按其指示处理；当接受了委托之后，则要认真、细心地办理好委托事项，并保留好相关凭证。

（二）结清账目、上交票单

导游员应按旅行社的具体要求并在规定的时间内到财务部门结清账目，上交接团过程中产生的发票、结算单、签单、门票存根、活动日程表等相关票单，填写清楚有关接待和财务结算表格。此外，导游员还应向相关部门提交带团日志、旅游服务质量评价表等表单，并归还社里所借物品。

（三）总结工作

认真做好陪团小结，实事求是地汇报接团情况。旅游过程中若发生了事故，要整理成文字材料向接待社和组团社汇报。对于旅游者反映的意见和建议，导游员也要认真对待，思考和反省自己的工作是否确有需改进的地方，总结经验教训。尤其对于新入行的导游员来说，做好总结是他们不断进步、提高的最好办法。因此，不管旅行社领导是否要求，导游员下团后都应对本次的带团工作做出全面的评价和总结。

知识链接

总结应如何写

成熟的导游员每送完一个旅游团后都要进行工作总结，仔细回忆整个接待过程中的每个环节。写总结的时候可从如下几个方面进行回忆和思考：

（1）带团活动中有哪些地方做得好，得到了客人的认可和好评，获得了什么工作经验；

（2）哪些地方做得有欠缺，处理方法和说话方式有待改进；

(3) 回忆在跟客人交流的过程中，自己有哪些地方说得模糊不清，回答问题不够准确，甚至根本回答不上来，然后根据这些情况有针对性地补充知识；

(4) 带团过程中发生了什么问题，是由什么原因导致的，自己是如何处理的，如何才能做好或改进，有什么工作教训，下次如何避免；

(5) 自己的讲解工作是否能引起客人的兴趣，如何做到导游词的幽默风趣，如何在带团过程中调动大家的积极性，如何就不同年龄、身份、职业、地域的旅游者而使用有针对性的导游词。

案例

一位实习导游员的跟团日志

下面是一则即将走上导游岗位的实习导游员，在结束了三天跟团工作后写出的总结，看看你能从中得出对导游工作的哪些体会。

3 月 17 日晚上，我从领导那里得到了一个很宝贵的跟团学习机会，这次跟的团是跨市三天团，因此对我来说，在带团技巧和带团操作上无疑面临着巨大挑战。而正是这种挑战，让我对这次跟团学习更加有动力，更有“欲望”。

我收到跟团学习通知后，开始联系我要跟团学习的导游——华哥。华哥接电话时的第一句“hello，您好”，让人感觉非常有亲和力。跟华哥电话沟通完后，我意识到，导游员讲话应该很有礼貌和条理性，让人感觉成熟、稳重、值得信赖。从华哥那里得到旅游团的具体信息后，我开始线路准备，尝试着写“省内直踩导游词”，我在网上开始搜线路、城市概况、景点介绍等信息。终于，在凌晨的时候，完成了我的线路准备。这时，万事俱备，只欠东风，等天亮，就可以开始我的跟团学习了。

第一天 3 月 18 日

早上 8:00，我和导游华哥、司机李师傅在公明下村集合。见到华哥，他给我的感觉确实很亲切、很稳重。半个小时内，游客陆续赶到集合点。这个团的游客基本上是中老年妇女，名副其实的“师奶团”。8:30 我们开始了旅程。在车上，华哥用正式又不失幽默的话语欢迎游客的到来，逗得车上笑声连连。这让我懂得，一个好的开场真的很重要，因为有好的开始才有好的后续。介绍完基本行程后，华哥给了我第一次亮相的机会。我用粤语介绍了自己，并唱了一首歌，接着则是让游客唱。这些阿姨们唱歌的热情非常高。一个身体很好、71 岁的老太太给我们来了歌曲串烧，掌声爆满全车。她们接着一个一个唱，十分陶醉享受，车上气氛好极了。不一会儿，我们的车子就上了高速，因为客人们今天早上很早就起床了，所以让她们休息一下。在前往恩平的途中，华哥很热情地和我交流，我从他那里得知怎么到接团地点节省时间，还了解到深圳到开平高速途中的服务区有几个等知识。历经三个小时，终于到了恩平。

在这里顺便说一下，本来我们这个“师奶团”预定有 20 多个客人，但到了早上，来的人数只有 12 个，原因是组团社没有提前收取客人的团费或定金，而 10 多个客人没守信用退团了，因此造成这样的结果。但组团社之前已经预订好 12 间双人房，而酒店是不会临时取消预订的，经过计调的协调，最终，只使用 6 间房，而剩余的 6 间房保留到下次用。出团的前一晚，组团社说客人人数有变，但不确定会有多少。因为不能掌握客人的人数有多少，所以华哥不能提前一个晚上订餐，只能等出团早上客人集合完毕再订餐，因此我很佩服华哥的临时应变能力，这也让我很清晰地了解了订餐的操作。

用过午餐后，我们出发参观恩平的鳌峰山。在整个爬山过程中，华哥带领客人的方式是有张有弛，让客人觉得很舒适，这个也是我要学习的带团技巧之一。爬完山之后，开始前往下一站——恩平金山温泉度假村，也是我们今晚的落脚点。在车上，华哥提前和客人讲明了入住酒店和泡温泉的注意事项等。20分钟的时间，我们就来到了金山温泉度假村，华哥开始办理入住酒店的手续。我紧跟在华哥的后面，知道了怎么为客人办理入住手续和其他的注意事项。例如，要提前收客人的身份证；了解房间的付款方式是现付还是预付，还是半预付加半现付；根据明天的行程告知前台叫早的时间；看行程单了解酒店是否“含早”等信息。

办好入住手续，游客们兴高采烈地开始泡温泉。欢呼声、呐喊声、笑声交织在一起，她们尽情地享受这一天中最美好的时光……

第二天　3月19日

吃完早餐和午餐后，我们开始出发去赤坎影视城。在途中，我们观赏了开平碉楼的外观，华哥用出色的讲解吸引了游客，让我知道，讲解时，内涵和成套思路很重要。接着我们来到了赤坎影视城，参观完影视城后，游客们利用自由活动时间“疯狂”购买特产，不一会儿，她们的手上就提满了大包小包的特产。华哥和我见老太太也提了那么多东西，就赶紧跑过去帮她们提起东西。我们的举动，让12位游客对我们非常感激，也令接下来的旅程更加顺利愉快。通过这件事，我懂得了作为导游，一定要有一颗助人和主动之心，这样才能把这份工作做好。离开赤坎影视城后，我们回到了开平的酒店“维多利酒店”，开始办理入住手续。酒店前台办理手续的速度很慢，而且入住后各种问题出现，通过华哥的巧妙应对，问题被一一解决，我也从中学习到了宝贵的经验：

(1) 客人想换麻将房，而酒店已经没有多余的麻将房，于是我们外出吃晚饭的时候，向饭店借了一张麻将桌，拿回酒店。没想到前台却说要加收100块的服务费，客人开始抱怨。华哥立即上前跟酒店服务员交涉，认为酒店不能提供麻将房在先，游客自带麻将桌或麻将，就相当于自带扑克牌，酒店不是麻将馆，无权加收服务费。经过一番交涉，酒店自认理亏。

(2) 行程单上说酒店“含早”，但酒店说给我们提供的是商务早餐，即牛奶加面包。华哥知道后，就和前台人员沟通，询问“你觉得老人家吃这个行吗”。后来经过华哥的争取，第二天的早餐很丰富。

(3) 早上起来，司机李师傅的车子油箱被撬开，车油被盗，而酒店的监控摄像头拍不到车的位置，因此想推卸责任，但在华哥和李师傅的争取下，酒店最终赔了油钱。

通过这几件事，我学习到了怎么协调旅途中的各种关系和矛盾，对我的带团技能提高有很大帮助。

第三天　3月20日

今天是我跟团学习的第三天，我们去了新会的“小鸟天堂”，华哥购买门票时，我学到了怎么拿单买票以及了解了“小鸟天堂”的水路和陆路的游览线路。吃完午餐后，华哥按照行程单的规定，带领客人去新会的市场。游客们来到市场，又买了很多的特产。这确实是一件很有趣的事情。逛完市场，我们开始返回深圳。三个小时后，我们下了高速，华哥回顾了行程，表达了惜别之情。这时，游客们对我们感激不已，而且非常欢乐。

从这三天的跟团学习，我不仅学习到了景点知识，还学到了许多宝贵的带团技巧，获益良多。而导游华哥从此在我心中也有了一个新的称号——“师奶杀手”。

项目小结

本项目围绕地方陪同导游人员的工作职责展开，沿着地陪接待工作的时间线，分别介绍了上团前的准备、迎接服务、游览观光服务、饭店用餐服务、旅游购物服务、社交文娱活动，以及送站服务七个板块，涵盖了旅游者旅游过程中的食、住、行、游、娱、购六要素。通过本项目的学习，我们可以详细了解地陪接待工作的操作规范。想要真正做好地陪接待工作，更加需要的是导游人员的细心、耐心、热心，以及平时的积累和磨炼。

拓展知识

航空交通知识

一、航班知识

（一）航班

民航运输主要有三种飞行形式：班期飞行、加班飞行和包机飞行。

（1）班期飞行：是按照班期时刻表和规定的航线，定机型、定日期、定时刻的飞行。

（2）加班飞行：是根据临时需要在班期飞行以外增加的飞行。

（3）包机飞行：是按照包机单位的要求，在现有航线上或以外进行的专用飞行。

航班分为定期航班和不定期航班。定期航班是指飞机定期自始发站起飞，按规定航线经经停站至终点站或直达终点站的飞行。在国际航线上飞行的航班称国际航班，在国内航线上飞行的航班则称国内航班。航班还可以分为去程航班和回程航班。

（二）航班号

1. 国内航班编号

我国国内航班的编号由航空公司的二位英文代码和四位阿拉伯数字组成。国内主要航空公司的英文代码如表 3－2 所示。四位阿拉伯数字代表的含义分别是：第一个数字是执行该航班任务的航空公司起飞基地所在区域的数字代码（1 为华北，2 为西北，3 为华南，4 为西南，5 为华东，6 为东北，8 为厦门，9 为新疆）；第二个数字表示该航班终点站所属的管理局或航空公司所在地的数字代码；第三、四位数字是该航班的具体编号，其中第四位数字若为单数，则表示去程航班，即由基地出发向外飞，双数则为回程航班，即飞回基地。例如，CA1202，西安飞往北京的航班，CA 表示中国国际航空公司，1 表示国航所在基地为华北地区，2 表示终点站为西北地区，02 为航班号，其中末尾数 2 表示是回程航班。

表 3-2　　国内主要航空公司英文代码表

航空公司名称	二位代码	航空公司名称	二位代码
中国国际航空公司	CA	海南航空公司	HU
中国南方航空公司	CZ	四川航空公司	3U
中国西南航空公司	SZ	深圳航空公司	ZH
中国东方航空公司	MU	山东航空公司	SC
中国北方航空公司	CJ	厦门航空公司	MF
中国西北航空公司	WH	上海吉祥航空公司	HO
中国新华航空公司	X2	上海春秋航空公司	9C
云南航空公司	3Q	上海航空公司	FM
新疆航空公司	XO	贵州航空公司	G4
武汉航空公司	WU	浙江航空公司	F6
福建航空公司	IV	南京航空公司	3W
天津航空公司	GS	长安航空公司	2Z
华夏航空公司	G5	长城航空公司	G8

2. 国际航班编号

我国的国际航班编号是由执行该航班任务的航空公司的英文字母代码和三位阿拉伯数字组成的。其中，第一位数字表示航空公司，后两位是航班序号，末尾数若是单数，表示去程，双数表示回程。例如，CA982，由纽约飞往北京的航班，CA 表示执行飞行任务的是中国国际航空公司，9 是国航的数字代码，82 是航班号，表示这是一班回程航班。

（三）机舱等级

飞机一般分头等舱、公务舱和经济舱三种。经济舱的座位设在靠中间到机尾的地方，占机身的四分之三空间或更多一些，座位安排得比较紧。国内客票的舱位等级主要分为头等舱（舱位代码为 F）、公务舱（舱位代码为 C）、经济舱（舱位代码为 Y）。经济舱里面又分不同的座位等级（舱位代码为 B、K、H、L、M、Q、X、E 不等，这种代码每个航空公司的标识都不相同，价格也不一样），折扣舱依次往下排列，这些价格的舱位虽然都属于经济舱，但是低价格的舱位享受的服务和高舱位的不大一样，最明显的就是提前预订机上座位与餐食服务（低价格的舱位即使提前预订好了座位与餐食，在机上也有可能遇到不能实现的状况）。此外，价格特别低的舱位不能退票。

国际客票的舱位等级主要分为头等舱（舱位代码为 F、A）、公务舱（舱位代码为 C、D、J）、经济舱（舱位代码为 Y）。经济舱下属的座位等级和国内的差不多，也有不能退票的规定。而且，价格特别低的舱位除了不能退票外，如果想取消行程还要向航空公司打电话通知取消座位，否则航空公司会向你收取 no-show（虚占座位）罚金。

二、机票知识

（一）电子机票

如今，电子机票在我国以及世界范围内早已普及，它是普通纸质机票的替代品，是普通纸质机票的一种电子呈现形式。旅客通过互联网订购机票之后，仅凭有效身份证件直接到机场办理乘机手续即可成行，实现“无票乘机”。旅客订购电子机票还可以在异地完成。电子机票在功能上无异于纸票，同样可以执行出票、作废、退票、改签等操作。

（二）机票的分类

1. 正价票和特价票

（1）正价票是指旅客购买的航空公司正常价票，允许进行签转和更改。正价票的有效期为一年，如是 OPEN 签转，则指可以改乘其他航空公司的航班。

（2）特价票指旅客购买的是航空公司特殊优惠价票，不允许签转，有很多限制条件，有效期各异，较便宜。

2. 单程票与往返票

（1）单程票，指点到点去程票。

（2）往返票，指点到点来回程票。

3. 普通机票与特别机票

（1）普通机票按有效期时间的长短又可分为一年、半年、三个月、一个月、十四天有效票等不同种类。普通一年期机票主要分头等票、商务票及经济票三种，可换乘其他航空公司的航班，票价较高，但灵活方便，没有太多时间上的限制，适合途中可能改变线路、时间的旅客。

（2）特别机票又可分为旅游机票、团体机票、包机机票、学生机票、优惠机票等，价格较为优惠，但限制较多。

1）旅游机票，其票价一般比普通一年期机票低廉，但限制相对来说较多，只能购买往返票，不能购买单程票。可分为中途停站及不停站两种，中途容许停站的票价较贵，持票人可在目的地停留一段时间后，在机票规定的有效期内回程，否则机票就会失效。因此，购买此种机票时，应该详细了解有效期，以免机票因过期失效。

2）团体机票，由航空公司委托的旅行社作为指定代理，事先向航空公司订下若干目的机位，作为组织团体旅行之用。按规定这种团体机票不能出售给个别旅游者。

3）包机机票，包机公司或旅行社从航空公司包下整架或部分飞机座位，以供旅客乘搭。这类机票票价不一，有较多营运限制，均由包机公司或旅行社自行订购。

4）学生机票，需持有国际学生证 ISIC 卡或 GO25 青年证才可购买，票价较为低廉，限制相对来说较为宽松，可托运更多的行李，停留有效期可长达半年，甚至一年之久。

5）优惠机票，是指航空公司淡季不定期推出促销活动的促销票，限制标准因航空公司而异，差别较大。

6）教师机票，是指航空公司为响应国家“尊师重教”的方针政策而推出的，在特定时期内为从事教育工作的人士提供的优惠机票。

7）伤残军人机票，票面价值是成人适用的正常票价的80%，须出具《中华人民共和国残疾军人证》。

4. 成人票、儿童票与婴儿票

（1）成人机票是指年满12周岁的人士应购买机票的种类。

（2）儿童票是指年龄满2周岁但不满12周岁的儿童所购买的机票，票面价值是成人适用的正常票价的50%左右（国际上的部分地区是75%），提供座位。购买此类机票时，应出示有效的儿童出生证明。

（3）婴儿票是指不满2周岁的婴儿应购买的机票，票面价值是成人适用的正常票价的10%左右，不提供座位（如需要单独占用座位时，应购买儿童票）。一个成人旅客若携带婴儿超过一名时，超出的人数应购买儿童票。购买此类机票时，应出示有效的婴儿出生证明。

5. 中转联程机票

中转联程机票，是指始发地到目的地之间经另一个或几个机场中转、含有两个（及以上）乘机联、使用两个（及以上）不同航班号的航班抵达目的地的机票。例如，旅客购买了从呼和浩特到三亚的机票，中间会从北京中转，那么从呼和浩特到北京、北京再到三亚的机票就是联程机票。

三、乘机知识

（一）国内航班登机程序

确认起飞的机场和时间，大的机场一般有多个航站楼，需确认是哪个航站楼，不清楚可以问机场工作人员。

提前一个半小时到达机场，初次在该机场登机的，尽量提前两小时。找到所乘航班的航空公司值机柜台，递交身份证办理登机手续（核对身份证和姓名等），然后拿到登机牌。如需托运行李，则办理行李托运手续，无托运行李则可直接前往登机。航班规定离站时间前30分钟停止办理乘机手续。

持身份证和登机牌，排队等候安检、进入候机大厅。找到登机牌上指定的登机口，在此等候。一般起飞前25分钟开始登机。起飞时间一过，登机资格将被取消。登机后按登机牌上的座位入座。

到达目的地后，乘客如果托运了行李，那么下飞机后在出口处行李转盘边等候，领取自己的行李后再出站。

（二）行李规定

乘坐国内航班，每位旅客的免费行李限额（包括托运和手提行李）：经济舱旅客为20千克，公务舱旅客为30千克，头等舱旅客为40千克。手提行李的总重量，每位旅客以5千克为限，每件体积不得超过20×40×55厘米。

乘坐国际航班，手提行李的总重量以7千克（部分航空公司有特殊重量限制规定）为限，每件行李的体积不得超过20×40×55厘米（三边之和不超过115厘米），超过上述重量或体积限制的，应作为托运行李托运。

旅客不得在托运行李内夹带重要文件和资料、外交信袋、证券、货币（大量现金）、汇票、贵重物品、易碎易腐物品，以及其他需要专人照管的物品。承运人对托运行李内夹带的上述物品的遗失或损坏，按一般托运行李承担赔偿责任。所有超过 100 毫升的液体或膏状物品和指甲钳等利器必须托运，打火机等易燃物品严禁托运。电子产品和贵重物品则必须随身携带上飞机，充电宝单个不可超过 2 万毫安。

国家规定的禁运物品、限制运输物品、危险物品，以及具有异味或容易污损飞机的其他物品，不能作为行李或夹入行李内托运。承运人在收运行李前或在运输过程中，发现行李中装有不得作为行李或夹入行李内运输的任何物品，可以拒绝收运或随时终止运输。

托运行李必须包装完整、锁扣完好、捆扎牢固，能承受一定的压力，能在正常操作条件下完全装卸和运输。对包装不符合要求的行李，承运人可拒绝收运。

旅客不得携带管制刀具乘机。管制刀具以外的利器或钝器应随托运行李托运，不能随身携带。

旅客的托运行李全部或部分损坏、丢失，赔偿金额每千克不超过人民币 50 元。托运行李每千克价值超过人民币 50 元时，旅客可办理行李的声明价值，行李的声明价值不得超过行李本身的实际价值，每位旅客的行李声明价值最高限额为人民币 8 000 元。行李价值每千克低于 50 元时，按实际价值赔偿。

茶文化知识

一、中国茶叶简史

中国是茶的故乡，经过漫长的历史跋涉，现在茶已经在全世界扎下了根，茶叶已经成为风靡世界的三大无酒精饮料之一。中国是茶的发源地，每个中国人不仅应感到自豪，更需要了解一些茶叶的知识。

（一）中国古代利用茶的三个阶段

1. 药用

发现和利用茶可以追溯到原始时期，我国现存最早的中药学专著《神农本草经》中就有“神农尝百草，日遇七十二毒，得荼而解之”，荼就是茶。茶做药用，生嚼内服清热，外敷消炎解毒。

2. 食用

从生嚼到煮食，茶叶可以和粮食一起煮“茶粥”“羹饮”，或者灼煮，捞起，加调料。现代仍然有食用茶的风俗，牧区将茶掺入牛奶共饮，少数民族地区有擂茶和打油茶，云南基诺族仍有“凉拌茶菜”。

3. 饮用

饮用源于食用，从食用到饮用，是出于对茶之本味的追求。

（二）中国古代饮茶方式的转变

1. 唐代煮茶法

煮茶前，先把茶叶碾碎，烧开水后将调料放入，再将茶粉撒入锅内。饮用时，趁热将茶渣和茶汤一起喝下去，谓之“吃茶”。

唐代煮茶一度喜欢往茶汤里添加调味料，如盐、葱、姜或橘皮等，中唐时陆羽极力反对这一煮茶的方式，主张煮茶的时候最多加一点盐调味。此后唐代饮茶开始提倡茶汤的原味，为茶道之兴奠定基础。

2. 宋代点茶法

宋代的饮茶方式上升到了审美的高度，达到了极致。人们在茶饼上装饰了很多龙凤的花纹，十分精致，叫作“龙凤团茶”。

喝茶时，先将饼茶碾成细细的粉末，用沸水冲点茶。为了使茶末与水融为一体，用茶筅快速击打，使茶水充分交融，并使茶盏中出现大量白色茶沫。日本的抹茶道就是起源于此。

3. 明代泡茶法

到了明代，制茶法和饮茶法一再简化。朱元璋大力推广散茶，导致茶类的异化，此前只有绿茶，后来慢慢又出现了别的茶类。明朝人认为这种饮法“简便异常，天趣悉备，可谓尽茶之真味矣”。

茶叶冲泡的方法也延续到了今天，泡茶不加任何调味料，喝的是茶的原味、真味，同时泡茶所用的茶具和方法也简化了很多，更利于茶文化的传播。

（三）中国古代茶史大事记

1. 神农时代

大约 5 000 年以前，神农时代将生叶煮着喝，把茶叶拿来当药用。

2. 西周、东周

大约 3 000 年以前，开始人工栽培茶树，将茶当菜食。

3. 秦代

大约 2 300 年以前，开始将茶当茗饮，调煮，制成羹饮。

4. 汉代

西汉：大约 2 000 年以前，开始商业化，成都成为我国茶叶最早的集散中心。

东汉：大约 1 500 年以前，开始制作茶饼，以便运输。

5. 唐代

大约 1 200 年以前，受唐代经济、文化的影响，以及在陆羽《茶经》的倡导下，唐代饮茶文化盛行。

6. 宋代

大约 1 000 年以前，泡茶技艺改进，讲究水质，斗茶成了一种风潮。

7. 元代

大约 700 年以前，开始出现散茶。民间以散茶为主，饼茶主要为皇室宫廷所用。开始出现泡茶方式，即用沸水直接冲泡茶叶，为明代散茶的兴起奠定了基础。

8. 明代

大约 600 年以前，朱元璋废团改散，黄茶、黑茶和花茶的工艺相继形成。

9. 清代

大约 300 年以前，中国茶风靡世界，独步世界茶市，当时出口茶叶的只有中国，工艺以烘青和炒青为主，制作了乌龙茶、红茶、黑茶、花茶、绿茶、白茶。

茶经历了从药用到食用到饮用，又经历了从煮茶到点茶到泡茶，历朝历代不断发展演变。历经千年，茶已经渗透到中国人生活的各个层面。

二、各类茶的特点、功效及禁忌

（一）绿茶

1. 绿茶的特点与分类

绿茶，属不发酵茶，它的品质特征为叶色、汤色黄绿，外形多样，滋味鲜醇爽口，香高色绿。绿茶是我国产量最多的一类茶。

绿茶制作工艺不同，根据杀青方式和最终干燥方式，可将绿茶分为炒青绿茶、烘青绿茶、蒸青绿茶、晒青绿茶四种。

（1）炒青绿茶。

用锅炒的方式进行干燥而制成的绿茶称为炒青绿茶。由于在干燥过程中受到的作用力的不同，又有长炒青、圆炒青、扁炒青和特种炒青之分。

1）长炒青。品质要求：外形条索紧结，色泽润绿，香气高鲜，汤色明绿，滋味浓爽，叶底嫩绿明亮。各种长炒青由于各地茶树所处的生态条件不一，炒制技术也不完全相同，因此，它们除具有炒青绿茶的一般特征外，又有各自的地区品质特征。

2）圆炒青。品质要求：颗粒圆紧，色泽墨绿油润，香醇味浓，汤色明绿、明亮，叶底匀嫩、明亮。圆炒青产于浙江、安徽等地，因产地不同，品质又不尽相同。

3）扁炒青。品质要求：扁平光滑。因制法不同，品质特征也有差异。

4）特种炒青。制造过程虽以炒为主，但因采摘的原料细嫩，为了保持芽叶完整，最后当成品茶快干燥时，改为烘干而成。名茶有洞庭碧螺春、庐山云雾、南京雨花茶等。

（2）烘青绿茶。

它是以烘焙方式进行干燥制成的绿茶。除了部分烘青名优绿茶直接供消费者品饮外，多数烘青绿茶主要通过精制后用来作为窨制花茶的茶坯。

1）一般烘青绿茶的品质特点：外形条索紧直，色泽深绿油润。冲泡后，香气清新，滋味鲜醇，汤色清明，叶底明绿。

2）精制后的烘青绿茶的品质特点：条索紧结细直，平伏匀称，色泽深绿油润。冲泡后，香气较醇，汤色、叶底显黄。精制茶经过鲜花窨制后，外形与精制茶基本相同，但其内质，特别是香气发生了较大变化，香型依鲜花品种而异，均具有明显花香，香气鲜灵，清高纯正。

（3）蒸青绿茶。

它是用高温蒸汽杀青而制成的，这是我国古代茶叶制作的一种工艺。唐代时传至日本，相沿至今，如日本的玉露茶、玉绿茶等都是采用蒸汽杀青制作的。我国自明代起，已改用锅炒杀青，很少用蒸青。与锅炒杀青相比，蒸汽杀青制成的绿茶具有“三绿”风格：干茶色泽深绿、茶汤浅绿、叶底青绿，但香气较闷，涩味较重。

（4）晒青绿茶。

它是鲜叶经过杀青、揉捻以后利用日光晒干而成，主要产于中南、西南地区，其茶树呈乔木型，茶树叶粗老，主要用于制作黑茶。

2. 绿茶的功效

（1）有助于延缓衰老。茶多酚具有很强的抗氧化性和生理活性，是人体自由基的清除剂。

（2）有助于预防心血管疾病。茶多酚对人体脂肪代谢有着重要作用。

（3）有助于预防癌症。茶多酚可以阻断亚硝酸铵等多种致癌物质在体内的合成，并具有直接杀伤癌细胞和提高肌体免疫能力的功效。据有关资料显示，茶叶中的茶多酚（主要是儿茶素类化合物），对胃癌、肠癌等多种癌症的预防均有裨益。

（4）有助于预防辐射伤害。茶多酚及其氧化产物具有吸收放射性物质锶90和钴60毒害的能力。

（5）有助于抑制和抵抗病毒、病菌。茶多酚有较强的收敛作用，对病原菌、病毒有明显的抑制和杀灭作用，对消炎止泻有明显效果。

（6）有助于美容护肤。茶多酚是水溶性物质，用它洗脸能清除面部的油腻，收敛毛孔，具有消毒、灭菌、抗皮肤老化、减少日光中的紫外线辐射对皮肤的损伤等功效。

（7）有助于醒脑提神。茶叶中的咖啡碱能促使人体中枢神经兴奋，增强大脑皮层的兴奋过程，起到提神益思、清心的效果。

（8）利尿解乏。茶叶中的咖啡碱可刺激肾脏，促使尿液迅速排出体外，提高肾脏的滤出率，减少有害物质在肾脏中的滞留时间。咖啡碱还可排除尿液中的过量乳酸，有助于使人体尽快消除疲劳。

（9）有助于降脂助消化。

（10）有助于护齿明目。

3. 绿茶的禁忌

（1）不喝头遍茶：因为茶叶在栽培与加工过程中受到农药等有害物的污染，茶叶表面总有一定的残留，所以，头遍茶有洗涤作用，应弃之不喝。

（2）不空腹喝茶：空腹喝茶可稀释胃液，降低消化功能，且胃肠的吸收率高，致使茶叶中不良成分大量入血，引发头晕、心慌、四肢举动无力等症状。

（3）少喝新茶：因为新茶存放时间短，含有较多的未经氧化的多酚类、醛类及醇类等物质，对人的胃肠黏膜有较强的刺激作用，易诱发胃病。所以新茶宜少喝，存放不足半个月的新茶更应忌喝。

（4）胃寒的人不宜过多饮茶，过量会引起肠胃不适。神经衰弱者和失眠症患者临睡前不宜饮茶，正在哺乳期的妇女也要少饮茶。

（5）忌用绿茶服药，忌喝隔夜茶。绿茶中的鞣酸会与很多药物结合产生沉淀，阻碍吸收，影响药效，俗话说：茶水可解药性。隔夜茶时间过久，营养成分已丧失，而且容易滋生细菌等。

（二）黄茶

黄茶的制作工艺近似绿茶，属轻微发酵茶，发酵程度在10%～20%，特点是茶叶在进行干燥的过程中加以闷黄，使茶叶呈黄汤、黄叶。黄茶香气清悦，味厚爽口。

1. 黄茶的特点与分类

黄茶主要分为黄芽茶、黄大茶、黄小茶。由于品种的不同，三种黄茶在茶片选择、加工工艺上有相当大的区别。

（1）黄芽茶。原料细嫩，采摘单芽或一芽一叶加工而成。黄茶芽叶细嫩，显毫，香味鲜醇。主要包括湖南岳阳洞庭湖君山的“君山银针”，四川雅安、名山区的“蒙顶黄芽”和安徽霍山的“霍山黄芽”。

(2) 黄小茶。采摘细嫩芽叶加工而成，黄小茶外形芽壮叶肥，毫尖显露，呈金黄色，汤色橙黄，香气清高，味道醇厚，甘甜爽口。主要包括湖南岳阳的“北港毛尖”，湖南宁乡的“沩山毛尖”，湖北远安的“远安鹿苑”和浙江温州、平阳一带的“平阳黄汤”。

(3) 黄大茶。采摘一芽二、三叶甚至一芽四、五叶为原料制作而成。黄大茶外形梗壮叶肥，叶片成条，梗叶相连形似钓鱼钩，梗叶金黄显褐，色泽油润，汤色深黄显褐，叶底黄中显褐，滋味浓厚醇和，具有高嫩的焦香。主要包括安徽霍山的“霍山黄大茶”和广东韶关、肇庆、湛江等地的“广东大叶青”。

2. 黄茶的功效

(1) 黄茶是沤茶，在沤的过程中，会产生大量的消化酶，对脾胃有好处，消化不良、食欲不振、懒动肥胖，都可饮而化之。

(2) 纳米黄茶能更好发挥黄茶原茶的功能，能促进脂肪代谢。

(3) 黄茶茶根可用来按摩二扇门（无名指本节处），加速脂肪代谢。

(4) 黄茶中富含茶多酚、氨基酸、可溶糖、维生素等丰富的营养物质，有助于预防食道癌。

(5) 黄茶鲜叶中天然物质保留有85%以上，这些物质对预防癌症、杀菌、消炎均有效果，为其他茶叶所不及。

3. 黄茶的禁忌人群

(1) 缺铁性贫血者：茶中的鞣酸会影响身体对铁的吸收，使贫血加重。

(2) 神经衰弱者：茶中的咖啡因能使人兴奋，引起基础代谢增强，加重失眠。

(3) 活动性胃溃疡患者：咖啡因刺激胃液分泌，加重病情，影响溃疡愈合。

(4) 泌尿系结石者：茶中的草酸会导致结石增多。

(5) 肝功能不良者：咖啡因绝大部分经肝脏代谢，肝功能不良的人饮茶，将增加肝脏负担。

(6) 便秘者：鞣酸有收敛作用，能减弱肠管蠕动，加重便秘。

(7) 哺乳期妇女：咖啡因可通过乳汁进入婴儿体内，使婴儿发生肠痉挛、贫血，还会影响婴儿的睡眠。

(8) 心脏病者：饮茶过多会使心跳加快，有的还可出现心律不齐。

(9) 孕妇：饮茶过多会使婴儿瘦小体弱。

(10) 醉酒者：酒精对心血管刺激很大，咖啡因可使心跳加快，两者一起发挥作用，对心脏功能欠佳者十分危险。

(三) 白茶

1. 白茶的特点与分类

白茶是我国茶类中的特殊珍品，属轻微发酵茶，发酵程度在20%～30%，它对茶树鲜叶原料有特殊要求，即要求嫩芽及其以下1～2片嫩叶都满披白毫，加工特点是不经炒、揉直接进行干燥而成。白茶汤色黄绿清澈，滋味鲜醇。

白茶的主要品种有白毫银针、白牡丹、寿眉、贡眉等老白茶。

(1) 白毫银针。简称银针，又叫白毫，因其白毫密披、色白如银、外形似针而得名，其香气清新，汤色淡黄，滋味鲜爽，是白茶中的极品，素有茶中“美女”“茶王”之美称。由于鲜叶原料全部采自大白茶树的肥芽，其成品茶长三厘米许，整个茶芽为白毫覆被，银装素裹，熠熠闪光，令人赏心悦目。冲泡后，香气清鲜，滋味醇和，杯中的景观也情趣横生。

(2) 白牡丹。因其绿叶夹银白色毫心，形似花朵，冲泡后绿叶托着嫩芽，宛如蓓蕾初放，故得美名。白牡丹是采自大白茶树或水仙种茶树的短小芽叶新梢的一芽一、二叶制成的，是白茶中的上乘佳品。

(3) 寿眉，是白茶中产量最高的一个品种，其产量占到了白茶总产量的一半以上。它是以菜茶（福建茶区对一般灌木茶树的别称）茶树的芽叶制成，这种用菜茶芽叶制成的毛茶称为“小白”，以区别于福鼎大白茶、政和大白茶茶树芽叶制成的“大白”毛茶。

(4) 贡眉。用采自菜茶品种的短小芽片和大白茶片叶制成的白茶。通常，“贡眉”表示上品，其质量优于寿眉，一般只称贡眉，而不再称寿眉。制作贡眉的鲜叶的采摘标准为一芽二叶至一芽三叶，采摘时要求茶芽中含有嫩芽、壮芽。贡眉的制作工艺分为初制和精制，其制作方法与白牡丹茶基本相同。优质的贡眉成品茶毫心明显，茸毫色白且多，干茶色泽翠绿，冲泡后汤色呈橙黄色或深黄色，叶底匀整、柔软、鲜亮，叶片迎光看去，可透视出主脉的红色，品饮时感觉滋味醇爽，香气鲜纯。

2. 白茶的功效

(1) 排泄毒素。白茶中的茶多酚和脂多糖有吸附和捕捉放射性物质，与其结合后排出体外的功能，对某些癌症也有早期预防作用。

(2) 防治疾病，提高免疫力。白茶含氟量较高，可防龋齿；茶叶中的灭菌成分，可以防治口腔炎，清除口臭；可以补充维生素 C，防止牙龈出血；茶叶中的胡萝卜素可代谢合成视紫质以保护视力。从传统医学角度讲，白茶还有清火作用，可“上清头目，中消食滞，下利两便”。

(3) 增进食欲。适量饮白茶可以消食去腻，增强胃肠蠕动，促进消化液分泌，增进食欲。

(4) 防止肥胖。饮白茶可以去腻减肥，轻身健体，防治心血管病。

3. 白茶的禁忌

(1) 白茶性寒凉，胃“热”者可在空腹时适量饮用。

(2) 胃中性者，随时饮用都无妨。

(3) 胃“寒”者则要在饭后饮用。

(四) 乌龙茶

1. 乌龙茶的特点与分类

乌龙茶又名青茶，属半发酵茶，发酵程度在30%～60%，是介于红茶与绿茶之间的一类茶，其品质既有绿茶的清香和花香，又具有红茶醇厚回甘的滋味。

乌龙茶的外形有颗粒、条索之分，产地主要有闽北、闽南、广东、台湾。

(1) 闽北乌龙。主产地在福建北部的武夷山、建阳、建瓯一带。闽北乌龙以山脉划分，其中以小气候下形成的品质为最优。闽北乌龙以武夷岩茶最为出名。武夷山因其地理气候特殊，形成了岩茶的优异品质，当地土壤以风化岩、红砾岩、沙砾岩为主；具有小气候的环境，茶树周围有大量的阔叶林，形成一种既有阳光，又不会直接照射到的光，称为“漫射光”或“折射光”；水分充足，因土壤松散，茶树可从根部吸收水分，这些都是形成岩茶特殊品质的自然条件。

(2) 闽南乌龙。主产地在福建南部的安溪、漳州、泉州、永春一带。闽南乌龙分为铁观音和色种。铁观音由特定制法制成，以春茶品质为最好，秋茶次之，夏茶较差，口感以拖酸和正炒为主。

(3) 广东乌龙。产地在广东潮州、汕头一带。由于选用原料和制作工艺的不同，其品质也不同，可分为单枞、浪菜、水仙三个品级。香气属花香型，有玉兰、蜜兰、黄枝、桔梗等香型。

(4) 台湾乌龙。产地在台湾南头、阿里山、梨山一带。台湾乌龙属于半发酵茶，又有轻发酵和重发酵之别。半发酵的茶发酵程度在50%左右，品种有冻顶乌龙、阿里山乌龙、梨山茶、杉林溪茶等。轻发酵的茶类似于绿茶，发酵程度在10%～40%，主要品种为文山包种；重发酵的茶类似于红茶，发酵程度在40%～70%，主要品种为白毫乌龙，又名东方美人、香槟乌龙、膨风茶。

2. 乌龙茶的功效

(1) 美白肌肤，预防老化，改善皮肤敏感。

(2) 预防肥胖。

(3) 降血脂（降低中性脂肪）。

(4) 预防蛀牙。

(5) 预防肿瘤。

3. 乌龙茶的禁忌

(1) 忌空腹饮用。空腹喝茶易稀释胃液，降低消化功能，加上胃肠的吸收率高，致使茶叶中不良成分大量入血，将引发头晕、心慌、手脚无力等症状。

(2) 忌睡前饮茶。乌龙茶含有丰富的茶多酚等元素，睡前饮用易产生兴奋情绪，很难在正常的作息时间内入眠。

(3) 忌饮冷茶。乌龙茶冷后性寒，对胃不利，还可能引发冷感冒；乌龙茶茶叶中的鞣酸可与铁结合成不溶性的融合物，抑制人体对铁的吸收，冷茶更会加剧贫血疾病患者的病情恶化。

(4) 忌生理特殊时期饮茶。茶叶有分解脂肪的功能，营养不良的人饮用会加剧营养不良。茶叶中含有大量茶多酚、咖啡碱等，对胎儿在母腹中的成长有许多不利因素，因此孕妇不宜饮茶。哺乳期饮浓茶，过多的咖啡碱会进入乳汁，婴儿吸乳后会间接地产生兴奋，易引起少眠和多啼哭。

(五) 红茶

1. 红茶的特点与分类

红茶，属全发酵茶，发酵程度在80%～90%，特点是红汤、红叶。茶叶经过萎凋、揉捻、发酵、干燥制成。有红条茶和红碎茶之分。

(1) 红条茶。

它是我国的传统红茶。因制作方法不同，红条茶又有工夫红茶和小种红茶之分。红条茶一般要求滋味醇厚带甜，汤色红艳明亮。

1) 工夫红茶，是我国传统的独特茶品。它因初制时特别注意条索的完整紧结，精制时需费工而得名。工夫红茶的品质特点是：外形条索细紧，色泽乌润。冲泡后，汤色、叶底红亮，香气馥郁，滋味甜醇。因采制地区不同，茶树品种有异，制作技术不一，因而又有祁红、滇红、宁红、川红、闽红、湖红、越红之分。

2）小种红茶，产于我国福建武夷山星村镇桐木关一带。由于小种红茶的茶叶在加工过程中采用松柴明火加温，进行萎凋和干燥，所以，制成的茶叶具有浓烈的松烟香。因产地和品质的不同，小种红茶又有正山小种和外山小种之分。

（2）红碎茶。

它是国际茶叶市场的大宗红茶。它是在红茶加工过程中，将条形茶切成短细的碎茶而成，故命名为红碎茶。其与普通红茶的碎末，不可混为一谈。红碎茶要求茶汤味浓、强、鲜、香高，富有刺激性。各种红碎茶因叶形和茶树品种的不同，品质亦有较大的差异。传统红碎茶，是指按最早制造红碎茶的方法，即经萎凋后的茶坯采用平揉、平切，再经发酵、干燥制成的红碎茶，有叶茶、碎茶、片茶和末茶四个品种。

2. 红茶的功效

（1）提神醒脑，消除疲劳。红茶具有提神醒脑和消除疲劳的效果，因为红茶里含有咖啡碱，咖啡碱可以刺激大脑皮质，使人反应更为敏捷，加快血液循环。

（2）消暑解热。红茶可以消暑解热，茶里面富含茶多酚、果胶和氨基酸、糖类等物质，这类物质可以刺激唾液分泌，使人口腔滋润，还可以产生一种清凉感，适宜夏天饮用。

3. 红茶的禁忌

（1）不要用红茶送药服用，而且在服药前后的一个小时里不可以饮茶，否则很容易影响药物的效果。

（2）红茶可以加糖和牛奶，但是糖和牛奶却不适宜和红茶一起食用。

（3）饭前不适宜饮用红茶，饭后也不适宜立刻喝红茶。

（六）黑茶

1. 黑茶的特点与分类

黑茶是属于后发酵茶，发酵程度为100%，成品茶的外观呈黑色，主产区为四川、云南、湖北、湖南等地。黑茶采用的原料较粗老，是压制紧压茶的主要原料。制茶工艺一般包括杀青、揉捻、渥堆和干燥四道工序。黑茶香味醇和，汤色深，橙黄带红，干茶和叶底色泽都呈暗褐色。

黑茶按地域分布，主要分为湖南黑茶、四川边茶、滇桂黑茶及湖北黑茶。

（1）湖南黑茶。湖南黑毛茶经杀青、初揉、渥堆、复揉、干燥等五道工序而制成。黑毛茶分为四个级，高档茶较细嫩，低档茶较粗老。湖南黑毛茶品质要求香味醇厚，带松烟香，无粗涩味，汤色橙黄，叶底黄褐。湖南黑茶成品有“三尖”“四砖”“花卷”系列。

（2）四川边茶。四川边茶分南路边茶和西路边茶两类，四川雅安、天全、荥经等地生产的南路边茶，压制成紧压茶——康砖、金尖后，主销西藏，也销青海和四川甘孜藏族自治州。四川灌县、崇州、大邑等地生产的西路边茶，蒸后压装入篾包制成方包茶或圆包茶，主销四川阿坝藏族羌族自治州及青海、甘肃、新疆等省（区）。南路边茶的制作工艺流程复杂，原叶采摘后要经过杀青、揉捻、蒸茶、渥堆、筛分、切轧、干燥等程序。西路边茶制法简单，将采割来的枝叶直接晒干即可。

（3）滇桂黑茶。云南黑茶是用滇晒青毛茶经潮水沤堆发酵后干燥而制成，统称普洱茶。这种普洱散茶条索肥壮，汤色橙黄，香味醇浓，带有特殊的陈香，可直接饮用。以这种普洱散茶为原料，可蒸压成不同形状的紧压茶——饼茶、紧茶、圆茶（七子饼茶）。广西黑茶最著名的是六堡茶，因产于广西苍梧县六堡乡而得名，已有200多年的生产历史。现在除苍梧外，贺州市、横县、岑溪、玉林、昭平、临桂、兴安等县也有一定数量的生产。六堡茶制作工艺流程是杀青、揉捻、沤堆、复揉、干燥，制成毛茶后再加工时仍需潮水沤堆，蒸压装篓，堆放陈化，最后使六堡茶汤味形成红、浓、醇、陈的特点。

（4）湖北黑茶。湖北黑茶是湖北出产的青砖茶的总称。青砖茶主产于湖北省的蒲圻、咸宁、通山、崇阳、通城等县。茶汁浓香可口，具有清心提神、生津止渴、暖入御寒、化滞利胃、杀菌收敛、治疗腹泻等多种功效。陈砖茶效果更好。

2. 黑茶的功效

（1）补充膳食营养。

（2）助消化，解油腻，顺肠胃。

（3）降脂、减肥，软化血管、预防心血管疾病。

（4）抗氧化、延缓衰老。

（5）抗癌、抗突变。

（6）降血压。

（7）改善糖代谢，降血糖，防治糖尿病。

（8）杀菌、消炎。

（9）利尿解毒、降低烟酒毒害。

3. 黑茶的禁忌

（1）孕妇忌喝黑茶，尤其是不宜喝浓黑茶。黑茶茶叶中含有大量茶多酚、咖啡碱等，对胎儿在母腹中的成长有许多不利因素。

（2）黑茶阻碍人体对蛋白质的吸收，所以太瘦、营养不良及蛋白质缺乏的人，饮茶最好能节制。

（3）妇女哺乳期不宜喝浓黑茶。哺乳期喝浓黑茶，过多的咖啡碱会进入乳汁，婴儿吸乳后会间接地产生兴奋，易引起少眠和多啼哭。

（4）黑茶中的成分会阻碍人体对维生素B、铁、钙等营养物质的吸收，所以素食者饮茶须适量。

（5）失眠者不宜在临睡前喝黑茶，因为黑茶茶叶中的咖啡因和芳香物质都是兴奋剂，能使中枢神经系统及大脑兴奋，使心跳、血流加快，使人久久不能入眠。

（6）患有严重的动脉硬化、高血压的病人不宜喝黑茶。因为黑茶茶叶内含有茶碱、咖啡因、可可碱等活性物质，这对已有脑动脉硬化的人是一种潜在的危险，它可能促使脑血栓的形成。

（7）贫血患者不宜喝黑茶。黑茶茶叶中的鞣酸可与铁结合成不溶性的融合物，使体内得不到足够的铁。

（8）特殊疾病患者不能喝黑茶。黑茶茶叶能在很短的时间内迅速降低人体血糖，所以低血糖患者应忌喝黑茶。

三、中国各地的名茶

（一）浙江省

西湖龙井茶、旗枪、珠茶、余杭径山茶、金华双龙银针、婺州举岩、嵊州泉岗辉白、长兴顾渚紫笋、缙云惠明茶、天台华顶云雾茶、乐清雁荡毛峰、临安天目青顶、东坑茶、临海蟠毫、兰溪毛峰、银毫、淳安千岛玉叶、建德苞茶、普陀佛茶、桐庐天尊贡芽、雪水云绿、开化龙顶、遂昌银猴、江山绿牡丹、泰顺香菇寮白毫、温州黄汤、奉化五岭茶、新昌雪芽、大佛龙井、盘安云峰、宁海望湖茶、望湖银毫、永嘉乌牛早、余姚瀑布仙茗、云和仙宫雪毫、淳安鸠坑毛尖、清溪玉芽、庆元碧玉春、三门龙毫、武义武阳春雨、常山银毫、富阳茗绿、安吉白片、仙居碧绿、松阳银猴、越红工夫。

（二）四川省

峨眉山竹叶青、雅安峨眉毛峰、峨眉山峨蕊、蒙顶黄芽、蒙顶甘露、石花茶、邛崃文君茶、文君毛峰、都江堰青城雪芽、永川翠毫香茗、永川秀芽、平昌北山翠茗、南江云顶茗兰、广安松针、香山贡茶、开县龙珠茶、雷马屏宝顶雪芽、通江天岗云雾、银毫、宜汉九鼎雪眉、九顶翠芽、雅安竹叶茗、万源巴山雀舌、江油匡山翠绿 、荣昌天岗玉叶、南江玉水银针、北川苏香春露、屏山龙湖翠、宜宾天宫翠、自贡龙都香茗、珙县鹿鸣雾茶、峨眉牌早白尖、川红工夫红茶、南川大叶红碎茶、南路边茶、西路边茶、雅安康砖茶、雅安金尖茶、都江堰方包茶、成都锦城露芽、成都蟹目香珠、成都三花牌茉莉花茶。

（三）重庆市

巴山银毫、江津翠芽、龙佛仙茗、雾都香茗、沱茶、城口鸡鸣贡茶。

（四）江西省

遂川狗牯脑茶、庐山云针茶、庐山云雾茶、上饶白眉、信川龙翠、宁都小布岩茶、大沽白毫茶、武华云雾茶、古迹翠峰茶、上犹梅岭剑绿、井冈碧玉茶、井冈翠绿、南昌梁渡银针、云雾仙茶、福寿茶、靖安佛峰茶、石城通天岩茶 、婺源婺绿、婺源茗眉、婺源墨菊、丰城周打铁茶、大鄣山云雾茶、南城麻姑茶、修水工夫红茶、修水双井绿、高安瑞州黄檗茶、吉安龙舞茶、遂川新江羽绒茶、安远九龙茶、修水山谷翠绿、南康窝坑茶、金溪云林茶、永修攒林茶、修水龙须茶。

（五）安徽省

黄山毛峰、黄山翠兰、黄山银芽、黄山绿茶、歙县老竹大方、休宁松萝、六安瓜片、六安碧毫、太平猴魁、华山银毫、宣城敬亭绿雪、泾县涌溪火青、舒城兰花茶、皖西早花、潜山天柱剑毫、宁国黄花云尖、岳西翠兰、岳西翠尖、霍山翠雅、霍山黄雅、休宁屯绿、祁门工夫红茶、皖西黄大茶、东至天鹅云尖、甘露青峰、含山横龙翠眉、含山月芽、金寨齐山翠眉、石台银剑、仙寓香芽、九山翠芽、庐江白云春毫、万山春茗、康安潜川雪峰、旌德信川龙毫、旌德毫芽、青阳九华毛峰、霍山菊花茶、珠兰花茶。

（六）江苏省

南京雨花茶、无锡太湖翠竹、无锡毫茶、无锡二泉银毫、苏州碧螺春、宜兴阳羡雪芽、溧阳南山寿眉、溧阳前峰雪莲、沙河桂茗、荆溪云片、江阴暨阳雁翎、金坛茅山青峰、金坛雀舌、镇江金山翠芽、连云港花果山云雾茶、江宁翠螺、江宁梅龙茶、苏州天池茗毫。

（七）福建省

南安石亭绿、罗源七境堂绿茶、龙岩斜背茶、福鼎莲心茶、白毫银针、白牡丹、白琳工夫、宁德天山绿茶、迎春茶、政和大毫银针、政和白毛猴、诏安八仙茶、安溪铁观音、安溪黄金桂、安溪色种、武夷岩茶、闽北水仙、闽北肉桂、闽北正山小种、崇安大红袍、崇安铁罗汉、崇安白鸡冠、崇安水金龟、崇安八角亭龙须茶、福安坦洋工夫、永春佛手、永春水仙、霞浦富锌茶、尖峰银毫、福州梅兰香、福州茉莉花茶、闽红工夫、漳平水仙饼茶、米兰花茶。

（八）湖南省

岳阳君山银针、岳阳屈原茗、沅陵竭滩茶、沅陵官庄毛尖、安化松针、郴县五盖山米茶、郴州碧云、江华毛尖、文君嫩绿、南岳云雾茶、保靖岚针、石门牛抵茶、古丈毛尖、古丈狮口银芽、大庸毛尖、大庸龙虾茶、高桥银针、长沙岳麓毛尖、长沙湘波绿、长沙河西园茶、桂东玲珑茶、永兴黄竹白毫、桃江雪峰毛尖、湘潭韶峰、湖红工夫、湖南黑茶、安化黑砖、安化花砖、安化茯砖、安化湘尖茶、安花千两茶、猴王牌茉莉花茶、速溶绿茶、速溶红茶。

（九）广东省

乐山白毛茶、高鹤古老茶、仁化银毫、凤凰水仙、凤凰乌龙、凤凰单枞、凤凰浪菜、白叶单枞、潮安桂花香单枞、潮安黄枝香单枞、黄金桂、饶平乌龙、石古坪乌龙、西岩乌龙、潮州蜜兰香、英德红茶、荔枝红茶、玫瑰红茶、粤红、广东大叶青。

（十）湖北省

恩施玉露、远安鹿苑 、随州车云山毛尖、棋盘山毛尖、当阳仙人掌茶、金星茗毫、谷城英毫茶、谷城金峰、谷城将军剑、观山云雾茶、大悟寿眉、咸阳温泉毫峰、三峡春螺、邓村云雾剑毫、武当绿羽、麻城碧剑茶、武昌龙泉茶、武昌金水翠峰、五峰千丈白毫、蒲圻碧叶青、蒲圻松峰茶、蒲圻玉露茗、咸丰瀑泉茶、咸丰雀舌、麻城龟山岩绿、松滋碧洞茶、兴山高岗毛尖、大悟双桥毛茶、湖北老青茶、金银花茶。

（十一）广西壮族自治区

南山白毛茶、凌云白毫、凌云白毫茉莉、覃塘毛尖、桂林毛尖、桂平西山茶、象棋云雾、桂花茶、广西红碎茶、大苗山粑粑茶、苍梧六堡茶。

（十二）云南省

南糯白毫、宜良宝洪茶、大理苍山绿雪、牟定化佛茶、勐海佛香茶、德宏大叶剑峰、思茅绿海银毫、保山春绿、龙陵龙眉、大关翠华茶、墨江云针、绿春玛玉茶、滇红工夫、云南红碎茶、云南沱茶、思茅普洱茶、竹筒香茶、七子饼茶、紧茶。

（十三）贵州省

湄江翠片、羊艾云峰、羊艾毛峰、都匀毛尖、贵定云雾茶、遵义毛峰、平坝云针绿茶、湄江龙泉剑茗、湄江总统茶、梵净山贡茶、梵净山翠芽、梵净山翠峰、梵净山雪峰、梵净山雪芽、青山翠芽、黄果树毛峰、大方海马宫茶。

（十四）海南省

海南大白毫、五指山绿茶、白沙绿茶、中国香兰茶、海南红碎茶。

（十五）河南省

信阳毛尖、信阳红、固始仰天雪绿、桐柏太白银毫、金银花茶。

（十六）山西省

紫阳毛尖、西乡午子仙毫、南郑汉水银梭、镇巴秦巴雾毫、平利八仙云雾、商南泉茗、城固银毫。

（十七）山东省

莲山翠芽、浮来山浮来青、莒南玉芽、莒南松针、莒南雪芽、龙泉翠芽、胶南海青峰茶、莒南莒州青、日照雪青、沂蒙碧芽、临沭玉山茗芽、崂山矿泉茶。

（十八）台湾地区

冻顶乌龙、文山包种、阿里山乌龙茶、白毫乌龙、海山龙井、泡沫绿茶、泡沫红茶。

选购瓷器的一般方法

选购瓷器最重要的是要对瓷器的质量进行检验。在检查瓷器的质量方面有个“四字诀”，即看、听、比、试。

看，就是要将瓷器上下内外细细观察一遍。一看瓷器釉面是否光洁润滑，有无擦伤、小孔、黑点和气泡；二看形状是否规整，有无变形；三看画面有无缺损；四看底部是否平整，须放置平稳，无毛刺。

听，就是听轻轻弹叩瓷器发出的声音，如声音清脆、悦耳，则说明瓷胎细致密实，无裂损；如声音沙哑，就可断定瓷胎有裂损，或者瓷化不完全，这类瓷器经冷热变化易开裂。

比，就是比较。对配套瓷器，要比较各配件，看其造型及画面装饰是否协调一致。

试，就是试盖、试装、试验。有的瓷器带盖子，有的瓷器由几个元件组合而成，在挑选瓷器时，应将盖子试盖一下，将元件试组装一下，看看是否合适。

选购瓷器除上述“四字诀”外，还应该从成型、釉色、画工、烧成次数、作品数量及作者知名度等方面对瓷器的价值予以判定。成型方法主要有手工拉坯和注浆成型。手工拉坯的瓷器通常较重，且内部会有一圈一圈的纹路；而注浆成型的瓷器内部是平滑的，坯体上常常可以看到接合处所留下的缝线。一般来说，手工拉坯的瓷器价值较高。瓷器的釉料有些是从化工原料行购买的，有些是陶艺家自己调配的，其艺术价值自然有所区别。判别画工的优劣，一看色彩层次是否丰富，二看绘工是否精细，三看是手工绘制还是贴花或印花装饰。不同的装饰手法，其价值也有不同。当然，就艺术瓷器而言，作品的数量、作者在行业内的名气，都是直接影响艺术瓷器价值的重要因素。此外，一些忠于原作、制作精细的仿古瓷器也有比较高的艺术价值和收藏价值。

资料来源：国家旅游局人事司．导游知识专题．修订版．北京：中国旅游出版社，2014：324.

练习与实践

一、单项选择题

1. 导游员到达接站地点，而旅游团因某种原因未能乘坐计划的航班到达，这种情况称为（　　）。

A. 漏接　B. 空接　C. 误接　D. 失接

2. 旅游团中部分游客提出与原日程不符且涉及接待规格的要求时，导游员应该（　　）。

A. 婉拒　B. 报告地接社　C. 报告组团社　D. 与领队协商

3. 领队手中的计划与地陪的接待计划有部分出入时，地陪首先应（　　）。

A. 依照领队的计划　B. 依照地陪的计划

C. 报告组团社　D. 报告地接社

4. 下列内容中，（　　）不属于导游员致欢迎词时必讲的内容。

A. 向游客问候

B. 自我介绍，并介绍司机

C. 代表被委派旅行社、本人及司机欢迎游客

D. 介绍下榻饭店及餐厅

5. 导游员在讲解时避免面面俱到而突出某一方面的讲解方法是（　　）。

A. 问答法　B. 类比法　C. 突出重点法　D. 分段讲解法

6. 游客提出住更高标准的房间时，导游员的正确做法是（　　）。

A. 告知游客超标，不能满足

B. 如有房间，可予以满足，但游客要交付退房损失费和房费差价

C. 婉言拒绝

D. 请全陪报告组团社，由组团社决定

7. 在满足游客个别要求时，如果涉及费用问题，导游员应（　　）。

A. 明确及时地告知游客　B. 暗示游客可能发生费用

C. 自己先垫付，然后再告知游客　D. 索取发票到旅行社报销

8. 旅游者委托导游员给其在华工作的朋友转递一盒精装巧克力，导游员应（　　）。

A. 答应转递　B. 委婉拒绝　C. 请示领导　D. 征求领队意见

9. 旅游者上车后，导游员应有礼貌地清点人数，可以采用（　　）的方式进行。

A. 点报客人姓名　B. 请领队清点

C. 用手指指着客人清点　D. 默数

10. 某旅行团乘今天下午 16:00 的航班离开北京飞往香港，地陪应在（　　）之前把旅游团带到机场。

A. 13:00　B. 14:00　C. 14:30　D. 15:00

二、多项选择题

1. 地陪首次沿途导游的内容主要包括（　　）。

A. 致欢迎词　B. 风情导游　C. 风光导游　D. 饭店介绍

2. 旅游团抵达景点后，地陪的导游服务有（　　）。

A. 使旅游者明确参观游览结束后的集合时间和地点

B. 提醒旅游者记住旅行车的型号、颜色、标志、车牌号

C. 在参观游览过程中注意旅游者的动向

D. 在景点示意图前，地陪应向旅游者讲解游览线路，提醒游览注意事项

3. 下列关于旅游团在游览地用餐的说法中，正确的有（　　）。

A. 在游览地就餐时，为了照顾游客，地陪可与游客同席用餐

B. 用餐前，地陪应将本团团餐是否含酒水告诉游客

C. 地陪应提前落实订餐工作

D. 旅游团用餐期间，地陪应巡视 1～2 次，询问旅游者的意见

4. 在引导游客购买古玩时，导游员要注意（　　）。

A. 建议游客去文物商店或其他指定商店购买

B. 提醒游客保管好发票并且不要去掉古玩上的火漆印

C. 劝阻游客在地摊上选购古玩并告知我国有关规定

D. 如发现个别游客有走私文物的可疑行为要及时报告有关部门

5. 下列物品中，当旅游者要求转递时，导游员应婉拒的是（　　）。

A. 图书　　B. 普通信件　　C. 手提电脑　　D. 一盒月饼

6. 对新开放的旅游景点或不熟悉的参观旅游点，地陪应了解该处参观游览的有关情况，如（　　）等。

A. 开放时间　　B. 门票价格　　C. 最佳游览路线　　D. 厕所位置

7. 在前往景区游览参观的过程中，地陪应（　　）。

A. 重申当日活动安排　　B. 介绍景区购物环境

C. 讲解沿途风光　　D. 概括介绍景区

8. 地陪在送走旅游团后，应尽快返回地接社，处理后续工作。后续工作主要包括（　　）等内容。

A. 处理遗留问题　　B. 到财务部门结账

C. 汇报总结　　D. 归还所借物品

三、实践训练

1. 请以地陪的身份，分别写一篇欢迎词和欢送词，并在课堂上致欢迎词和欢送词。要求欢迎词和欢送词内容完整，致词的时候饱含感情、声情并茂。

2. 选择本市或本省的一处著名景点，撰写一篇导游词，并在课堂上进行讲解。要求语言生动、内容充实。

3. 选择你家乡的一道或几道美食，在课堂上做详细介绍，包括它名字的由来、历史、原料、做法、吃法、特点等，并回答同学们提出的相关问题。

4. 选择你家乡的一件或几件特色手工艺品、艺术品，在课堂上做详细介绍，包括它的历史、原料、制作工艺、特点、鉴赏方法、保养和使用方法等，并回答同学们提出的相关问题。

项目四 全陪导游服务

全陪是全程陪同导游人员的简称，是指受组团旅行社委派，作为组团社的代表，在领队和地方陪同导游人员的配合下实施接待计划，为旅游者提供全程陪同服务的工作人员。全陪导游服务亦称全陪服务，是全陪导游员为旅游团在旅游目的地的整个旅游过程中提供的陪同导游服务。那么，全陪可分为哪些类型？全陪的职责是什么？全陪的服务流程是怎样的？全陪服务要求具备什么样的基本技能？本项目将解答这些疑问。

项目目标

【知识目标】

1. 认识全陪导游的类型及其职责；
2. 掌握全陪导游服务的工作流程；
3. 了解全陪导游服务所需要的基本技能。

【能力目标】

1. 熟练掌握全陪导游服务的具体操作步骤；
2. 能够根据全陪服务程序和规范要求完成首站接团服务、各站服务、离站服务、途中服务、末站服务等各环节的接待任务。

依据旅游团队性质的不同，通常将全陪分为两种：一种是接待国际入境旅游团队时由中方组团社派出的全程陪同导游，主要负责安排外国团队在中国的全部行程。当客人需要到中国各地旅行时，组团社把行程的一部分分销给各地的接待旅行社，由各地旅行社派遣地陪负责安排在当地的行程。另一种是接待国内旅游团队时由组团社派出的全程陪同导游。全陪全程陪同团队并监督各地接待旅行社按接待计划完成接待任务。

全陪作为组团社的代表，应自始至终参与旅游团的活动，监督和检查地方接待社及其地方导游员（地陪）的导游服务工作和旅游计划的执行情况，负责旅游团途中各个环节的衔接工作，协调领队、地陪、司机等旅游接待人员的关系，以保证旅游团的旅游活动按计划顺利实施。

全陪应严格按照旅游合同和服务规范提供各项服务。根据旅游服务流程，全陪导游服务工作可分为六大任务，即接团前服务准备、首站接团服务、各站服务、途中服务、末站服务、后续工作（见图 4－1）。

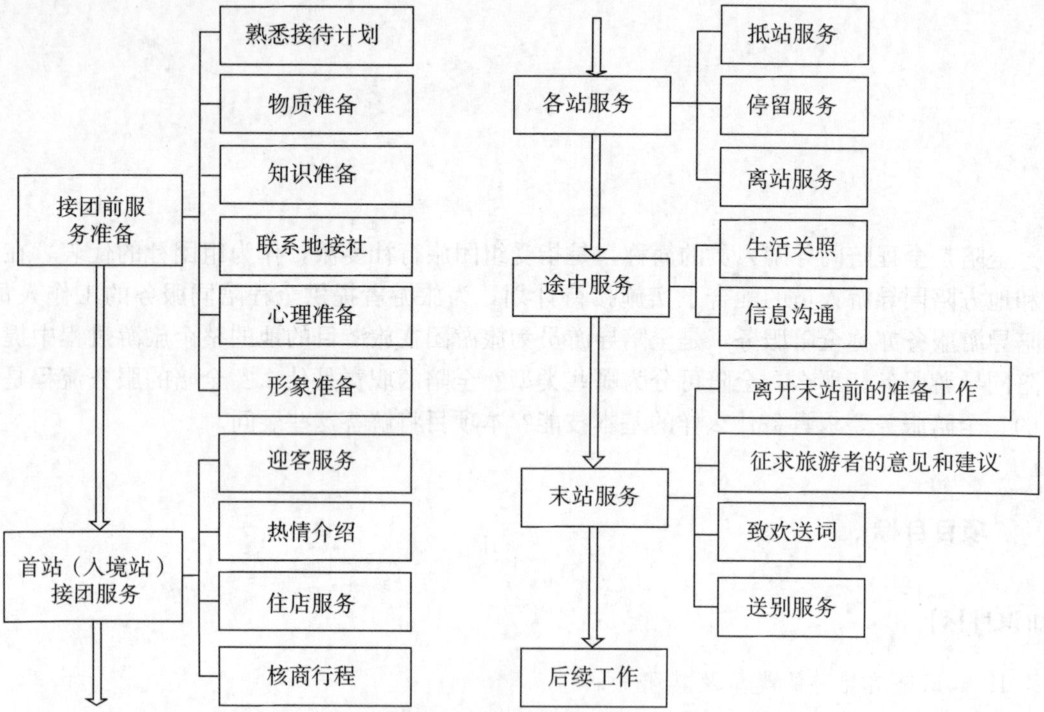

图 4－1　全陪导游服务流程图

任务一　接团前服务准备

全陪在接团前必须做好周密细致的准备，为圆满完成旅游团的全程陪同和接待任务奠定基础。全陪服务准备一般指从接到旅行社的接待计划书开始，至首站接团之前的这一时段，包括 6 个环节，如图 4－2 所示。

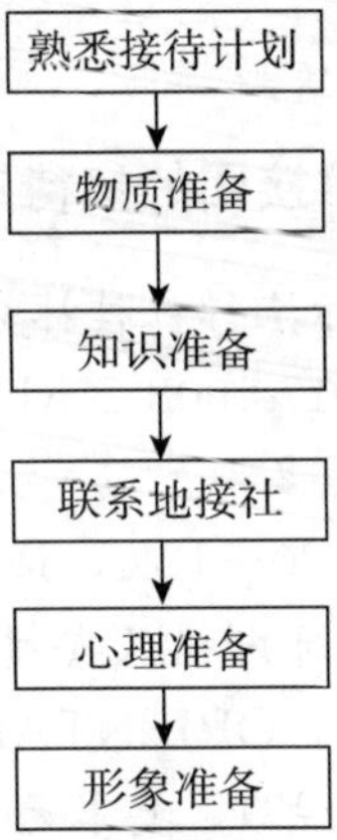

图 4－2　接团前的服务准备

一、熟悉接待计划

全陪在准备阶段应该认真研读旅游接待计划，对全程导游服务工作做到心中有数。研读接待计划主要包括两项内容。

（一）熟悉旅游团的基本情况

全陪认真研读接待计划，熟悉旅游团的基本情况，主要包括下列情况：

（1）客源地组团社名称，旅游团名称、人数，入境旅游团成员的国别及使用的语言，领队的姓名和联系方式。

（2）旅游团成员的人数、姓名、性别、年龄、职业、宗教信仰、生活习惯。

（3）了解团队内较有影响的成员，以及是否有需要特殊关照的旅游者，如记者、残疾人、老年人、小孩等。

（二）熟悉旅游团的行程安排

全陪应掌握旅游团的行程计划，以便更好地掌握旅游活动的节奏，为顺利地执行旅游团的行程计划奠定基础。在熟悉旅游团行程安排方面，全陪应了解下列情况：

（1）了解沿线各站的基本情况，包括历史人文、地理人口、气候特征、风土人情、景点特色等，根据旅游团的特点和要求，做好讲解和咨询的相关准备。

（2）了解交通信息，即旅游团在沿线各站的抵离时间，所乘交通工具的种类及档次，交通票据是否需要确认、有无变更等情况。

（3）了解住宿信息，即各站入住酒店的名称、星级，客房的设施以及特色。

（4）了解餐饮信息，如用餐标准、规格，风味餐的安排，团队成员是否有饮食禁忌等。

（5）了解旅游行程中是否有文娱节目、座谈、会见等特殊安排。

（6）了解旅游行程中各地接待社的信息，牢记各站联系人以及地陪的姓名、电话，以便于通信联系。

案例

全陪接团的接待计划

广西中国国际旅行社桂林分社多米假期

加拿大 GLDM-VCO17-1008-20M 团计划（9 月 28 日）

发：北京新世界、西安中旅、桂林多米、苏州文化

我社 GLDM-VCO17-1008-20M 团 20＋1 人，请按以下日程提供服务（见表 4－1），要求优秀法国陪同。请收到计划后 24 小时内确认安排。综合服务含计划指明正餐（请保证用餐质量）。请举 VOYAGES CIRCUIT ORIENTAL 接机。具体要求如下：

（1）酒店：请各地代订酒店（含西早），要求无烟房。用房 4 标 6 大床＋1 全陪，如无房差请尽量保证大床。

（2）交通：国际机票、国内机票由我方自订。其余地面交通请各地代订。请安排车况良好的空调车。

（3）全陪：王×× 130××××6679 身份证 4401051992××××××××

（4）特殊要求：请免费提供每人每天一瓶矿泉水，如有客人特别能喝水希望多要，也请酌情提供。请西安、苏州、桂林免费提供一件小礼物。团队每天在车上要给客人调换座位，保证每人都有机会坐在前排。

（5）购物：原则上安排北京景泰蓝/淡水珠；西安玉；桂林海水珠；华东丝绸。

请各地严格控制购物，切勿强行进店，如因购物造成投诉，责任自负。严禁医疗咨询和摄影及增加自费项目。

表 4－1 日程表

日期	城市	交通	时间	节目表	用餐	酒店
10 月 9 日 一	北京	CA880	17:20	接机，入住酒店 酒店自助晚餐	晚餐	日坛宾馆 全陪外住
10 月 10 日 二	北京			天安门广场、故宫、首都博物馆、大剧院 松鹤自助午餐、功夫秀	早/午/晚餐	日坛宾馆 全陪外住
10 月 11 日 三	北京			慕田峪（缆车上下）、胡同游（不在居民家午餐）、家访、花家烤鸭	早/午/晚餐	日坛宾馆 含全陪
10 月 12 日 四	北京			熊猫馆、颐和园、天坛 晚餐自理	早/午餐	日坛宾馆 含全陪
10 月 13 日 五	北京 西安	CA1225	15:20 17:30	北海、景山 接机，社会餐厅风味晚餐	早/午/晚餐	大雁塔假日 2 行政标
10 月 14 日 六	西安			兵马俑、清真寺、回民街 陕歌仿唐歌舞＋饺子宴	早/午/晚餐	大雁塔假日 2 行政标

续前表

日期	城市	交通	时间	节目表	用餐	酒店
10月15日 日	西安 桂林	CA1225	18:40 20:50	大塔广场、小雁塔（书法礼品） 接机，晚餐	早/午/晚餐	桂林大公馆
10月16日 一	桂林 龙脊			龙脊梯田、村寨 酒店自助餐	早/午/晚餐	桂林大公馆
10月17日 二	桂林 阳朔			阳朔—福利江游、银子岩（香包礼品）	早/午/晚餐	阳朔碧莲江景大酒店
10月18日 三	桂林 杭州	CA8814	13:55 15:55	伏波山、叠彩山 送机	早/午/晚餐	杭州武林万怡酒店
10月19日 四	杭州			船游西湖、花港观鱼（小丝绸围巾礼品） 上外山杭帮风味餐	早/午/晚餐	杭州武林万怡酒店
10月20日 五	杭州 苏州			寒山寺、拙政园、丝绸博物馆 松鹤菜馆苏帮风味餐	早/午/晚餐	苏州吴宫泛太平洋酒店
10月21日 六	苏州 上海			豫园、东方明珠塔、外滩	早/午/晚餐	上海西藏万怡酒店
10月22日 日	上海	CA991	9:40	返程送机	早餐	

二、物质准备

全陪上团前应做好必要的物质准备，携带旅游陪同所需的物品和相关资料，主要包括：

（1）身份证件和旅行证件。包括本人身份证、导游证、通行证（陪同港澳地区旅游团）、护照（陪同出境旅游团）等。

（2）接团资料和物品。包括接待计划、日程表、旅游宣传资料、讲解资料、全陪日志、各地接社地址、各地接社联系电话以及结算单、差旅费等单据和费用。

（3）个人物品。如手机充电器、备用药、少量现金等。

三、知识准备

全陪应根据旅游行程的活动安排、旅游团的特点与特殊要求，阅读和准备相关资料，充实相应的知识，主要包括：

（1）客源地（地区）知识。即了解旅游者所在国或地区的政治、经济、历史、文化、风俗和礼仪等知识，以便讲解时加以对比参考，加深旅游者印象。

（2）专题知识。根据旅游者的特点，准备一些热门话题、国内外重大新闻等旅游者可能感兴趣的话题，在行程中选择合适的时间展开讨论。

(3) 目的地知识。了解旅游线路所经各地的历史、地理、人口、风土人情的情况以及参观游览的景点知识。

(4) 专业知识。对于专业旅游团队，如地质考察团队、经济考察团队、佛教团队等，全陪还需要准备有关专业方面的知识。

四、联系地接社

在接到带团计划并带领旅游者开始旅游活动的前一天，全陪应设法与旅游目的地的地接社取得联系，特别是首站接待社，互通信息，妥善安排首站接团事宜，并准备好相应的交通票据。

五、心理准备

全陪在接待旅游团之前要做好常变常新的准备，以良好的心态去做好各项工作，要做好面对艰苦工作的思想准备，对在旅游过程中可能出现的旅游事故以及来自游客的抱怨甚至投诉要有足够的心理准备，做到沉着、冷静地应对。

六、形象准备

全陪的形象准备与地陪的基本相同，需要强调的是全陪因为要自始至终陪同旅游者旅行游览，工作时间比较长，应准备足够的换洗衣服，保持好全程陪同期间的个人卫生。导游人员形象的基本要求见表 4-2。

表 4-2　导游人员形象要求

内容	标准	注意事项
站姿	双脚直立、肩膀平行、胸部挺起、腹部收缩、头抬起、双手平放身体两侧或两手叠放于腹部	切忌：一腿直、一腿弯曲，歪着身子，动来动去，驼背，摇头晃脑，手插进裤袋中，叉腰，双臂交叉
服饰	穿戴大方、得体、清洁、卫生，符合职业身份	除手表和戒指外，一般不宜佩戴其他饰物
卫生	1. 头发须保持清洁和整齐；要经常洗头；男性导游人员头发一般鬓不过耳，每天要刮胡须；女性导游人员应束起长发或梳理短发 2. 手部清洁，手指甲须经常修剪清洗 3. 口腔清洁，常备口洁素和香味牙膏 4. 脚部卫生，选择质量上乘、大小合适的鞋，且要保持清洁、经常保养	忌吃生葱、生蒜等有异味食物
化妆	女性导游人员一般可化淡妆，不宜浓妆艳抹	注意时间和地点，不宜当众化妆
健康	保持饮食正常，注意饮食营养，保证充足的睡眠	
内在美	仪态高雅大方、谈吐清晰、常带微笑	需长期培养形成

续前表

内容	标准	注意事项
行姿	轻巧、稳重、大方、自然，上身需自然挺拔，立腰收腹，身体重心随着步伐前移；脚步要从容轻快、干净利落；目光要平衡，用眼睛的余光观察，必要时可转身、扭头观察游客	切忌摇头晃肩、低头无神、步履蹒跚；不要把手插在裤袋里
目光	一般应正视，视线平行接触游客，表示理性、平等，给游客以自信、坦诚、认真、和蔼可亲感，还应使用环视，在行动、讲解过程中用环视观察游客的动向和反应，使游客感到受关注	避免正视的时间过长，否则会变成逼视或盯视，引起误解或反感；避免眼神飘忽不定，产生心神不宁的效果
手势	握手：上身稍前倾，立正目视对方，面带微笑；握手时要摘帽，脱掉手套；通常初次见面时握一下即可，送别时握手可稍长一些	切忌握手时另一只手插在裤袋里、边握手边拍对方肩头或点头哈腰；一般情况下不要用左手握手；多人在一起避免交叉握手
	招手：表示招呼、致意、理解、再见；招手时应面带微笑	

任务二　首站（入境站）接团服务

全陪服务分为接待外国来华旅游团队和接待国内旅游团队两种类型，因此，全陪首站接团服务也分为两种：对于海外团队，是在其入境的首站接团，然后陪同其在国内旅行，团队内部管理工作由领队负责，全陪应协助领队维护好团队与国内旅游者的关系，处理双方之间的各种事务，保障团队旅游活动正常开展。对于自组的国内团，只是在规定的时间、地点集合成团，然后乘机或乘车到外埠旅行。全陪应做好团队内部管理工作以及与地接社的协调工作，带团圆满完成旅游活动。

首站（入境站）接团服务是全陪与旅游团之间建立良好关系的开端。全陪应主动争取地陪的配合开展工作，使旅游团抵达或集合后立即得到热情友好的接待，让游客有安全感和归属感。这是全陪在游客面前的第一次亮相，决定着游客对全陪的第一印象，是全陪全程陪同服务顺利开展的基础。全陪首站（入境站）接团服务包括迎客服务、热情介绍、住店服务、核商行程等四项内容。

一、迎客服务

（一）恭候入境旅游者

在接待入境旅游团时，全陪应提前半小时到达接站地点，与首站接待的地陪一起到机场迎接旅游团。全陪应协助地陪找到旅游团，以防错接。接到团后，全陪应与该团的领队见面，相互介绍，并向领队介绍地陪。之后，全陪应立即与领队核实旅游团的实到人数、行李件数、住房及餐饮等方面的情况。如果发现实际情况与接待计划有不一致的情况，全陪应及时报告目的地的组团社，再由该组团社通知各接待社。全陪还应协助领队和地陪清点旅游者的行李数量，核实后与行李员交接，由其送到旅游者下榻的饭店。

（二）恭候本地首发的国内旅游者

在陪同国内旅游团时，全陪应提前半小时到达组团社事先与旅游者约定的集合地点，恭候游客的到来。

二、热情介绍

全陪应重视与旅游者首次见面的介绍。在介绍时，全陪要热情饱满、言辞简洁，给游客留下良好的第一印象，以便尽快地取得旅游者的信任。全陪的介绍通常与欢迎词结合在一起。欢迎词主要内容包括：代表组团社对旅游者表示欢迎；自我介绍（同时将地陪介绍给全团）；表示为游客竭诚服务的真诚愿望；概略介绍旅游行程；预祝旅游活动顺利愉快；等等。

三、住店服务

旅游团入住饭店时，全陪的主要工作任务是使团队尽快完成登记手续，住进客房并拿到行李。

（一）入境旅游团

当入境旅游团抵达下榻饭店后，全陪应提供的服务包括以下内容：

（1）协助境外领队办理旅游团的住店手续。

（2）请领队分配住房，全陪要掌握住房分配名单，并与领队互通各自房号以便于联系；没有配备领队的由全陪分配住房。领队或全陪应掌握房间分配原则：一般情况下由旅游者自愿组合；团队中如果有夫妻，在旅游合同中明确表示需要安排在一起的，全陪要予以照顾，合同中未注明的也可以根据团队情况适当给予照顾；团队住房安排出现单男或单女情况时，按照旅游合同，住单间的旅游者需支付另一半费用；如果旅游者不愿住单间，可考虑安排一间三人房或标间加床，原则上由导游睡加床。

（3）热情引导旅游者进入房间，并及时向饭店总服务台反映和协助处理旅游者就客房设施、卫生等方面提出的问题。

（4）协助地陪与饭店行李员将旅游者行李分送到其入住的房间。

（5）如果地陪不住饭店，全陪要掌握饭店总服务台和地陪的联系电话，负责照顾好全团的旅游者。

案例

面对“问题房”

6月5日，安徽某旅行社导游员小宋带领一个20人的旅游团到景德镇、南昌、庐山和九江旅游。该团到达南昌后，地陪在安排他们游览了滕王阁后驱车来到下榻的宾馆。地陪立即为该团办好了入住手续，在向大家交代了有关事项后便离开了，于是小宋便协助游客们陆续进房。正当他看到游客们都进房了准备往自己的房间走时，一位游客气急败坏地跑过来说房间的床垫是坏的，要求立即换房。不一会儿，又有人拿着遥控器出来说电视机根本打不开，还有人说卫生间没有热水。该团领队对此很恼火，指着小宋说："你们安排的什么宾馆，条件这么差，我们要求换宾馆。"小宋见大家都很生气，而地陪又离开了，只有自己来处理了。于是，他镇定而又温和地说："大家辛苦了一天都想休息好，这我很理解。请大家少安毋躁，我一定为大家解决。至于换宾馆，请听我解释一下，大家原定的住宿标准是挂牌二星，这家宾馆虽是老宾馆，设施陈旧了一些，但确实是挂牌二星，不信大家可去前厅确认。如要换宾馆，则要通知旅行社临时联系，也不一定能顺利订到房，恐怕还要耽误大家更多的时间。至于大家提到的房间存在的问题，我马上找宾馆联系解决，请大家先回房稍等。"说完后，小宋立即到前台，协同两名服务员逐一走访房间、解决问题，直到每个房间的客人基本满意后，小宋才松了一口气。第二天一早，当地陪来到宾馆接客人时，小宋悄悄将昨晚发生的事情告诉了地陪，并希望他参观游览时讲解好、服务好，让该团游客逐渐淡忘这件不愉快的事情。

资料来源：全国导游资格考试统编教材专家编写组．导游业务．北京：中国旅游出版社，2017.

请思考：简要评述全陪小宋面对"问题房"的处理方式。

提示：(1) 面对游客对住房的不满、情绪很大时，全陪小宋没有将责任推卸给地接社和地陪，而是主动承担下来，显示了对游客负责任的态度。(2) 针对领队和游客提出换宾馆的要求，小宋实事求是地进行了说明，求得了游客的理解，使游客的情绪得以稳定。(3) 在游客的情绪稍微稳定后，小宋果断地答应解决问题，并积极地同宾馆进行了协调，使问题得到迅速处理，直到游客基本满意为止。(4) 为了淡化游客的不满和防止对随后旅游活动造成影响，第二天小宋又私下关照地陪，提醒其在讲解和服务中投入更大的热情，对住宿设施存在的不足进行弥补。

(二) 本地首发的旅游团

当本地首发的旅游团抵达下榻饭店后，全陪应在地陪的协助下，及时办理旅游团的入住手续，根据旅游者的要求和旅游协议的约定分配住房，并掌握住房分配名单。然后，全陪在地陪的帮助下引导旅游者进入客房，协助其处理旅游者入住房间后可能出现的问题。

四、核商行程

全陪应认真与领队、地陪核对和商定旅游活动行程安排。商讨行程时应以接待计划为依据，尽量避免较大的改动。地陪如提出计划变更建议，全陪应要求其做出合理的解释，发现较大的变动应及时向组团社报告。具体的工作要求包括：

(1) 全陪应主动与地陪核实各自所持的旅游活动计划和日程安排是否一致，如果有差异应立即与组团社联系，查明原因。

(2) 全陪应注意上下站之间行程安排是否合理，尽量减少活动安排内容的重复出现，必要时可要求地接社做出微调。

(3) 旅游活动日程安排一般以组团社与旅游者商定的行程为依据。全陪应坚持"调整日程可以、变动计划（增减旅游景点）慎重"的原则。

任务三　各站服务

旅游团在各站的行、游、食、住、娱、购通常以各地的地陪的安排为主。全陪在旅游线路上的各站服务主要包括以下几个方面：做好各站之间的有机衔接，确保各站提供的各项服务适时、到位；对照接待计划检查和督促各站服务工作，保证旅游接待计划顺利实施；保护旅游者人身、财产安全，预防和及时有效地处理可能发生的突发事件。具体而言，全陪为旅游团提供的服务包括抵站服务、停留服务和离站服务。

一、抵站服务

旅游团抵达某地前后，全陪应提供的服务主要涉及联络通报和工作接洽两项内容。

（一）联络通报

全陪在离开上一站之前应及时向下一站负责人通报旅游团的情况，内容包括旅游团离开上一站和抵达下一站的确切时间、所乘航班号（车次、船次）、有无人员变动、游客的要求、自己的意见和建议等。

（二）工作接洽

当旅游团抵达某地后，全陪应做好与地陪的任务接洽和传递工作，包括如下任务：

（1）带团出站。旅游团抵达某地后，全陪应走在旅游团前面，手举组团社的社旗，带领旅游者到指定的出站口出站。

（2）联系地陪。全陪带领旅游团出站后，应及时联系地陪，与其见面并向其问好。

（3）行李交接。全陪应将旅游团的行李托运单交给地陪。

（4）全陪应尽快将地陪介绍给旅游者，并向地陪介绍旅游团成员的情况，转达他们的建议和要求，如旅游团饮食要求、旅游团成员的兴趣爱好、个别游客的个性要求等，以便地陪采取更有效、更有针对性的工作方法。

二、停留服务

旅游团在各站停留期间，全陪的主要工作包括协助地陪工作、检查监督各站的服务质量、保护旅游者的安全。

（一）协助地陪工作

全陪因自始至终参与旅游团的活动，对旅游团的情况有比较好的了解，因此，全陪应主动与地陪合作，协助地陪做好各项工作。全陪协助地陪的工作主要包括住店服务和景点服务。

1. 住店服务

当旅游团入住饭店时，全陪应协助领队或地陪办理旅游团的入住登记手续，并掌握旅游团的住房名单。如果遇到饭店压缩预订房间，而订房单位是组团社，全陪应负责处理；如果地陪不住饭店，全陪应负责照顾好旅游团的旅游者。

2. 景点服务

旅游团在景点游览时，全陪的服务职责包括如下几点：

（1）督促旅游者跟团。一般是地陪带团前行，全陪应走在旅游团的后面，招呼落后的旅游者跟上团队，并不时地清点人数，防止旅游者走失。

（2）寻找走失的旅游者。如果发现有旅游者走失，一般情况下应由全陪和领队分头寻找，地陪则应带领旅游团的其他旅游者继续按计划进行游览活动。

（3）陪同零散旅游者。当游览活动中需要登山，而少数年老体弱的旅游者不愿登山时，全陪应留下来照顾他们，地陪则带领其他旅游者爬山。

（4）照顾生病的旅游者。如果遇到某位旅游者在旅游途中突然患病，一般由全陪及患者亲友将其送往医院，地陪则带团继续按计划开展游览活动。

（二）检查监督各站的服务质量

检查各站的服务质量并监督接待计划的实施是全陪的一项重要任务，其具体的工作内容主要包括以下几个方面：

1. 服务质量

全陪应以国家和行业的质量规范为主要依据，检查各站地接社和地陪在交通、住宿、餐饮与地方导游服务等方面的服务质量是否达到了国家和行业的相关质量标准。

2. 计划落实

全陪应根据组团社提供的旅游团计划，检查和监督各地接待社在旅游活动中执行和落实接待计划中各项安排的情况。

3. 计划调整

全陪应及时向地陪了解旅游团在当地的旅游活动安排。如果发现活动安排与上一站有明显的重复或雷同，全陪应诚恳地向地陪提出调整安排的建议，必要时向组团社汇报。

4. 督促改进

全陪应通过观察和征求旅游者意见的方式检查各地旅游产品的供给质量，当发现有减少规定游览项目和降低质量标准的情况时，应及时向地陪或地接社提出改进或补偿意见，必要时向组团社报告。

（三）保护旅游者的安全

保护旅游者的人身和财产安全是全陪的一项重要工作，因为这不仅关系到旅游者的安危和切身利益，而且关系到旅游目的地和旅游企业的形象以及旅游活动的顺利进行。因此，全陪应采取以下安全防范措施：

（1）当旅游团入住饭店时，全陪应提醒旅游者将贵重物品放在前台保险柜中，晚上入睡前关好门窗。

（2）当旅游团登车和集合时，全陪应及时清点人数；下车时，提醒旅游者带好自己的随身物品。

（3）景点参观游览中，全陪应走在旅游团的后面，密切关注周围的环境和旅游者的动向，防止意外事故发生或游客走失。

（4）当旅游团抵离各站时，全陪应和地陪一起清点旅游团的行李。

三、离站服务

旅游团结束某一地的旅游活动，准备前往下一站前，全陪应做好下列工作，确保旅游团按计划顺利离站：

（一）离站前的准备工作

全陪应主动提醒地陪核实旅游团离站的交通工具、交通票据以及离站的准确时间。如果离站时间因故发生变化，全陪得知确切的信息后应及时通知下一站；在离开饭店前往机场或车站、码头前，全陪要向旅游者讲清航空、铁路、水运等部门有关行李托运或携带的规定，超重部分要按相关规定缴纳超重行李费等情况；帮助有困难的旅游者捆扎行李，并请旅游者将行李上锁；协助地陪清点旅游团的行李件数并与行李员办理交接手续。

（二）离站时的服务工作

离站时，全陪应与地陪交接交通票据和行李托运单据，清点核实无误后妥善保存，以便到下一站时顺利出站；全陪应与地陪和司机话别，对他们的热情工作和给予的支持表示感谢；如果遇到旅游团所乘的航班延误时，全陪应主动与航空公司联系，协助其安排旅游者的餐饮或住宿。

任务四　途中服务

全陪的途中服务，指的是全陪在陪同旅游团离开某个旅游目的地，前往下一站的路途上为旅游者提供的服务。其服务始于旅游团通过机场（车站、码头）的安全检查，进入候机室（候车室、候船室），终于飞机（火车、轮船）抵达下一站，旅游团走出机场（车站、码头）。如果陪同国内旅游团，全陪需要独自承担整个旅游团的服务工作；如果陪同入境旅游团，全陪在领队的协助下开展服务工作。全陪的途中服务内容主要包括生活关照和信息沟通两项工作。

一、生活关照

在旅游团前往下一站的途中，无论乘坐何种交通工具，全陪都应提醒旅游者注意安全，安排好他们的旅途生活，为旅游者提供生活照料服务，具体工作如下：

（一）乘坐飞机时的服务

当旅游团乘坐飞机前往下一站时，全陪或领队应协助旅游者办理登机、安检和行李托运等有关手续，引导旅游者从规定的登机口登机。对晕机或晕车的旅游者给予关怀和照顾。

（二）乘坐火车或轮船时的服务

当旅游团乘坐火车或轮船旅行时，全陪或领队应为旅游者分配好包房与卧铺铺位。

（三）订餐服务

旅游者如果在途中需要用餐，全陪或领队在安顿好旅游者之后，应立即向列车或轮船的餐厅负责人订餐，讲清用餐人数、标准和旅游者的口味要求。

（四）活跃气氛

在旅游途中，全陪可根据旅游者的特点和旅途中的具体情况，组织一些娱乐活动或者专题讲解，活跃旅游团的气氛，使旅行变得轻松愉快。

（五）照料生病旅游者

在旅游途中，如果有旅游者患病，全陪或领队应设法联系附近的医院，送其就医。

二、信息沟通

在旅游途中，全陪应了解旅游者的最新需求动态，加强与旅游者之间的信息沟通，回答旅游者的各种问题，征求他们对旅游服务质量的建议，并保存好有关票据。具体工作如下：

（一）了解旅游者

全陪应利用陪同旅游团的机会，了解旅游者的需求和爱好，把握其最新的动态，调整服务策略，使旅游服务接待更有针对性。

（二）解答疑问

全陪要了解客源地和目的地的有关情况，回答和解释旅游者对旅游活动的问题和疑惑。

（三）征求建议

全陪应利用与旅游者途中交谈的机会，了解他们对前一阶段旅游接待服务质量的评价和建议，以便及时改进工作。

（四）保管票据服务

全陪应保管好机（车、船）票和行李托运单，抵达下一站时将其交与负责接待该团的地陪。

任务五　末站服务

末站（离境站）服务，指全陪在旅游活动即将结束时为旅游者提供的各项服务。为了使旅游者顺利离开末站，全陪应做好末站服务工作，给旅游者留下美好的印象。全陪的具体工作包括以下内容。

一、离开末站前的准备工作

（1）落实好返程的交通票据。在离开末站之前，全陪应督促地接社落实好旅游团返程的交通票据并及时向旅游者通报。全陪一般应在旅游团离站前一天拿到交通票据，票据原则上暂由领队或全陪保管，登机或上车前分发给旅游者。

（2）提醒旅游者保管好自己的物品和证件。全陪应与地陪结清各种账单，保存好相关票据；提醒旅游者带好自己的行李和物品，尤其不要把旅行证件存放在托运的行李中；如果是出境旅游团，还要提醒旅游者带好护照、签证、海关申报单、购物发票，特别是文物与贵重药材的发票和证明。

（3）提醒地陪安排好送站车辆和离站时间，确保旅游团在规定的时间内到达机场或车站。

二、征求旅游者的意见和建议

在旅游行程即将结束时，全陪应主动征求旅游者对整个接待工作的意见和建议，作为旅行社改进服务的依据。具体工作包括：

（1）对旅游者给予旅游接待工作的支持和合作表示衷心的感谢，对工作中的失误或硬件设施不足带来的不便表示歉意，请求旅游者给予谅解；主动征求旅游者对全程旅游服务工作的意见和建议，以便今后更好地提高服务质量。

（2）发放旅游者意见反馈表（见表 4－3），请旅游者填表并签名，及时收回意见表。全陪要妥善保管这些表，送团后交给组团社备案。

表 4－3　　旅游者意见反馈表

团号		行程		
全陪姓名		地陪姓名		
旅游者姓名		联系电话		
城市				
评价	很好	好	一般	差
行程安排				
住宿安排				
餐饮安排				
交通安排				
购物安排				
娱乐安排				
司机服务态度				
全陪服务态度				
全陪业务水平				
地陪服务态度				
地陪业务水平				
团队气氛活跃				
您对本次旅程的总体评价				
您的意见及建议：				

三、致欢送词

全陪向入境旅游团致欢送词可安排在赴车站、机场途中进行；对国内旅游团队致欢送词则应在返回当地后团队解散前进行。欢送词应包括感谢合作、回顾行程、惜别之情、美好祝愿等内容。全陪的欢送词应总结团队整个行程，内容表达更全面和宏观一些，避免与地陪的欢送词雷同。

案例

一位全陪的欢送词

各位尊敬的朋友：

我们为期10天的丝绸之路的旅程到此就结束了。非常感谢大家一路上对我们工作的理解、配合和支持。正因为有了您的合作，我们的行程才能够顺利完成。在这10天的工作中，本人肯定有做得不周到的地方，希望您能够谅解，同时恳请您提出宝贵意见。

在这10天中，我们游览了被称为“世界第八大奇迹”的秦始皇兵马俑，登上了万里长城的最西端嘉峪关，参观了亚洲最大的风力发电站，在目前世界上最长的一条沙漠公路——塔里木沙漠公路上奔驰了100多公里，品尝了南北疆鲜美香甜的瓜果，感受了在火焰山烤鸡蛋的无穷乐趣，体验了热闹非凡的篝火晚会和新疆独特的民俗风情。相信大家都玩得很开心。在这10天的游览活动中我们建立了深厚的友谊，真舍不得与你们告别！希望大家以后能多联系，也希望大家再次选择我们旅行社。最后，祝愿大家旅途顺利，未来的日子里工作顺利、身体健康、万事如意！谢谢！

四、送别服务

如果是入境团离站，全陪应把旅游者送入机场出境厅安全检查口，并与客人握手告别；如果是国内旅游团，则在返回本地后与客人握手告别，欢迎他们再度光临。

任务六 后续工作

送别旅游团后，全陪应认真总结带团的经验与体会，将其作为提高自己导游服务水平的重要途径。全陪的后续工作包括以下内容：

（1）认真处理好旅游团遗留的问题，提供可能的延伸服务。如有旅游者委托代办的事务，要及时处理办妥；如有重大事件或事故发生，要向旅行社汇报。

（2）认真填写全陪日志和组团社要求的各种资料。全陪日志（见表4－4）的内容包括：旅游团的基本情况；旅游日程安排及乘坐飞机、火车、轮船的情况；各地接待服务质量以及旅游者对各项旅游服务的满意程度；发生的问题及处理的经过；旅游者的意见反馈和建议等。

表4－4　　全陪日志

单位/部门		团号	
全陪姓名		组团社	
境外领队姓名		国籍	
接待时间	年　月　日至　年　月　日	人数	大　小

途经城市				
团内重要客人、特殊情况及要求				
该团发生的问题及处理情况				
全陪意见及建议				
全陪对全过程服务的评价	合格（　　）		不合格（　　）	
行程状况	顺利	较顺利	一般	不顺利
客户评价	满意	较满意	一般	不满意
服务质量	优秀	良好	一般	比较差
全陪签字： 日期	部门经理签字： 日期		质管部门签字： 日期	

（3）结清账目，归还物品。全陪应在旅行社规定时间内向财务报账，结清该团账目，同时归还所借物品。

项目小结

本项目围绕全陪导游人员服务的工作流程和任务，从服务准备、首站接团、各站服务、途中服务、末站服务、后续工作等方面阐述了全陪导游工作的具体操作步骤和服务规范，明确全陪在旅游服务中的工作重心是陪同，核心任务是带好团队，监督地方接待旅行社认真执行旅游合同，沟通各站之间的联系。全陪在导游集体中处于领导地位，其责任重大，既要对旅游者负责，又要对组团社负责，团队重大事宜都必须由全陪亲自督促处理。学习本项目，有助于我们更好地掌握全陪服务的质量要求和基本服务技巧，能够胜任全陪的工作。

拓展知识

铁路交通知识

一、列车种类

我国列车分为国内旅客列车和国际旅客列车。我国高速铁路发展迅速，通车里程已居世界第一，拥有“四纵四横”为重点的高速铁路网。“四纵”即北京—上海、北京—香港、北京—哈尔滨和杭州—深圳，“四横”即青岛—太原、徐州—兰州、南京—成都和杭州—昆明。火车已成为舒适、便捷、安全的旅游交通工具。

（一）列车的编号

我国铁路每天开行的列车数以百计，为了区别不同方向、不同种类、不同区段和不同时刻的列车，就需要为每一列车编排一个标识码，这就是车次。车次用阿拉伯数字表示，客车车次还要在阿拉伯数字前加上列车种类汉语拼音的首字母。为了保证行车安全，维护运输秩序和车次编码的规范化，规定全路向北京、支线向干线或指定方向的为上行方向，车次编为双数；反之为下行方向，车次编为单数。

（二）旅客列车类型

旅客列车，指以客车（包括代用客车）编组的，运送旅客、行李、包裹、邮件的列车。按其运行距离远近和运行速度分为以下种类：高铁列车（G）、城际动车组列车（C）、动车组列车（D）、直达特快旅客列车（Z）、特快旅客列车（T）、快速旅客列车（K）、普通旅客列车（车次前无字母）。此外，在节假日、春秋旅游季节开行的列车有：临客普快列车（L）、郊游临客快速列车（Y）、郊游旅客列车（JY）。

二、车票

（一）车票种类

火车票包括客票和附加票两部分。客票部分为软座、硬座。附加票部分为加快票、卧铺票、空调票。附加票是客票的补充部分，除儿童外，不能单独使用。为了优待儿童、学生和伤残军人，中国铁路还发售半价票。半价票分为儿童半价票、学生半价票和伤残军人半价票三种。还有铁路乘车证和特种乘车证等。

（二）儿童票

身高1.2～1.5米的儿童乘车时，应购买儿童票。一位成年旅客可以免费携带一名身高不足1.2米的儿童。如果身高不足1.2米的儿童超过一名，则一名儿童免费，其他儿童应购买儿童票。身高超过1.5米的，应购买全价座票。成年旅客持卧铺车票时，儿童可以与其共用一个卧铺，并按上述规定免费或购票。儿童单独使用一个卧铺时，应另行购买全价卧铺票。

三、乘车要求

（一）持有效身份证乘车

旅客必须持车票和与票面所载身份信息相符的有效身份证件原件进站乘车。票、证、人不一致或无法出示有效身份证件的旅客，不得进站乘车。

（二）免费携带行李的重量及尺寸

每名旅客免费携带物品的重量和体积是：儿童（含免费儿童）10千克，外交人员35千克，其他旅客20千克；每件物品外部尺寸长、宽、高之和不超过160厘米，杆状物品不超过200厘米，但乘坐动车组列车不超过130厘米，重量不超过20千克。残疾人代步所用的折叠式轮椅不计入上述范围。

（三）禁止携带物品

根据国务院颁布的《铁路安全管理条例》，铁路进站乘车禁止和限制携带的物品包括：枪支、子弹类，爆炸物品类，管制刀具以及可能危及旅客人身安全的其他器具，易燃易爆物品，剧毒性、腐蚀性、放射性、传染性、危险性物品，危害列车运行安全或公共卫生的物品等。

（四）禁止吸烟

自2016年8月15日起，全国所有动车组都禁止旅客在车内吸烟，违者将受到公安行政处罚。

练习与实践

一、单项选择题

1. 全陪应主动帮助地陪认找旅游团，（　）。

A. 避免误机　B. 避免空接　C. 以防错接　D. 以防漏接

2. 全陪与旅游者首次见面的介绍通常与（　）结合在一起。

A. 欢迎词　B. 日程核商　C. 沿途导游　D. 风光介绍

3. 全陪在与地陪核对和商定旅游日程安排时应以（　）为依据。

A. 游客意见　B. 接待计划　C. 旅游法规　D. 当地法规

4. 在核商旅游活动日程时，如果全陪发现地方接待社对活动日程做了较大变动，应及时向（　）报告。

A. 地接社　B. 旅游团　C. 组团社　D. 旅游局

5. 全陪导游人员应在离开上一站之前向（　）通报旅行团的情况。

A. 计调部　B. 组团社　C. 上一站　D. 下一站

6. 在旅游团抵达某地时，如有行李托运，全陪应将旅游团行李托运单交给（　）。

A. 地方导游人员　B. 地接行李员　C. 饭店行李员　D. 旅游团领队

7. 当入境旅游团进入所下榻的饭店后，全陪应协助（　）办理入住登记手续。

A. 地陪　B. 旅游团领队　C. 饭店服务员　D. 地接行李员

8. 当本地首发的国内旅游团进入所下榻的饭店后，（　）应为旅游团办理入住登记手续。

A. 地陪　B. 旅游团领队　C. 全陪　D. 地接行李员

9. 国内旅游团在景点游览时，（　）应走在旅游团的后面，招呼落后的旅游者。

A. 地陪　B. 旅游团领队　C. 景区讲解员　D. 全陪

10. 如果入境旅游团预定乘坐的航班（车次、船次）离开当地的时间发生变化，全陪应在得到确切信息后，迅速通知（　）。

A. 下一站的地接社　B. 客源地的组团社
C. 目的地的组团社　D. 其后各站地接社

二、多项选择题

1. 全陪在接团前准备阶段的工作主要包括（　）等内容。

A. 熟悉接待计划　B. 相关知识准备
C. 制定活动日程　D. 相关物品准备
E. 首站接待联系

2. 全陪的首站（入境站）接团服务包括（　）等内容。

A. 联系司机　　B. 等候迎客　　C. 热情介绍　　D. 入店服务

E. 核商日程

3. 全陪与旅游团首次见面的介绍主要内容包括（　　）。

A. 向全团自我介绍　　B. 代表组团社和个人对游客表示欢迎

C. 介绍主要旅游景点　　D. 表示为游客提供服务的真诚愿望

E. 概略介绍旅游行程

4. 全陪带领旅游团抵达下一站时应提供的服务主要有（　　）等。

A. 联络通报　　B. 沿途导游　　C. 自我介绍　　D. 景点介绍

E. 接洽传递

5. 旅游团在各站停留期间，全陪的工作主要有（　　）。

A. 协助地方导游人员的各项工作　　B. 提供导游讲解服务

C. 保障旅游者安全　　D. 检查各站的服务质量

E. 安排旅游团的活动日程

6. 全陪应协助地方导游人员做好（　　）等方面的工作。

A. 住店服务　　B. 导游服务　　C. 景点服务　　D. 日程安排

E. 项目落实

7. 旅游团在景点游览时，全陪提供的服务主要包括（　　）。

A. 督促旅游者跟团　　B. 历史典故的讲解

C. 寻找走失的旅游者　　D. 陪同零散旅游者

E. 照顾生病的旅游者

8. 全陪应通过（　　）等途径对各站的接待服务质量和接待计划落实情况进行检查和监督。

A. 服务类型　　B. 计划实施　　C. 计划调整　　D. 督促改进

E. 审核团费

9. 在旅游团结束在一地的旅游活动，准备前往下一站前，全陪应做好（　　）等工作。

A. 提醒地方导游人员核实旅游团的交通票据

B. 清点和交接行李

C. 向地陪致谢

D. 向司机致谢

E. 与饭店结算

10. 途中服务是指全陪在陪同旅游团离开某个旅游目的地，前往下一站的路途上为旅游者提供的服务，主要有（　　）等内容。

A. 向乘务人员介绍旅游团情况

B. 做好旅游者生活照料服务

C. 向服务人员致谢

D. 与旅游者进行信息沟通

E. 保管好交通票据和行李托运单

三、实践训练

1. 全陪在接到旅行社的接待计划后，应做哪些接团准备?

2. 在商定日程时，如果旅游者对日程提出修改意见，全陪应该如何处理? 如果全陪的接待计划与地陪的接团计划有很大的不同，全陪又该如何处理?

项目五 出境领队服务

近年来，随着我国经济的快速发展，我国出境旅游业务呈现高速增长的趋势，因而出境旅游团队导游的领队人才出现了供不应求的局面。由于我国出境旅游一般采用组团方式，由旅行社委派的领队带队旅行，因此，领队在旅游团中既是服务人员，也是团队的领导，又是旅游者合法权益的维护者和文明旅游的引导者，具有不可替代的地位。领队是国内组团社和团队利益的代言人，对组团社认真履行旅游合同、提高旅游者的满意度、维护旅游者生命安全起到重要作用。那么，境外领队应如何履行自己的职责？其具体的服务流程是怎样的？有什么样的技能要求？本项目将带领大家了解这些知识。

项目目标

【知识目标】

1. 了解领队的概念及职责；
2. 掌握出入境的有关知识；
3. 掌握境外领队导游服务的具体工作流程；
4. 了解境外领队导游服务所需要的技能要求。

【能力目标】

1. 熟练掌握境外领队导游服务的基本操作程序；
2. 理论与实践相结合，培养境外领队导游服务的基本技能。

领队指按照国家文化和旅游部的规定取得出境旅游领队证，接受具有出境旅游业务经营权的国际旅行社的委派，从事出境旅游领队业务的人员。而领队业务指的是为出境旅游团提供旅途全程陪同和有关服务，作为组团社的代表，协同境外接待社完成旅游计划安排，以及协调处理旅游过程中相关事务等的活动。

《旅游法》第三十九条规定：从事领队业务，应当取得导游证，具有相应的学历、语言能力和旅游从业经历，并与委派其从事领队业务的取得出境旅游业务经营许可的旅行社订立劳动合同。这里的相应学历指大专以上学历；相应的语言能力，指的是与出境旅游目的地国家（地区）相对应的语言能力；相应的旅游业从业经历，指的是2年以上旅行社相关岗位从业经历。

按照国家规定，组团社不为出境旅游的旅游团队安排专职领队的，由旅游行政管理部门责令改正，并处5 000元以上2万元以下的罚款，还可暂停其出境旅游业务经营资格；多次不安排专职领队的，则可取消其出境旅游业务经营资格。

出境领队的职责是陪同旅游者由集合地出发到旅游目的地，结束旅程后，再与旅游者一同返回到集合地。在整个行程中，出境领队负责监督接待旅行社的服务质量，落实旅游合同执行情况，协助地陪的工作，共同完成旅游接待任务，在旅行社之间、旅游者和全陪以及地陪等之间起沟通和桥梁作用。

出境领队应严格按照导游服务质量标准和旅游合同提供各项服务，其主要的工作内容包括出团前服务准备、出入境服务、境外随团服务、他国（地区）离境及返程入境服务和后续工作。如图5-1所示。

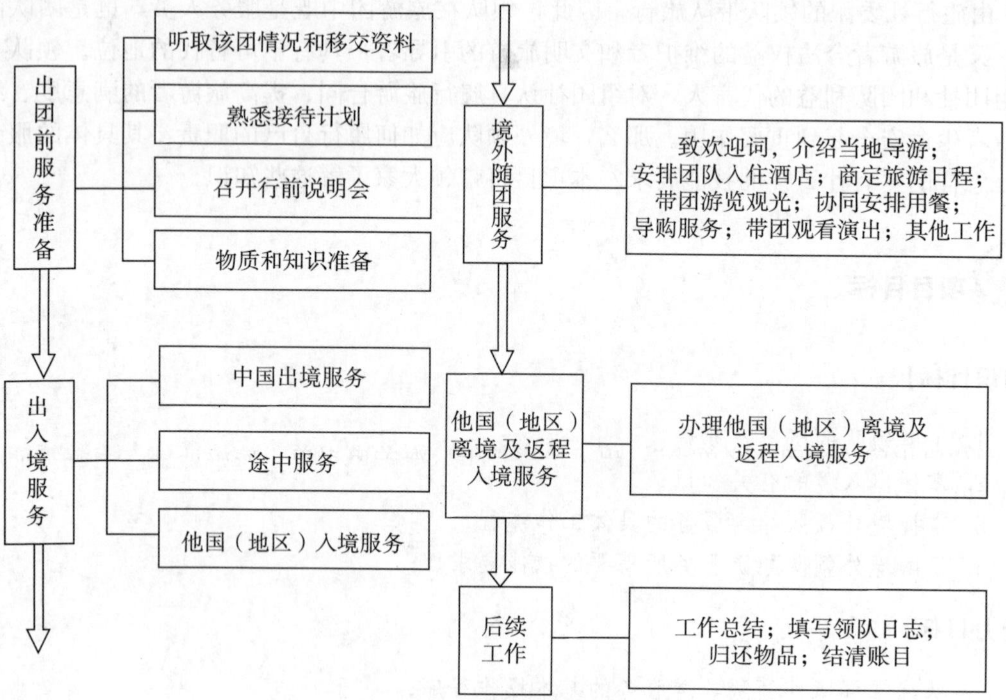

图5-1　领队服务程序

任务一 出团前服务准备

当接到出境旅游团的任务后，领队在精神上、物质上都要做好充分准备，认真核对旅行社计调人员移交的出团资料，分析出团计划中的内容，掌握全团旅游者的信息，开好行前说明会，做好出境行装准备，并做好了解目的地国家或地区的著名景区知识的准备。包括听取计调人员以及出境旅游团队对该团的情况介绍和核对移交的资料；熟悉出境旅游团的旅游接待计划；召开行前说明会；做好有关出团的物质准备等，具体如图 5－2 所示。

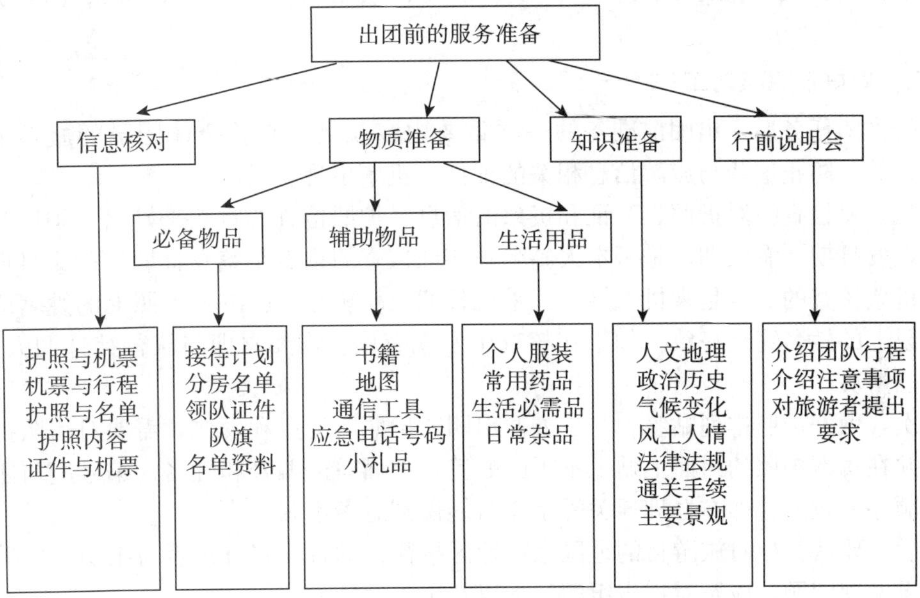

图 5－2 领队出团前的服务准备工作

一、听取该团情况介绍和核对移交资料

（1）领队要认真听取所带出境旅游团的情况介绍，内容包括该团队成员大致构成情况；团内需要特殊照顾的对象、具有影响力的知名人士等重要客人的情况；该团的完整旅游行程；该团特殊安排与团员的特别要求；该团行前说明会的时间安排。

（2）出境旅游团计调人员向领队移交该团的有关资料，主要包括“出境旅游行程表”、“中国公民出国旅游团队名单表”、出入境登记卡、海关申报单、旅游证件、旅游签证或签注、交通票据、接待计划书和联络通讯录等。其中，“出境旅游行程表”由计调人员转交给领队，领队在行前说明会上发给旅游者。其内容包含旅游线路、时间安排、景点简介；交通工具的安排；食宿标准/档次；购物安排和自费项目；组团社和地接社的联系人和联络方式等。“中国公民出国旅游团队名单表”，由国务院旅游行政部门统一印刷，下发给本年度出国旅游团队填写。旅游者及领队的信息均应当填写在该表中。“中国公民出国旅游团队名单表”通常一式四联，分为出境边防检查专用联、入境边防检查专用联、旅游行政部门审验专用联、旅行社自留专用联。领队带团只需携带其中的前两联。

二、熟悉接待计划

（一）熟悉旅游团的基本情况

如成员姓名、性别、年龄、职业、需要特殊照顾的对象、旅游团的特殊要求等；还要熟悉出游的国家或地区，入境口岸，旅游目的地国家或地区接待社的社名、联系人、联系电话和传真等。

（二）掌握旅游线路，熟悉各旅游目的地的概况

如政治、历史、地理、文化、气候、饮食、风土人情、主要旅游景点及项目的概况等。

（三）做好信息核对工作

接受带团任务后，出团前准备的一项重要内容就是要查验全体团员的旅游证件、签证、机票等，防止这些与旅游信息相关的证件、机票出现差错。

首先，要检查核对护照、签证和机票的信息。护照检查的重点是姓名、护照号码、签发地、签发日期、有效期、是否本人签名。签证核查的重点是签发日期、截止日期、签证号码。机票核查的重点是乘机人姓名、乘机日期、航班号。旅游者护照上的姓名应当与签证、机票上的姓名完全一致。如果在核查中发现有误，需要立即与旅行社计调人员沟通，尽快加以解决。

其次，做好护照排列贴签。为了方便出团时护照的清点和发放，需要对团队护照进行排序，并在每本护照的封面上贴上不干胶贴签，上面写上编号和姓名，编号应与团队名单表上的顺序一致。这样在办理通关等手续时能做到有条不紊。

最后，要认真核对旅游目的地国家或地区接待社的日程安排是否与组团社旅游计划一致。如果发现问题，应及时报告组团社加以解决。

三、召开行前说明会

按照《旅行社出境旅游服务规范》（GB/T 31386－2015）的要求，出境旅游必须召开行前说明会。旅行社利用召开行前说明会的方式提前告知旅游者在境外的注意事项，已成为一种国际惯例。行前说明会通常会在出团前一周左右召开。至于召开的具体时间和日期，旅行社会在旅游者报名时告知或者由旅行社计调人员电话通知旅游者。行前说明会的目的主要是针对旅游团队的行程、注意事项等一些重要事情与旅游者进行沟通，其中特别强调旅游安全和文明出境旅游。领队必须参加行前说明会，这是领队在旅游者面前的第一次亮相，应以整洁的着装、良好的精神面貌出现，主动地向旅游者介绍自己，态度要和蔼，言谈举止要得体，给他们留下良好的第一印象。

按照有关规定，行前说明会包含下列内容：

（1）应当向旅游者说明出境旅游的有关事项、文明出境旅游要求；向旅游者发放“出境旅游行程表”、团队标志和“旅游服务质量评价表”；介绍旅游目的地国家或地区相关的法律法规知识以及风俗习惯和禁忌，当地的气候特点、饮食特色，出入境手续，外汇兑换；由于不可抗力、不可控制的因素导致组团社不能（完全）履行约定的情况，以取得旅游者的谅解。

（2）领队向旅游者宣布在境外下榻饭店的住房分配情况。按照惯例，旅游者在境外饭店的住房为双人标准间。如果有游客对分房有异议，领队应及时与旅游者商议并进行协调，争取让大家满意。

（3）告知其他事项。应对旅游者提出希望和祝福，并对旅游者参团表示感谢；特别强调旅游团出发时间和集合地点；希望旅游者在出境旅游期间团结互助、礼貌友善、支持领队的工作；介绍旅游目的地的天气状况，对旅游者行装给出建议；把自己的手机号码告知旅游者，便于联系。旅行社提供给旅游者的团队标志胸章和太阳帽、折叠伞、行李牌、行李包、眼罩等物品，也应在行前说明会上一并发给旅游者。

四、物质和知识准备

出团前，领队要做好物质和知识准备，确保旅游活动顺利进行。物质准备包括携带必要物品和资料，包括领队证、领队名片、护照和机票及复印件、团队费用、社旗、行李标签、多份境外住房分配名单、托运行李所用的不干胶标签、地图、手机、转换器、目的地国家报警或救助电话号码、小礼品及领队个人物品等。知识准备主要是了解并熟悉目的地国家或地区的基本情况，如当地历史、地理、人文、气候、有关法规、主要景点景观以及交通设施、通关手续和机场税等。

案例

游客出境游被拒绝入境

何女士在某国际旅游公司的门市部报名参加新马泰十日游旅游团，并按组团社要求交付了本人的护照和其他办理签证的有关材料。几天后，何女士接到一个电话，对方自称该公司东南亚部计调人员，并通知何女士："签证没有问题，您报名参加的旅游团将按时出发，请您到我公司缴纳团款并签订出境游合同。"不久，她又接到一位王小姐的电话，她自称是该团的领队，并通知何女士该团集合的时间、地点、航班和应带的物品等。

直到该团上飞机时，领队王小姐才告诉何女士该团办理的是"落地签证"，即待抵达泰国下飞机后再办理签证手续。何女士听了此话，不置可否地登上了飞机。

该团抵达泰国曼谷机场后，领队收齐了全队护照，连同填好的"落地签证"表格以及签证费送进了机场移民局。等待入境时，一位签证官出来，告知何女士她的护照有效期只有 4 个月了，不满 6 个月，不符合签证条件，拒绝其入境。何女士无奈，在机场"逗留"了一夜，第二天乘早班机被遣返回国。

回国后，何女士向当地旅游质量监督管理部门投诉，并要求赔偿。她认为旅行社没有按照合同规定的标准提供服务，是违约行为。工作人员严重失职、欺骗、敷衍，致使自己的旅游行程无法顺利进行，给自己的精神造成了极大损失。同时，在泰国曼谷机场入境受阻，领队没能及时采取有效措施进行弥补，只是向客人摆摆手说"回去再说吧"，亦是严重的失职行为。为此，何女士要求旅行团退赔团费 3 980 元，其他相应的交通费、误工费等 2 500 元，以及精神损失赔偿费 5 000 元。

资料来源：黄恢月，仉向明．出境旅游领队工作案例解析．3 版．北京：旅游教育出版社，2015.

请思考：该案例中的旅行社和领队有何过失？

提示：首先，旅行社没有为何女士办理符合规定的签证，致使其入境受阻，被遣返回国。而作为旅行社的代表，领队王小姐在事情发生后没有采取补救措施，最终导致旅行社无法履行与何女士出团前所签订的旅游合同。其次，旅行社缺乏严格规范的管理制度。对各部门的监督、培训未予以重视，致使员工操作不规范、层层出漏洞。

任务二 出入境服务

领队带上出团所需的必备用品和资料，带着旅行社的重托和旅游者的期望，就要带团出境，前往异国他乡旅游观光了。在带团初始阶段，领队要带领旅游者经过卫生检疫、海关检查、边防检查等一系列手续才能出境，到达他国（地区）也要经过很多的手续才能入境。

一、中国出境服务

领队带领旅游者出发离开国境，一般都要通过设在机场口岸或在铁路、陆路、水路所设立的卫生检疫站、海关检查站、出入境边防检查站的检查。作为领队，要保持头脑清醒，有条不紊地开展工作。领队带团出境的工作步骤包括集合团队，办理登机手续，通过卫生检疫、海关检查、边防检查和安全检查等环节。具体流程如图 5－3 所示。

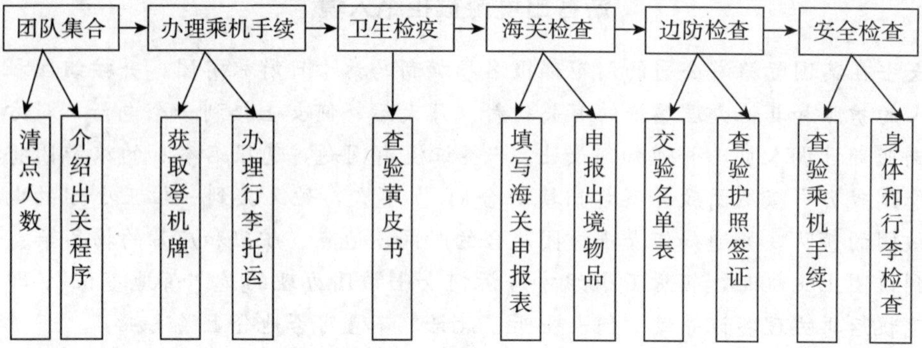

图 5－3 领队带团出境工作程序

（一）团队集合

在旅游团出发的当天，领队应提前到达出境的机场、车站、码头等出境口岸的地点等候旅游者。领队的手机应保持开机状态，随时准备接听旅游者打来的电话。在预先规定好的集合位置，竖起领队旗，方便旅游者寻找团队。当旅游者到达集合地点后，应及时清点人数。如果临近集合时间，某些旅游者还没有到达集合地点，领队应主动打电话联系他们，了解情况，督促他们尽早赶到集合地点与团队会合。当全团旅游者到齐后，领队致欢迎词，并告知旅游者接下来要办理的一系列出境手续，如登机、托运行李、卫生检疫、边防检查、海关检查、机场安检等，提醒旅游者积极配合工作，以便顺利通关。

（二）办理乘机手续

《旅行社出境旅游服务规范》规定，领队应积极为旅游团队办妥乘机和行李托运的有关手续。因此，领队有义务为旅游者办理乘机手续提供相应的服务，告知旅游者航空公司关于行李托运和其他事项的规定。

（1）告知旅游者航空公司关于旅客行李的规定，如水果刀、小剪刀等利器不能放在手提包中；贵重物品要随身携带；交运的行李内不得装有货币、珠宝、金银制品、票证、有价证券等。

（2）协助旅游者办理乘机手续和行李托运。领队事先收齐旅游团全体成员的护照、机票，然后将其交给所乘航班的航空公司值机柜台办理乘机手续。现在大多数航空公司都已经使用电子机票进行操作，所以领队只需出示电子机票确认单就可以办理手续了。如果有亲朋好友想把座位安排在一起，领队要想办法帮助其解决，或者登机后协助旅游者进行座位调整。拿到登机牌后，领队应对全团将要托运的行李件数进行清点，在航空公司柜台人员对托运行李系上行李牌后再次清点，同时要求全团成员在旁边协助照看自己的行李，每个旅游者都应该目送自己的行李进入值机台行李传送带。如果旅游团中途需要转机，应将行李直接托运到最终目的地。办理完登机手续后，领队应认真清理航空公司值机人员交回的所有物品，即护照、机票、登机牌以及所有的托运行李票据，然后将登机所需要的旅游者的护照、机票、登机牌等物品返还给旅游者，同时提醒他们保管好自己的各种物品和行李票据。

（三）卫生检疫

《中华人民共和国国境卫生检疫法》第八条规定：“出境的交通工具和人员，必须在最后离开的国境口岸接受检疫。”如果前往或途经的国家为传染病流行疫区，或者欲前往的国家对国际旅行预防有明确的要求，需要提前办理黄皮书。所以，在出境时，领队要带旅游者到卫生检疫柜台前，接受卫生检疫人员对黄皮书的查验。如有旅游者未办黄皮书，应在现场补办。

（四）海关检查

领队要带领旅游团接受海关检查，主要包括告知旅游者我国海关有关规定和带领旅游者办理海关申报两项工作。

1. 告知旅游者我国海关有关规定

（1）旅行自用物品限照相机、便携式收录音机、小型摄影机、手提式摄录机、手提式文字处理机每种一件。超出范围的，需向海关如实申报，并办理有关手续。

（2）货币限额。携带外汇现钞出境限 1 000 美元，超过 1 000 美元需向海关申报，海关允许放行的数额为 5 000 美元，5 000 美元至 10 000 美元应有“携带外汇出境许可证”；出境旅客携带人民币现钞的限额为 20 000 元，超过 20 000 元不准携带出境。

（3）药材限额。旅客携带中药材、中成药出境前往国外的，总值限 300 元；前往港澳地区的，总值限 150 元。超出以上限值则不准出境。

（4）禁止出境的物品。中国海关禁止出境的物品有：内容涉及国家秘密的手稿、印刷品、胶卷、照片、唱片、录像带、CD、VCD、计算机存储介质及其他物品；珍贵文物；所有禁止进境的物品；濒危、珍稀动物、植物及其标本、种子和繁殖材料等。

2. 带领旅游者办理海关申报

我国海关依照国际惯例实行红色和绿色通道通关制度。绿色通道又称“无申报”通道或“免验”通道，指旅客携带无须向海关申报的物品或只出示申报单或有关单证后即可放行的通道。而红色通道又称“申报”通道，指须经过海关履行检查和验证手续后，方可放行的通道。选择此通道的旅客，须向海关出示本人证件和“中华人民共和国海关进出境旅客行李物品申报单”（以下简称申报单）。通关前，领队要提前指导有需要的旅客填写申报单，然后请无须向海关申报物品的旅游者从绿色通道通过海关柜台后等候；带领须向海关申报物品的旅客从红色通道走到海关前办理手续，交验本人护照，由海关人员对申报物品查验后盖章，并告知旅客保存好申报单，以便回来入境时海关查验。

案例

海关申报弄虚作假受罚

据报载，2005 年 7 月 19 日，一浙江游客陈某在南京禄口机场出境时携带了 65 万欧元现钞（是国家规定的可携带额的 130 倍），他在申报时刻意隐瞒，在“中华人民共和国海关进出境旅客行李物品申报单”的“是否携带超过限额的外币现钞”一栏中填写了“无”，属未如实申报。被查获后，南京海关对其违规行为做出处理，陈某受到警告，同时被处以 10 万元罚款。

资料来源：陈乾康．导游实务．北京：中国人民大学出版社，2012.

请思考：简要评述该案例。

提示：经航空口岸出入境的旅客都要填写“中华人民共和国海关进出境旅客行李物品申报单”。该申报单除要求填写一些基本数据外，还明确规定，若旅客携带超过 2 万元人民币现钞或超过折合5 000 美元外币的现钞等则需要申报。该旅客不仅携带现钞数额巨大，而且刻意隐瞒，属严重违规，受到处罚是必然的。

（五）边防检查

中国的口岸边防检查由公安部管理，其工作职责之一就是对出境的旅游者进行身份、证件、签证检查，通过此项检查的旅游者才允许出境。2007 年 1 月 1 日起，中国公民出入中国国境不再需要填写出入境登记卡。领队应带领全团排队按照顺序接受边防出境检查，告知旅游者出示本人护照、国际机票、登机牌。边检工作人员检查完毕后，在旅游者护照上加盖出入境验讫章，并把护照、机票、登机牌交还给旅游者，边检手续完成。

如果旅游团办理的是团体签证或到免签国家旅游，领队应出示“中国公民出国旅游团队名单表”及领队证和团体签证，引导旅游者按照“名单表”上的顺序排队，领队通常要排在最前面，第一个办好手续，旅游者逐一通过边防检查。

（六）安全检查

旅游者在登机前接受安全检查是世界各国普遍采用的一种查验制度，我国机场实行国际上通用的安全检查方法。所有的登机乘客必须经过检查后才允许进入候机厅候机。过安检之前，领队应提前告知旅游者准备好登机牌、机票、有效护照，并交给安全检查员查验。机场对旅游者身体及随身携带行李的检查方式有五种：搜身、磁性探测仪近身检查、过安全门、物品检查、红外线透视仪器检查。旅游者经过安全检查时，领队要提醒旅游者主动配合机场安检人员的工作，尽量避免与安全检查人员发生冲突。经过安全检查后，领队要告知旅游者到对应的候机厅候机。

完成上述各项检查后，领队应带领全团的旅游者到指定的登机口的候机厅候机。领队应注意收听机场的广播，掌握登机时间，在登机口开始放行后，指导旅游者登机。领队应在团队所有的旅游者登上飞机后才登机。

二、途中服务

出境游的空中飞行时间因旅游目的地的距离远近有所不同，短则一两个小时，长则十多个小时，甚至更长时间。作为领队，在这段时间里，除了要进一步熟悉旅游团队的情况和机上的救生设备使用外，还应协助机组人员向旅游者提供必要的帮助和服务。其主要的工作内容包括给旅游者提供必要的帮助，如协助调换座位，熟悉机上救生设备的使用，回答旅游者的一些问题，以及帮助旅游者填写入境表格等（见图 5－4）。

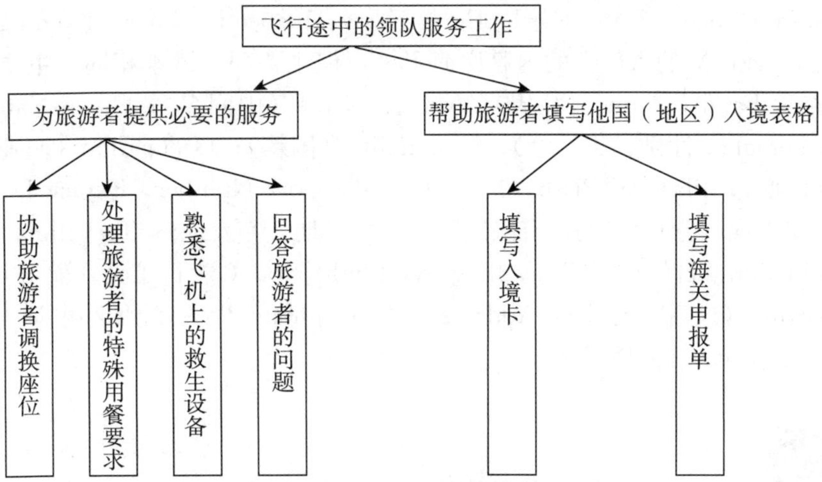

图 5－4　领队飞行途中的服务程序

（一）为旅游者提供必要的服务

1. 协助旅游者调换座位

由于航空公司通常按照旅游者姓氏字母顺序发放登机牌，会使旅游者一家人或某些旅游者不能如愿坐在一起。所以，登机后，领队应当尽可能地协助团队中的旅游者调换座位，使旅游团中的家庭成员尽量坐在一起。尤其是母亲带幼小的孩子出行时，领队更要给予更多的关注，尽量满足他们的愿望。领队自己的座位应尽量选靠近中间通道的位置，不应选择靠近窗口的座位，这样照顾旅游者更为方便。

2. 处理旅游者的特殊用餐要求

领队应将团队中旅游者的特殊用餐要求提前告知空乘人员，以便及早准备。当空乘人员送上饮料而旅游者不知如何选择时，领队应提供帮助。提供帮助时应先轻声询问旅游者，再告知空乘人员。

3. 熟悉飞机上的救生设备

领队应熟悉飞机上救生设备的使用和安全门的设置。登机后认真听取空乘人员的讲解演示。一旦空中飞行期间发生意外，领队首先应知道如何使用救生设备以及开启安全门，并在需要时给团内旅游者讲解。

4. 回答旅游者的问题

在飞行途中，旅游者经常询问的问题就是本次航班要飞行多长时间，目的地国家（地区）的天气怎样以及目的地国家（地区）有哪些景观等。领队应保持清醒的头脑，随时回答旅游者的提问，给旅游者留下良好的印象，增强他们对领队的信任感，为后面的工作顺利开展奠定基础。

（二）帮助旅游者填写他国（地区）入境表格

从中国离境飞往他国（地区）的飞行途中，领队需要做的最重要的事情就是帮助全团的旅游者填写将要抵达的国家（地区）的入境表格，主要是入境卡和海关申报单。

1. 填写入境卡

各个国家（地区）的入境卡格式不同，名称也不相同，如 Arriving Card、Immigrant Card、Immigrant Form、Enter Card、Enter Form、Inspection Card、Landing Card 等。

世界各国（地区）的入境卡的内容详简不一，但主要项目基本相同，主要包括：Full Name（全名）；Family Name（姓氏）；Middle Name（中间名）；Given Name（名字）；Sex：Male，Female（性别：男，女）；Nationality（国籍）；Occupation（职业）；Date of Birth（出生日期）；Place of Birth（出生地）；Passport Number，Expiry Date，Date of Issue，Place of Issue（护照号码，有限期限，签发日期，签发地）；Travelling from（从何处来）；Destination（目的地）；Travelling by，Flight No.（旅行工具，航班号码）；Port of Last Departure（最后出发港）；Address and Telephone No.（地址和电话）；Signature（签名）；Date of Enter（入境日期）。

知识链接

填写出入境卡的注意事项

一些国家（地区）的入境卡与出境卡是印刷在左右一体的卡片上的，在填写入境卡的时候出境卡部分也需要填写。入境时，当地移民局官员会将出境卡部分折下，再将出境卡部分用订书机订在护照内，出境时无须再填写出境卡。领队要提醒旅游者保管好出境卡部分，以免在离境时发生麻烦。

2. 填写海关申报单

领队除了在飞行途中需要帮助旅游者填写入境卡外，还需要填写一份海关申报单。海关申报单的内容包括姓名、出生日期和地点、国籍、航班号、居住国、永久地址、在逗留国家（地区）的住址、随行家属姓名及与本人关系、签证日期、签证地点、随身携带物品（如现金、支票、手表、摄影机、黄金、珠宝、香烟、酒、古董等）。有些国家（地区）对动植物出入境控制很严，甚至少量水果也不允许带入境。

并非所有的国家（地区）都需要填写海关申报单，在不需要海关申报单的国家（地区），领队可省却这项工作。

三、他国（地区）入境服务

经过数小时的飞行，旅游团乘坐的飞机抵达目的地国家（地区）机场后，领队要带领旅游者办理一系列的入境手续，其顺序与中国出境时的检查顺序相反，大致包括通过卫生检疫关、海关、移民局关等几项检查。需要注意的是各个国家（地区）的入境，不仅程序不同，入境检查的项目和需要递交的材料也有区别。入境检查在许多国家（地区）主要由移民局的官员来负责，但也有一些国家（地区）由警察来完成。他国（地区）的入境流程如图 5－5 所示。

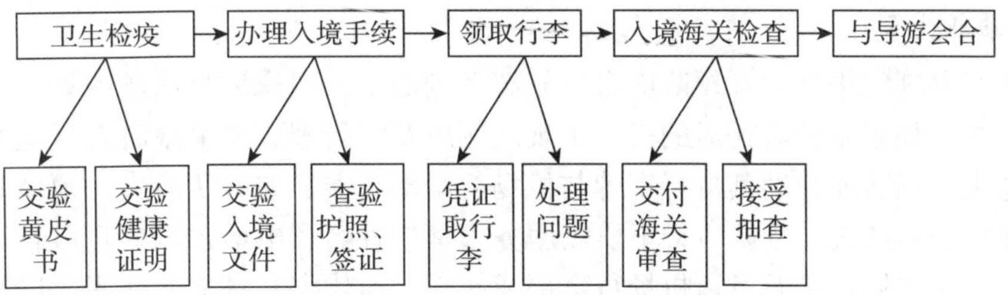

图 5－5　他国（地区）入境流程

（一）卫生检疫

各个国家（地区）的卫生检疫的形式有所不同，有的需要查验黄皮书和健康申报单，有的则完全不需要填写，只是对入境旅游者进行检视，发现患病旅游者时加以询问。在需要提供以上资料的国家（地区），领队要提醒旅游者配合查验。

（二）办理入境手续

领队带领旅游团沿“移民入境”（Immigration）标志找到入境检查柜台，并在有“外国人入境”（Foreigner）标志的任一通道排队等候，提醒旅游者不要对检查人员拍照，也不要大声喧哗。此时领队要完成下列工作：

1. 向入境检查人员递交入境所需的证件和文件

领队通常要站到入境检查柜台前，先礼貌地向入境检查人员打招呼，并向移民局官员递交护照、签证、机票、入境卡等文件。某些国家还需要领队提供团队行程表和当地的接待社、酒店的信息等。旅游团如果持的是另纸团体签证，则需要到指定的柜台办理入境手续。此时，领队应走在团队的最前面，将另纸团体签证交上，并准备回答入境官的提问。

2. 接受移民局官员的盘问

旅游目的地国家（地区）移民局官员可能会就入境的原因进行简单盘问。要问的问题大致如下：

（1）为何要来此地？

（2）计划到哪些城市？

（3）旅游团总共有多少旅游者？

（4）准备在当地逗留多久？

（5）旅游团在哪些酒店下榻？

（6）当地负责接待的旅行社是哪家？

（7）旅游者随身携带了多少现金？

面对移民局官员的盘问，领队和旅游者都不要紧张，要积极配合，从容回答。如果有不清楚的问题，可将当地负责接待此团的旅行社的负责人、导游的姓名及电话告诉移民局官员。

3. 完成入境检查

移民局官员经审验无误后，在旅游者的护照上加盖入境章后，把护照、机票退还给旅游者，此时，应向入境检查官员道谢。至此，领队及旅游者即通过了入境关口，正式进入目的地国家（地区）。

（三）领取行李

入境手续办理完毕之后，领队应带领旅游者到航空公司托运行李领取处（传送带）认领各自的行李。如果旅游者托运的行李出现问题应及时处理。如果旅游者托运的行李被摔坏或者被遗失，领队要协助其持行李牌与机场行李部交涉。如确认遗失，须填写行李报失单，交给航空公司解决。领队应记下机场服务人员的姓名及电话，以备日后查询。如果行李被摔坏，领队要协助旅游者请机场行李部或航空公司代表开具书面证明，证明行李损坏是航空公司的原因导致的，以便日后向保险公司索赔。领队要熟悉行李赔偿的程序，维护旅游者的合法权益。行李领出后，领队要清点行李件数，确认无误后，再带领旅游者前往海关处接受通关检查。

（四）入境海关检查

世界各国出入境口岸都设立有海关，以对出入境人员携带的货物进行检查。因此，旅游者出国不仅在出境时要接受本国海关的检查，在抵达外国入境口岸时同样要接受外国海关的检查。多数国家的海关检查，是在卫生检疫和护照签证查验结束并提取托运行李之后进行的。领队要熟悉目的国（地区）海关的有关规定和检查方法。

1. 熟悉他国（地区）海关规定

由于世界各国的海关对入境旅客所携带的物品、货币、烟酒及其限量等有不同的规定，领队在带团出境前应从有关国家驻华使馆网页上查询清楚，并告知旅游者，以免入境时出现麻烦。有些物品几乎所有国家的海关一律禁止入境，如鸦片、海洛因、大麻等致瘾、致幻物品及其原料，各国海关都严禁入境。此外，各国海关一般都规定肉类制品、植物、农作物种子、动物、水果、食品、蔬菜等不能入境。

2. 海关入境检查方法

世界各国海关的官员有权力对入境的旅游者进行检查。其检查方法通常有四种：免检、口头申报、递交海关申报单和开箱检查。领队要协助旅游者填写好海关申报单，告知旅游者通过海关时，主动出示海关申报单接受检查。一般情况下，海关检查是例行公事，主要是抽查。如果海关人员要对旅游者的行李开箱检查，甚至搜身时，领队应告诫旅游者给予配合，不要与之发生争执。当海关人员示意通过时，应立即带着自己的行李离开检查柜台。

当全团所有的旅游者通关后，领队应立即收取他们的护照，由自己统一保管。

（五）与接待旅行社的导游会合

办完上述一系列的手续后，领队应举起社旗，带领团队到候机楼出口与前来迎接的境外接待社导游人员会合。一般情况下，境外旅行社的导游人员会手持双方约定的接团标志牌迎接旅游团。

领队见到当地导游后，要确认其身份，然后向对方做自我介绍，互换名片，确认对方的手机号码。之后，向对方通报旅游团实到人数和旅游团的基本情况，转达旅游者的要求、意见和建议。在带领旅游团登车离开机场之前，领队要再次清点旅游团人数和行李件数，并提醒旅游者带好行李和随身包裹，随当地导游登上旅游车。

任务三　境外随团服务

旅游团全体成员经过辛苦的旅程，终于抵达了旅游目的地国家（地区），他们对境外一切都感到非常新鲜和好奇，期望旅游活动丰富多彩，出境旅游的目标圆满实现。领队作为客源地组团社的代表和旅游团的代言人，要切实维护旅游者的合法权益，协助和监督目的地接待社履行旅游计划。在境外旅游期间，领队对旅游者的服务，必须通过与当地导游的配合来完成。对于旅游行程中的食、住、行、游、购、娱的安排，都需要以当地导游为主、领队为辅的合作方式进行。领队在境外随团服务工作如图 5－6 所示。

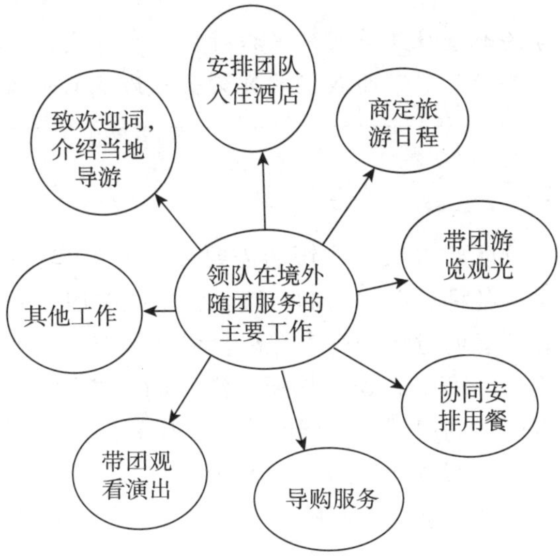

图 5－6　领队境外随团服务工作

一、致欢迎词，介绍当地导游

领队是出境旅游团队的核心，团队运行程序中所有环节的衔接都需要领队来完成。到达目的地之后，当全团成员坐上旅游大巴后，领队应进行一次正式而简短的讲话。在境外，到达任何一个新的城市，第一个讲话的都是中国旅行社的领队。这个讲话就是领队在境外旅游活动开始时的开场白，其主要内容包括：

（1）代表组团社再次感谢旅游者参加旅游团。

（2）对旅游者经历漫长的旅程顺利抵达目的地表示祝贺，并预祝在当地的旅行顺利愉快。

（3）再次表达本人为旅游者提供良好服务的真诚愿望。

（4）向全体旅游者介绍当地导游。

案例

一位领队的欢迎词

各位游客：

晚上好！首先我代表××旅行社欢迎大家参加我们这次的“美国精彩十日游”。经过12个多小时的飞行，我们现在已经顺利抵达美国旧金山，我们的精彩美国之旅正式开始，我希望在未来10天的时间里，大家可以一起度过一个丰富而愉快的假期。预祝大家此行开心、顺利、愉快！

我是本次旅游活动的出境旅游领队小王，在出团说明会上大家应该见过我了。在今后10天里，我将会陪伴大家，为你们提供最热情的服务，大家如需要我的帮助，请尽管开口，有事您说话。当然，小王如果有照顾不周的地方，也请大家及时指出，我会努力改进。

此行为我们提供服务的地接社是美国××旅行社，我身边的这位美丽知性的女士梁女士就是我们旧金山行程的导游员，下面我们欢迎梁女士为我们介绍这座美丽的城市。

二、安排团队入住酒店

旅游团抵达饭店后，领队要告知入住饭店需要办理的手续。首先，领队要分配房间，导游从旁协助。领队要掌握各种房型房间的位置，将不同的房间安排给有不同需求的旅游者。领队要保管好分房表，必要时将分房表在总台留存备查。此外，领队还要介绍入住饭店的设施，介绍外币兑换处、商场、娱乐场所、洗手间、餐厅、安全通道等设施的位置。其次，领队要告知旅游者所住的房间、楼层的位置，房间门锁的开启方法。最后，领队要向旅游者介绍饭店需要付费的服务和设施，如电视收费、使用客房服务要付小费等。同时提醒旅游者注意一些问题，如不能在房间吸烟、不能用房间内的热水壶煮方便面等。

三、商定旅游日程

旅游团入住酒店的手续办理完毕后，领队要尽快与当地导游商讨旅游行程计划。包括下列两项内容：

（1）按照日程表逐项核对，看看双方所持的行程计划是否一致，对下榻饭店、游览景点、停留天数、离开时间等内容进行确认，如果发现有不一致的地方，应请导游与接待社联系。对行程表当中所涉及的住宿、用餐、购物、观看演出等细节进行沟通。坚持活动项目安排的前后顺序可以调整，但游览项目不能减少的原则。当旅游日程安排商定后，领队要告知全团成员。

（2）向导游介绍团队的特殊情况。为方便导游及时安排准备，领队应介绍该团的组团情况，如团中老年人较多、个别游客用餐要求素食等，请导游提前做好安排。

四、带团游览观光

领队要协助导游为旅游者的参观游览提供服务。具体工作内容如下：

（一）集合出发

领队应提前出现在集合地点，热情招呼旅游者。上车后，应清点人数。若发现有旅游者未到，领队应向其他旅游者问明情况；如果有旅游者自愿留在饭店或不随团活动，领队要留下书面记录，并让旅游者签名。

（二）宣布行程

旅游团队的当日计划要让旅游者心中有数，所以领队及导游上车后的第一件事就是告知旅游者当日的计划安排，而且之后应多次提及。日程内容包括去程所需时间、每个游览项目所需的大致时间、午晚餐的时间和地点等。

（三）协助导游完成导游讲解工作

进入旅游景区进行导游讲解，是当地导游的最主要的工作，领队应监督和协助当地导游完成此项工作。在前往景区的途中，导游应向旅游者进行沿途风光导游讲解，介绍当地的风土人情、自然景观，并回答旅游者提出的问题；在景区，导游应向旅游者详细讲解该景区的主要景点、景区的历史价值和特色等。

（四）提醒工作

每抵达一处景点，领队应提醒旅游者在景点停留的时间、参观游览结束后集合的时间和地点，向旅游者讲明游览过程中的注意事项。在游览过程中，领队的主要工作是组织协调，随时清点人数，以防旅游者走失。领队应始终走在团队的后面，与导游首尾呼应。

五、协同安排用餐

出境旅游团用餐时，领队的职责是引导旅游者用餐和进行用餐提示。

（一）引导旅游者用餐

旅游者用餐时，领队应向他们简单介绍餐馆及其菜肴的特色，引导旅游者到餐厅就座，并介绍餐馆的有关设施，向旅游者说明酒水的类型，解答旅游者在用餐过程中提出的问题。在旅游者用餐过程中，领队要随时走动，看旅游者是否需要添饭、菜量是否充足。旅游者如果购买饮料、啤酒等，领队应提供翻译服务和帮助。

（二）用餐提示

领队应将一些用餐规则告知旅游者。如吃自助餐时，一次不能拿太多食物，已经拿取的食物一定要吃完；餐厅中的食品、饮料不能带走；有冷气开放的房间，一般不允许吸烟；注意文明用餐，不能大声喧哗，以免影响他人；用餐时不要把大件行李存放在餐厅里面。

六、导购服务

出境旅游团在境外购物时，领队的主要职责包括：

（1）要根据旅游团的特点，有的放矢地向旅游者介绍本地特色商品，并适时地做好翻译工作。

（2）要做好购物顾问，向旅游者介绍有关商品的托运手续，以及海关对旅游者携带物品出境的有关规定。

（3）旅游者境外购物可以享受购物退税政策，领队应及时向旅游者介绍相关的退税规定，提醒旅游者购物后不要忘记索取发票。

七、带团观看演出

旅游团在境外观看演出时，领队应自始至终坚守岗位，演出前简单介绍演出内容及节目的特点，提前告知旅游者有关注意事项，并引导旅游者入座。境外的室内剧场演出会有许多限制，领队要提前告知旅游者，比如应该提前多长时间进场，观看演出时是否允许照相、摄像，演出结束后旅游者与演员合影是否应付小费、应付多少等。境外一些正规的芭蕾舞、歌剧演出，对观众的服装会有要求，领队及导游也应提前告知旅游者，以便他们有所准备。此外，在国外剧场观看演出时不允许吃零食、喝饮料，领队要提醒旅游者不要违反相应的规定，以免受处罚。

八、其他工作

领队在境外随团服务过程中，除了做好上述工作，还要监督各地接待计划的落实、维护旅游团的内部团结、处理突发事件等。

（一）监督各地接待计划的落实

在境外目的地旅游期间，领队的一项主要工作是督促境外地接社和当地导游人员认真实施旅游计划。在境外带团期间若发现当地的接待工作有降低标准的现象出现，如降低用餐标准、减少参观景点、用车不符合要求、导游人员不尽责等，领队应及时向地陪提出，要求其整改，必要时与当地接待社交涉或报告组团社。

（二）维护旅游团的内部团结

在境外旅游期间，领队的另一项重要工作是维护好整个旅游团的团结，协调旅游者之间的关系，妥善处理各种矛盾。当旅游团成员和地陪发生矛盾，领队应出面斡旋，努力消除矛盾；如果旅游团成员之间出现了矛盾，领队要做双方的工作，不能视而不见，更不能在团员中间搬弄是非，要及时处理发生的问题。

（三）处理突发事件

在境外旅游期间，对于旅游者在境外滞留不归的事件，领队应及时向组团社和我驻所在国使领馆报告，寻求帮助；对于旅游者在境外伤亡、病故事件，领队应及时报告我驻所在国使领馆和组团社，并通知死者家属前来处理。

（四）填写领队日志

领队日志是领队的每日工作记录，要认真填写。领队日志应包括领队每天对接待社、导游、酒店、用餐、景点游览等进行的简要记录和评价。

（五）总结发言

在境外某地旅游结束时，领队要以组团社的代表和旅游团代言人的双重身份向当地导游、司机表示感谢，并当着全体旅游者的面将小费递送给导游和司机。

任务四　他国（地区）离境及返程入境服务

旅游团在境外的全部旅行活动结束后，领队的工作也相应地从安排组织团队在境外期间的活动转向组织旅游团返程。领队要掌握所有程序的要点，服务要有始有终，尽量把工作做完美。

一、办理他国（地区）离境

在搭乘离境飞机前，要办理他国（地区）的一系列离境手续，其流程大致如图 5-7 所示。

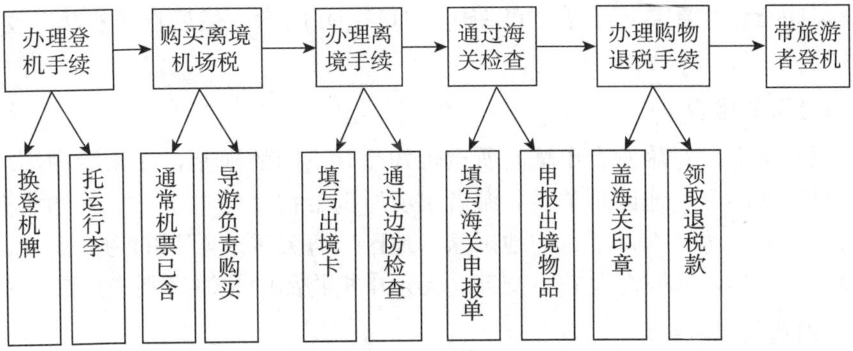

图 5-7　他国（地区）离境程序

（一）办理登机手续

旅游团结束境外的整个旅游行程后，需要搭乘飞机返回。按照航空公司的要求，离境旅客要提前 2 小时赶到机场。境外各国（地区）机场的航空公司办理乘机手续，其程序与出境时航空公司的手续基本一致。领队应事先收齐全团人员的护照和机票，然后到值机柜台报告乘机人数，交付全部的护照。现在很多国外机场办理登机牌是需要自助打印的，领队应清楚登机牌打印设施的操作，给旅游者提供帮助。在值机台，领队应当要求旅游者将托运的行李排列整齐，清点行李件数，再协助旅游者将行李放到传送带上，逐一托运。办理完乘机手续后，领队要当面将护照、登机牌、行李牌进行清点，确认无误后，礼貌地向工作人员致谢后离开。然后，向旅游者介绍接下来要办理的离境手续，讲解登机牌上的信息，提醒一些注意事项，再将证件、机票、登机牌发给旅游者。

（二）购买离境机场税

通常情况下，机场税包含在机票中。但也有一些国家的国际机场，机场税不在机票当中代收，需要在乘机前现场购买。

机场税不能向旅游者再行收取。按照组团旅行社与出境旅游的旅游者签署的出境旅游合同，境外机场税应包含在正常的旅游收费中，应当由旅行社予以支付。领队出团前对此费用如何支付应有所了解。如需领队支付，则领队需要在购买后将机场税凭据发给旅游者。通常情况下，在境外机场发生的机场税，是由境外接待社支付的。

（三）办理离境手续

此项手续包含填写出境卡和通过边防检查两项内容。

1. 填写出境卡

许多国家的出境卡是与入境卡印制在一张纸上的，旅游者在入境时就已经填写完成。入境时，入境官员会将入境卡部分撕下留存，然后把出境卡部分订在或夹在护照里还给旅游者。所以，旅游者出境时，无须重新填写此卡，只要将护照交给出境官员即可。但是，旅游者如果不慎丢失此卡，则需要补填一张。需要说明的是，并非所有国家（地区）的出境都需要填写出境卡。此外，持另纸团体签证的旅游团，也通常不需要填写出境卡。

2. 通过边防检查

领队带领旅游者进入离境边检区域后，应在出境检查柜台排队，依次办理手续。旅游者向边检官员交上护照、机票、登机牌后，站立等待检查。如查验无误后，边检官员会在护照上盖离境印章，或在签证上盖“已使用”（Used）的章，然后将所有物品交还旅游者，离境手续即完成。

（四）通过海关检查

由于各国（地区）对旅游者出境时所携带物品有不同的限制，在旅游团离境前，领队应事先了解目的地国家（地区）关于旅游者出境所携带物品的规定，并告知旅游者，以便出境时申报。如果旅游者携带了目的地国家（地区）海关规定限制的物品离境，领队应协助其填写海关申报单，并同海关官员交涉。无须申报物品的旅游者则走过海关柜台即可。

（五）办理购物退税手续

许多国家或地区都对旅游者购物实行退税的规定，但各个国家或地区机场办理退税的方法不同，有的是先办理乘机手续，有的是先办理海关退税，领队必须事先向机场查询清楚再告知旅游者。然后带购物退税的旅游者到海关退税处出示申请退税的商品和发票，待海关人员在免税购物支票上盖章后，再持该支票到离境处的退税柜台取回退还款。

（六）带旅游者登机

领队应注意收听机场内的广播，或向机场咨询台询问，或从电脑屏幕上查询所乘航班的登机口是否改变，然后告知旅游者并带领他们到登机口登机。对于在机场商店购物的旅游者，领队要提醒他们注意登机时间，尽早赶到登机口，以免误机。登机前，领队应到登机口清点人数，对未到的旅游者要及早联系，督促他们按时登机。

二、返程入境服务

领队带团返程入境的工作流程一般包括接受检验检疫、接受入境边防检查、领取托运行李、接受海关检查、团队解散等环节，如图 5-8 所示。

（一）接受检验检疫

《中华人民共和国国境卫生检疫法》第十六条规定：“国境卫生检疫机关有权要求入境、出境的人员填写健康申明卡，出示某种传染病的预防接种证书、健康证明或者其他有关证件。”“出/入境健康申明卡”如图 5-9 所示。

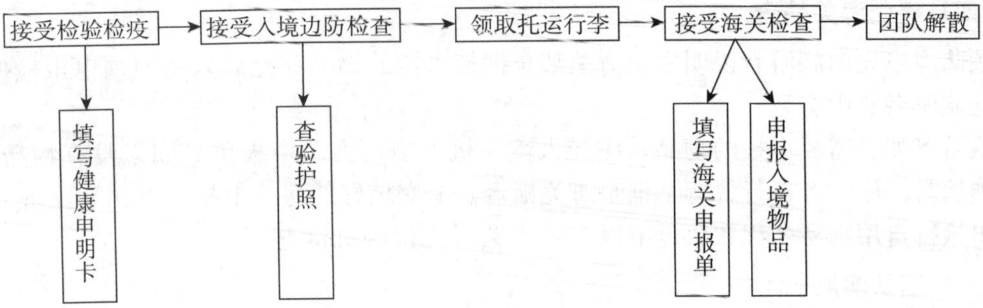

图 5-8　返程入境服务程序

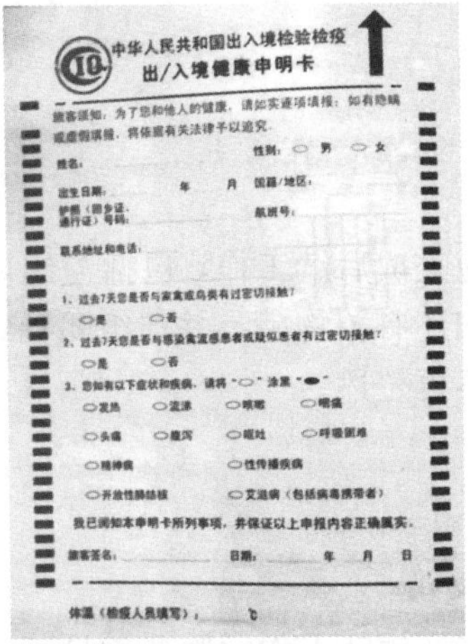
中华人民共和国出入境检验检疫
出/入境健康申明卡

性别：○男　○女
姓名：
年　月　国籍/地区：
航班号：
联系地址和电话：
1. 过去7天您是否与家禽或鸟类有过密切接触？
○是　○否
2. 过去7天您是否与感染禽流感患者或疑似患者有过密切接触？
○是　○否
3. 您如有以下症状和疾病，请将“○”涂黑“●”
○发热　○流涕　○咳嗽　○咽痛
○头痛　○腹泻　○呕吐　○呼吸困难
○精神病　○性传播疾病
○开放性肺结核　○艾滋病（包括病毒携带者）
我已阅知本申明卡所列事项，并保证以上申报内容正确属实。
旅客签名：　日期：　年　月　日
体温（检疫人员填写）：　℃

图 5-9　出/入境健康申明卡

领队带领旅游者乘机返回，通常在返程飞机上可以拿到“出/入境健康申明卡”，用中文填写即可，领队可指导旅游者完成此表填写。飞机落地后，领队带领旅游者至“中国检验检疫”柜台前，递交已填完的“出/入境健康申明卡”，如无例外，即通过了检验检疫。

（二）接受入境边防检查

自 2007 年 1 月 1 日起，中国公民出入中国国境不再需要填写出入境登记卡，所以领队只需带领旅游者在边检台前排队，逐个将护照交给边检人员。其经过核准后在护照上盖上入境验讫章，并把护照交还给旅游者，即完成入境手续，旅游者即可入境。

如果出境旅游团队是持“中国公民出国旅游团队名单表”和另纸团体签证，则须走团队通道。“中国公民出国旅游团队名单表”中的入境边防检查专用联由边检收存。旅游者按照名单顺序办理入境手续。

（三）领取托运行李

完成入境边防检查后，进入中国境内，领队带领旅游者至行李转盘前，将行李牌发给各位旅游者，在转盘处寻找其托运的行李。如果发现有行李遗失，领队应协助其与机场行李值班室联系或办理赔偿事宜。

（四）接受海关检查

领队应事先向旅游者说明中国海关禁止携带入境的物品和允许入境但须申报检疫的物品，让旅游者心中有数。

旅游者如有需要申报的物品，应在入境飞机上填写海关申报单。如果没有物品申报，则无须填写。旅游者自行将行李推至海关柜台，上交填好的海关申报单并出示出境时填写的带出旅行自用物品名称和数量申报单，接受X光检测机检查。

（五）团队解散

旅游团全体旅游者领取行李经过海关检查后，领队应与旅游者挥手道别，团队就此解散。如果旅行社安排有旅行车接送旅游者到某一指定地点，领队则需要陪同旅游者到指定地点后再与旅游者致谢告别。

任务五　后续工作

领队带团结束返回后，还应完成后续工作，包括与组团社计调人员进行工作交接，递交带团工作总结、领队日志，归还有关物品，并与组团社结清账目。其具体的工作程序与地陪和全陪的大致相同，在此不再赘述。

项目小结

本项目围绕导游人员从事境外领队工作的服务质量要求和工作程序，从领队的服务准备、出入境服务、境外随团服务、他国（地区）离境及返程入境服务与后续工作等方面阐述了领队带团的具体操作步骤。通过本项目的学习，我们认识到领队的主要任务是带好团队，监督境外地接社严格执行旅游计划，同时起到沟通旅游者与各地导游、组团旅行社和接待旅行社的纽带作用。领队只有熟悉国内外有关导游业务，才能更好地为旅游者服务。

拓展知识

出入境知识

一、有效证件类型及其办理

有效证件指各国政府为其公民颁发的出国证件，种类很多，不同类型的人员使用的有效证件名称也不同。与我国旅游有关的有效证件包括以下六种。

（一）护照

护照是一国主管机关发给本国公民出国或在国外居留的证件，证明其国籍和身份。护照一般分为外交护照、公务护照和普通护照三种。

1. 外交护照

外交护照是政府发给政府高级官员、国会议员、外交或领事官员、负有特殊外交使命的人员、政府代表团成员等的证件。持有外交护照者在外国享受外交礼遇（如豁免权）。

2. 公务护照

公务护照发给政府一般官员，驻外使、领馆工作人员以及因公派往国外执行文化、经济等任务的人员。

3. 普通护照

普通护照是发给出国的一般公民、国外侨民等。它分为因公普通护照和因私普通护照。前者主要发给各级政府、社会团体和国有企业单位出国从事经济、贸易、文化、体育、卫生、科学技术交流等公务活动的人员。后者主要是发给因定居、探亲、访友、继承遗产、自费留学、就业和旅游等私人事务出国者。

在中国，外交、公务护照由外事部门颁发，普通护照由公安部门颁发。2007 年 1 月 1 日施行的《护照法》规定，我国公民护照有效期以 16 周岁为界，16 周岁以下公民的护照有效期为 5 年，16 周岁以上的护照有效期为 10 年，取消延期。出国旅游团队的护照有效期为 1 年，跟随旅游团一次出入境有效。在境内外均不得办理延期手续。护照如若遗失，在取得护照遗失地公安派出所出具的报失证明并登报声明护照作废后，可申请补发新护照，无须提交其他证明材料。护照的换发，在国内，由原发照机关或户口所在地公安机关出入境管理部门办理，在国外，由驻外使、领馆办理。

另外，香港、澳门作为特别行政区颁发的护照是香港特别行政区护照和澳门特别行政区护照。

（二）签证

1. 签证的种类

签证是一国主管机关在本国或外国公民所持的护照或其他旅行证上签注、盖印，表示准其出入本国国境或过境的手续。

世界上大多数国家的签证分为外交签证、公务（官员）签证和普通签证。我国签证分为外交签证、礼遇签证、公务签证、普通签证四种。按出入境性质签证又分为出境签证、入境签证、入出境签证、出入境签证、再入境签证和过境签证六种。此外，还有移民签证、非移民签证、另纸签证、口岸签证和 ADS（Approved Destination Status）签证。其中，另纸签证是将签注签在护照以外的一张纸上，它同签在护照内的签注具有同样的作用，但必须和护照同时使用；口岸签证是指在前往国的入境口岸办理的签证；ADS 签证是指仅限于在被批准的旅游目的地国家一地旅游的签证，它在旅游目的地国家境内既不可转签，也不可延期，持此种签证的人必须团进团出。旅游签证属于普通签证，在中国为 L 字签证（发给来中国旅游、探亲或因其他私人事务入境的人员），签证上规定持证者在中国停留的起止日期。

10 人及以上的旅游团可发给团体签证。团体签证一式三份，签发机关留一份，来华旅游团两份，一份用于入境，一份供出境用。签证的有效期限不等，获签证者必须在有效期内进入中国境内，超过期限签证则不再有效。

在特定情况下，确实来不及到上述机关办理签证手续者，可向公安部授权的口岸签证机关申请办理签证。中国公安部授权的口岸签证机关有：北京、上海、天津、大连、福州、厦门、西安、桂林、杭州、昆明、广州（白云机场）、深圳（罗湖、蛇口）、珠海（拱北）、重庆、海口、三亚、济南、青岛、烟台、威海、成都和南京。

2. 免办签证的几种情况

（1）国家间签订了免签证协议。截至2018年10月有73个国家和地区对中国公民实行免签或落地签证政策，其中与中国互免签证的国家和地区有13个，单方面对中国公民免签的国家和地区有15个，可办理落地签证的国家和地区有45个（见表5-1）。

表5-1　对持普通签证的我国公民实行免签或落地签的国家和地区（2018年10月）

政策类型	国家（地区）
互免普通护照签证（13个）	阿联酋、巴巴多斯、巴哈马、波黑、厄瓜多尔、斐济、格林纳达、毛里求斯、圣马力诺共和国、塞舌尔、塞尔维亚、汤加、白俄罗斯
对持普通护照的中国公民单方面免签（15个）	亚洲（2个）：印度尼西亚、韩国（济州岛等地） 非洲（3个）：摩洛哥、法属留尼汪、突尼斯 美洲（7个）：安提瓜和巴布达、海地、南乔治亚和南桑威奇群岛（英国海外领地）、圣基茨和尼维斯、特克斯和凯科斯群岛（英国海外领地）、牙买加、多米尼克 大洋洲（3个）：美属北马里亚纳群岛（塞班岛等）、萨摩亚、法属波利尼西亚
单方面允许符合条件的持普通护照的中国公民抵达入境口岸时办理落地签证（45个）	亚洲（20个）：阿塞拜疆、巴林、东帝汶、印度尼西亚、卡塔尔、老挝、黎巴嫩、马尔代夫、缅甸、尼泊尔、斯里兰卡、泰国、土库曼斯坦、文莱、伊朗、亚美尼亚、约旦、越南、柬埔寨、孟加拉国 （注：印度尼西亚同时实行免签和落地签政策） 非洲（16个）：埃及、多哥、佛得角、加蓬、几内亚比绍、科摩罗、科特迪瓦、卢旺达、马达加斯加、马拉维、毛里塔尼亚、圣多美和普林西比、坦桑尼亚、乌干达、贝宁、津巴布韦 美洲（4个）：玻利维亚、圭亚那、苏里南、圣赫勒拿（英国海外领地） 大洋洲（4个）：帕劳、图瓦卢、瓦努阿图、巴布亚新几内亚 欧洲（1个）：乌克兰

注：免签入境并不等于可无限期在协定国（地区）停留或居住，根据协定要求，持有关护照免签入境后，一般只允许停留不超过30日。落地签并非直接持护照到达目的地即可获得签证。值得注意的是，无论是哪个国家（地区），都需要旅游者持有往返机票或是前往第三国（地区）的机票和正确的旅行证件才能办落地签证。

（2）过境免签。持联程客票搭乘国际航行的航空器、船舶、列车从中国过境前往第三国或者地区，在中国境内（北京首都机场，上海浦东、虹桥机场，广州白云机场，成都双流机场）停留不超过24小时且不离开口岸。

（3）持与中国建交国家的普通护照且在香港、澳门的外国人，经在香港、澳门合法注册的旅行社组团进入广东珠江三角洲地区（指广州、深圳、珠海、佛山、东莞、中山、江门、肇庆、惠州市所辖行政区）旅游，且停留不超过6天。

（4）经中国文化和旅游部批准在海南注册的国际旅行社组织的外国人旅游团（5人以上含5人）到海南省旅行，且停留不超过15天。

（5）新加坡、文莱、日本三国持普通护照的公民，前来中国旅游、经商、探亲访友或过境不超过15天者，从中国对外国人开放口岸入境时，可免办签证。

（三）港澳居民来往内地通行证

港澳居民来往内地通行证是香港、澳门居民来往于中国香港、中国澳门与内地之间的证件，由广东省公安厅签发，于1999年1月15日启用。为了方便港澳同胞来往内地，简化检查手续，2013年1月2日启用了新版港澳居民来往内地通行证。该证为卡式证件，设置机读码，持卡人只要在出入境边防检察机关设置的机器上查验即可，无须填写出入境登记卡。成年人持此证有效期为10年，未满18周岁的有效期为5年，在有效期内可多次使用。

（四）台湾居民来往大陆通行证

该证为台湾居民来往大陆探亲、旅游的证件。台湾居民从香港、澳门地区来大陆的，可向香港、澳门中国旅行社和外交部驻香港、澳门特别行政区特派员公署领事部申请。台湾居民经由外国来大陆的，向中华人民共和国驻外国的外交代表机关、领事机关或者外交部授权的其他驻外机关申请。该证件经口岸边防检查站查验并加盖验讫章后，即可作为进出祖国大陆和在祖国大陆旅行的身份证明。

（五）港澳通行证

港澳通行证全称为“中华人民共和国往来港澳通行证”，是内地居民往来港澳地区的唯一合法的旅游证件，由居民所在地公安局出入境管理部门颁发。自2009年4月1日开始，深圳居民可办理一年内多次往返港澳的通行证件。

（六）往来台湾通行证

往来台湾通行证全称为“大陆居民往来台湾通行证”，是大陆居民往来台湾地区唯一合法的旅行证件，由中华人民共和国政府授权中国公安机关颁发。此外，赴台旅游还须在户口所在地公安局出入境管理处办理“入台证”。

二、出入境手续

办理出入境手续是比较复杂的一项工作。领队要带领旅游团队办理的出入境手续包括海关检查、卫生检疫检查、边防检查、安全检查等。

（一）海关检查

海关检查包括办理海关手续和选择适合的通关方式两个步骤。

1. 办理海关手续

俗称“通关”，即入出境旅客向海关书面申报所携行李物品，将填写的“中华人民共和国海关进出境旅客行李物品申报单”（以下简称申报单）递交给海关人员查验。申报的物品包括：

（1）海关征税或限量免税进境的物品。

（2）进出境旅行自用物品和超出规定的旅行自用物品范围但仍为旅行途中需用的物品。

（3）国家禁止进出境的物品和国家限制进出境的文物、货币、金银及其制品，以及印刷品、音像制品等物品。

（4）货物、货样和其他超出旅客行李范围的物品。

海关对符合规定的合理数量的自用行李物品予以放行；对超过规定限量或限值的物品予以征税；携带我国法律规定管制的物品，须向海关交验国家行政管理部门出具的批准文件或证明，经海关查验征税后放行。

旅客携运进出境的行李物品有下列情形之一的，海关暂不予放行：（1）旅客不能当场缴纳进境物品税款的；（2）进出境的物品属于许可证件管理的范围，但旅客不能当场提交的；（3）进出境物品超出自用合理数量，按规定应当办理货物报关手续或其他海关手续，其尚未办理的；（4）对进出境物品的属性、内容存疑，需要有关主管部门进行认定、鉴定、验核的；（5）按规定暂不予以放行的其他行李物品。

2. 选择适合的通关方式

海关通道分为“红色通道”（亦称申报通道）和“绿色通道”（亦称无申报通道）两种。

（1）红色通道（申报通道）。

境外旅游者进入中国境内，一般须经红色通道，标志为红色正方形，要事先填写旅客行李申报单向海关申报。申报单上所列的自用物品，经海关查验后放行。海关在申报单上加上“△”记号的，必须复带出境（例如录音机、照相机、摄像机等）。外国旅游者不能代他人携带物品出境。

经海关验核签章的“旅客行李申报单”应妥善保管，申报单不得涂改，不得遗失，出境时要再交海关办理手续；申报单应据实填写，若申报不实或隐匿不报，一经查出，海关将依法处理。

分离运输行李物品应在“旅客行李申报单”上报明。自旅客进境日起6个月内运进的，海关予以验放。

经海关免税放行的物品，两年内如出售、转让或转作他用，必须报经海关核准并补缴税款。

海关加封的行李物品，不要擅自开拆或者损毁海关加施的封志。

海关未放行的行李物品，不得提取或装运。

（2）绿色通道（无申报通道）。

持有中国主管部门给予外交、礼遇签证、护照的外国籍人员及海关给予免验礼遇的人员，可选择绿色通道通关，标志为绿色正八角形，但须向海关出示本人证件并按规定填写申报单据。

不明海关规定或不知如何选择通道的旅客，应选择红色通道通关。

（二）卫生检疫检查

为了防止传染病的传入或传出，保护人身健康，根据国际惯例及习惯法，各国都制定了国境卫生检疫法。我国依据上述法规设立了国境卫生检疫机关，在入出境口岸依法对包括旅游者在内的有关人员及其携带的动植物和交通工具等实施传染病检疫、检测和卫生监督，只有经过检疫，由国境卫生检疫机关许可，才能入出境。

来自传染病疫区的人员必须出示有效的有关疾病预防接种证明，即俗称的“黄皮书”；无证者，国境卫生检疫机关将对其实施6日的强制留验。

（三）边防检查

边防检查是指对出入境人员的护照、证件、签证、出境入境登记卡、出入境人员携带的行李物品和财物、交通运输工具及其运载的货物等的检查和监护，以及对出入境上下交通运输工具的人员的管理和违反规章行为的处理等。

边防检查的内容包括：护照检查、证件检查、签证检查、出入境登记卡检查、行李物品检查、交通运输工具检查等。根据《出境入境边防检查条例》，我国的边防检查工作由公安部主管。旅游者入境时，应主动出示护照和其他有效证件，并接受边防检查站对其行李物品的检查。不按规定接受验证、行李物品检查的，由边防检查站予以处罚。

（四）安全检查

安全检查是出入境人员必须履行的检查手续，是保障旅客人身安全的重要预防措施。安全检查事关旅客人身安全，所以旅客都必须经过检查后才允许登机，没有例外。换言之，安全检查不存在任何特殊的免检对象。所有外交人员、政府官员和普通旅客，都必须经过安全检查。安全检查的内容主要涉及旅客及其行李物品中是否携带枪支、弹药以及易爆、易腐蚀、有毒、放射性等危险物品，以确保航空器及乘客的安全。安全检查必须在旅客登机前进行，拒绝检查者不准登机，损失自负。采用通过安全门、使用磁性探测器检查、红外线透视、搜身、开箱检查等，对旅游者进行安全检查。安全检查的环节主要有：托运行李物品检查、旅客证件检查、手提行李物品检查和旅客身体检查。

三、海关对出入境物品的规定

中国海关部分限制进出境物品的规定如下：

（一）烟、酒

来往港澳地区的旅客（包括港澳旅客和内地因私前往港澳地区探亲和旅游等的旅客），可免税携带香烟 200 支或雪茄 50 支或烟丝 250 克，免税 12 度以上的酒精饮料一瓶（不超过 0.75 升）；当天往返或短期内多次来往港澳地区的旅客，可免税携带香烟 40 支或雪茄 5 支或烟丝 40 克，不准免税带进酒精饮料；其他进境旅客可免税携带香烟 400 支或雪茄 100 支或烟丝 500 克，免税 12 度以上的酒精饮料 2 瓶（不超过 1.5 升）。

（二）旅行自用物品

非居民旅客及持有前往国家或地区再入境签证的居民旅客免费携带进境的旅行自用物品限照相机、便携式收录音机、小型摄影机、手提式摄录机、手提式文字处理机每种一件。超出范围的或单价超过 5 000 元人民币的物品，需向海关如实申报，并办理有关手续。经海关放行的旅行自用物品，旅客应在回程时复带出境。旅客在海外购买了音像制品（如录音带、录像带、唱片、电影片、VCD、光盘等）和印刷品（如书报、刊物、图画等）也必须申报和交验。若藏匿不报，海关将按规定处理。

（三）金、银及其制品

旅客携带金、银及其制品进境应以自用合理数量为限，其中超过 50 克的，应填写申报单证，向海关申报；复带出境时，海关凭本次进境申报的数量核放。携带或托运在中国境内购买的金、银及其制品（包括镶嵌饰品、器皿等新工艺品）出境，海关凭中国人民银行制发的“特种发货票”放行。

（四）外汇

旅客携带外币、旅行支票、信用证等进境，数量不受限制。旅客携带 5 000 美元或等值的其他外币现钞进境，须向海关如实申报；复带出境时，海关凭本次进境申报的数额核发。旅客携带外币现钞金额等值 5 000 美元至 1 万美元出境，海关凭携带外汇出境许可证查验放行。

（五）人民币

根据《中国人民银行公告（2004）第 18 号》规定，中国公民出入境、外国人进出境每人每次携带的人民币限额由原来的 6 000 元调整为 20 000 元。

（六）文物、字画

文物指遗存在社会上或埋藏在地下的历史文化遗物。字画亦称书画，系书法和绘画的合称。中国政府禁止携带珍贵文物及其他禁止出境的文物出境。珍贵文物是指国家馆藏一、二、三级文物；其他禁止出境的文物，指有损国家荣誉、有碍民族团结、在政治上有不良影响的文物；一般文物是指 1795 年以后的、可以在文物商店出售的文物。

旅客携带文物进境，如需复带出境，请向海关详细报明，旅客携带出境的文物（含已故现代著名书画家的作品），需经中国文化行政管理部门鉴定。

携运文物出境时，必须向海关详细申报。对在境内商店购买的文物，海关凭中国文化行政管理部门加盖的鉴定标志及“文物古籍外销统一发货票”查验放行；对在境内通过其他途径得到的文物，海关凭中国文化行政管理部门加盖的鉴定标志及开具的出口许可证明查验放行；未经鉴定的文物，不要携带出境。携带文物出境，不据实向海关申报的，海关将依法处理。

（七）中药材、中成药

旅客携带中药材、中成药出境，前往国外的，总值限人民币 300 元；前往港澳地区的，总值限人民币 150 元。寄往国外的中药材、中成药，总值限人民币 200 元；寄往港澳地区的，总值限人民币 100 元。

进境旅客出境时携带用外汇购买的、数量合理的自用中药材、中成药，海关凭有关发货票和外汇兑换证明放行。麝香、犀牛角、虎骨以及超出上述规定限值的中药材、中成药不准出境。

（八）旅游商品

进境旅客出境时携带用外汇在我国境内购买的旅游纪念品、工艺品，除国家规定应申领出口许可证或者应征出口税的品种外，海关凭有关发货票和外汇兑换证明放行。

练习与实践

一、单项选择题

1. 旅游团出境时，在机场协助旅游者办理离境手续的是（　　）。

A. 全陪　　B. 地陪　　C. 领队　　D. 团长

2. 在出境前的说明会上，领队应发给旅游者的资料是（ ）。

A. 旅游签证/签注　　B. 旅游行程表

C. 交通票据　　D. 团队名单表

3. 由于世界各国对入境旅客所携物品、货币、烟酒的限量各不相同，领队在带团出境前应对目的地国家海关的这方面规定有所了解，其了解的途径应是（ ）。

A. 我国出版的出境旅游指南　　B. 百度网页

C. 其他领队　　D. 目的地国家驻华使馆网页

4. 全团旅游者通过目的地国家海关后，领队应将他们的（ ）收齐，由自己统一保管。

A. 护照　　B. 机票　　C. 小费　　D. 黄皮书

5. 在与旅游目的地国家接待社导游员商谈日程时若出现不能解决的争议，领队的处置办法是（ ）。

A. 报告我国驻该国使领馆　　B. 报告国内组团社

C. 与当地接待社联系　　D. 与旅游团游客商量

6. 在旅游目的地国家或地区旅游期间，若发现当地接待社或导游员存在不履行合同的情况，领队应代表旅游团（ ），以维护游客的合法权益。

A. 提出赔偿　　B. 进行投诉　　C. 提出警告　　D. 进行交涉

7. 在境外一地旅游结束时，领队应（ ）将小费分别递送给当地导游和司机。

A. 让游客代表　　B. 让部分游客

C. 当着全体游客的面　　D. 背着全体游客

8. 如旅行社为出境旅游团购买的是往返机票或联程机票，领队要在旅游团离开旅游目的地国家前（ ）或通过当地接待社导游员对该机票进行确认。

A. 72 小时　　B. 78 小时　　C. 82 小时　　D. 84 小时

9. 由于不同国家对旅游者购物退税的规定不尽相同，有的是先办理乘机手续，有的是先办理海关手续，因此，领队在带领旅游者办理退税手续时须向（ ）查询，然后告知旅游者。

A. 机场　　B. 该国驻华使领馆网站

C. 航空公司网站　　D. 我国驻该国使领馆网站

10. 领队带领旅游者返程入境的程序是（ ）。

A. 接受入境边防检查—领取托运行李—接受海关检查—接受检验检疫

B. 接受海关检查—接受入境边防检查—接受检验检疫—领取托运行李

C. 接受检验检疫—接受入境边防检查—领取托运行李—接受海关检查

D. 领取托运行李—接受入境边防检查—接受海关检查—接受检验检疫

二、多项选择题

1. 领队在出境旅游前应做好的准备工作主要有（ ）。

A. 听取计调人员关于旅游团情况的介绍

B. 接收计调人员移交的旅游团有关资料

C. 熟悉所带旅游团的旅游接待计划

D. 做好出境旅游的有关物质和知识准备

E. 与所带旅游团旅游者通电话联系

2. 同接待入境旅游团所做的物质准备相比，领队带团出境所做的物质准备的不同之处是（　　）。

A. 团队费用、社旗　　B. 护照、机票及复印件

C. 托运行李所用不干胶标签　　D. 多份境外住房分配名单

3. 在出境前的说明会上，领队应向旅游者发放的资料主要有（　　）。

A. 接待计划书　　B. 出境旅游行程表

C. 旅游服务质量评价表　　D. 出入境登记卡

E. 行程须知

4. 领队带领有申报物品的旅游者通关时应告知的事项有（　　）。

A. 从红色通道走到海关柜台前接受查验

B. 将本人护照交海关人员查验

C. 将申报单交海关人员查验

D. 将随身物品交海关人员查验

E. 保存好申报单，以便返程入境时交海关人员查验

5. 领队带领旅游者通过边防检查时应告知他们向边防人员出示的证件有（　　）。

A. 本人护照　　B. 国际机票　　C. 登机牌　　D. 海关申报单

E. 边防检查出境登记卡

6. 旅游团若办理的是团体签证或到免签国家旅游，领队应向旅游目的地国家边检人员出示的证件有（　　）。

A. 中国公民出国旅游团队名单表　　B. 旅游者护照

C. 领队证　　D. 旅游计划书

E. 团体签证

7. 领队在飞行途中为旅游者提供的服务主要有（　　）。

A. 帮助团中家庭旅游者调整座位

B. 向空乘人员介绍旅游者的特殊饮食要求

C. 帮助空乘人员为旅游者递送饮食

D. 帮助旅游者填写目的地国家入境卡和海关申报表

E. 回答旅游者飞行途中的有关问题

8. 领队在与旅游目的地国家或地区接待社的导游员接洽时应做好的工作有（　　）。

A. 清点旅游团人数

B. 清点旅游团行李件数

C. 告知游客带好托运行李

D. 告知游客带好随身物品

E. 对地接社导游员的迎接表示感谢

9. 在境外旅游期间，若发生旅游者滞留不归的情况，领队应及时向（　　）报告。

A. 境外警方　　B. 当地接待社

C. 组团社　　D. 我国驻该国使领馆

E. 滞留不归者所在单位

10．领队带领旅游团返程过海关前应告知旅游者中国海关关于携入物品的规定有（　　）。

A．中国海关禁止携带入境的物品

B．旅游者出境时自用的物品

C．旅游者出境时带出复带入境的物品

D．旅游者在境外旅游时遗失的物品

E．允许入境但须申报检疫的物品

三、实践训练

1．行前说明会主要向参团的旅游者讲哪些内容？

2．撰写一份领队欢迎词引出导游，并在班上进行口头演练。

3．旅游者出入境需要办理哪些必要的手续？对物品有哪些限制？

项目六 景区景点与散客导游服务

广义的导游人员除了前面介绍的地陪、全陪、出境领队外，还包括景区景点导游员。景区景点导游员又叫讲解员，是指受旅游景区景点委派或安排，在旅游景区内为游客提供导游讲解服务的工作人员。相较于地陪、全陪和出境领队的导游服务，景区景点导游服务有很大的相似性和关联性，但限于服务的地域范围狭小、服务内容单一，景区景点导游服务有其自身的特点，即仅限于某景区景点内的讲解服务。

散客旅游是当今旅游市场上越来越流行的旅游形式，其高度的灵活性和个性化特点使其发展速度远超过团体包价游。散客旅游并不意味着完全不依靠旅行社，由游客自己办理所有旅行事务。实际上不少散客旅游活动都借助旅行社的帮助，旅游者可自行决定旅游日程、线路等，然后再由旅行社做某些安排，如机票、旅馆、导游等。散客旅游也并不意味着只是单个游客，它可以是单个游客，也可以是一个家庭或几个亲朋好友，还可以是临时组织起来的散客旅游团。散客的导游服务与团体包价游的导游服务大致相似，但也有其特殊之处。

项目目标

【知识目标】

1. 了解景区景点导游服务的程序；
2. 了解景区景点导游服务的要求；
3. 了解散客导游服务的程序；
4. 了解散客导游服务的要求。

【能力目标】

1. 能够根据景区景点导游服务的要求完成各个流程；
2. 能够根据散客旅游的类型和特点完成散客的导游服务。

任务一　景区景点导游服务

旅游景区景点是指具有吸引游客前往游览的吸引物和明确划定的区域范围，能满足游客参观、游览、度假、娱乐、求知等旅游需求，并能提供必要的各种附属设施和服务的旅游经营场所。景区的游览参观是旅游活动的重要组成部分，是游客出游的主要目的，因此景区景点的导游服务质量很大程度上影响了游客对整个旅游活动的感知度。

我们在前面“地陪导游服务”项目，介绍了地陪在景区内的导游讲解工作，而此处的景区景点导游服务不同，它是专指景区景点委派和安排的讲解员所提供的景区内的讲解服务。它与地陪的导游讲解服务并不冲突，而是起到了补充的作用。地陪与讲解员有着一个共同的努力目标，即为游客提供最佳的游览体验。

景区景点导游服务流程可分为准备工作、景区导游服务、其他服务和总结工作四个环节，如图 6－1 所示。

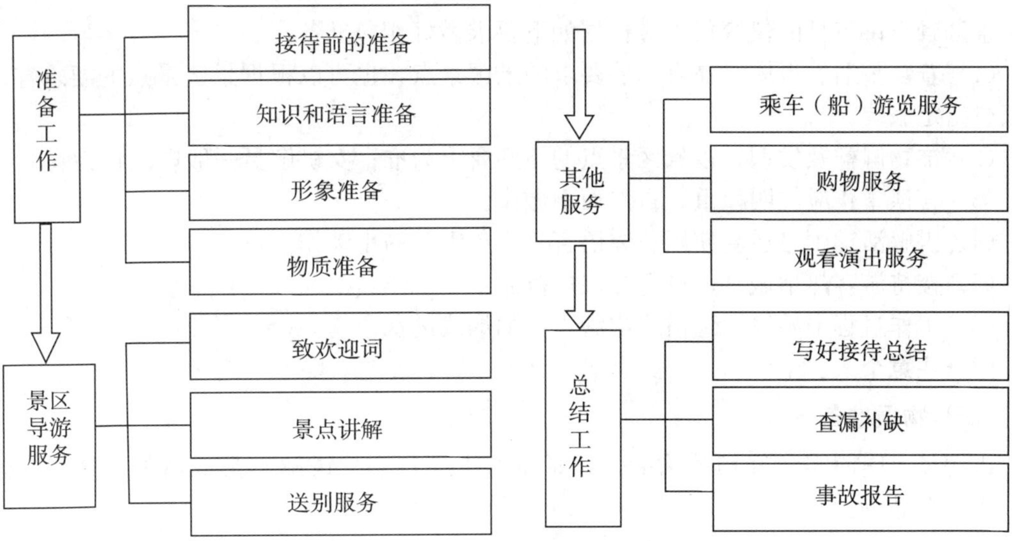

图 6－1　景区景点导游服务流程图

一、准备工作

（一）接待前的准备

景区景点讲解员所接待的游客均为来该景区参观游览的游客，分为两种情况：一种是事先安排计划好将来访的游客，有确定的时间和行程安排。在接待这种计划内的游客前，讲解员要认真查阅核实所接待团队或贵宾的接待计划及相关资料，熟悉该群体或个体的总体情况，如国别、民族、宗教信仰、风俗习惯、禁忌、停留时间、游程安排、有无特殊要求等诸多细节，以使自己的讲解更有针对性、服务工作更周到。另一种是临时接待的团队或散客，具有随机性。在接待这种临时性的游客时，讲解员同样应注意了解客人的有关情况，包括客人的来源、职业、文化程度以及其停留时间、游程安排、有无特殊要求等，以便使自己的讲解更能符合游客的需要。

（二）知识和语言准备

首先，景区景点讲解员必须熟悉并掌握讲解本景区内容所需的知识，包括自然科学知识、历史和文化遗产知识、建筑与园林艺术知识、宗教知识，以及相关的文学、美术、音乐、戏曲、舞蹈知识等。其次，讲解员要能够根据游客对讲解的时间长度、认知深度的不同要求，对讲解内容做好两种或两种以上讲解方案的准备，以适应旅游团队或个体的不同需要。此外，讲解员还需了解与景区相关的拓展知识，如环保知识、文物保护知识、历史人物和事件、民间传说、安全消防知识等。

景区景点讲解员一般使用普通话进行讲解，因此要求普通话发音标准。如果是位于民族地区的景区景点，那么应根据客源情况提供民族语言和普通话的双语讲解服务。此外，针对不同国别的游客，有条件的景区景点还需提供多语种的讲解服务，那么相应地，讲解员需要做好相关语言的准备。

（三）形象准备

景区景点讲解员的仪容仪表应根据如下要求做好相应准备：

（1）着装整洁、得体。在有着装要求的景区景点，也可以根据景区景点的要求穿着工作服或指定服装。

（2）饰物佩戴及发型，以景区景点的原则要求为准；女讲解员一般以淡妆为宜。

（3）言谈举止应文明稳重，自然而不做作。

（4）讲解活动中可适度使用肢体语言，避免无关的小动作。

（5）接待游客热情诚恳，符合礼仪规范。

（6）工作过程中始终做到情绪饱满，不抽烟或进食。

（7）注意个人卫生。

（四）物质准备

讲解员上岗前需备好相关物品，包括景区上岗标志、讲解工具或器材、景区宣传资料、小纪念品等。

二、景区导游服务

景区导游是讲解员的核心工作，讲解员应按景区导游讲解流程规范来提供服务。

（一）致欢迎词

讲解员在接待开始时应向游客致欢迎词，欢迎词应简洁明了，内容可包括如下方面：

（1）代表本景区对游客表示欢迎；

（2）介绍本人姓名及所属单位；

（3）表达景区对提供服务的诚挚意愿；

（4）了解游客的旅游需求；

（5）表达希望游客对讲解工作给予支持配合的意愿；

（6）预祝游客旅途愉快。

案例

一位景区景点讲解员的欢迎词

各位游客朋友，大家好！欢迎来到×××风景区参观游览，我是此行的讲解员×××。非常高兴能为大家导游，在待会儿的游览中如有需要我效劳的，或讲解中有不明白的地方，请尽管提出，希望我的讲解能够让您对我们景区留下美好的印象。

（二）景点讲解

讲解员的景点讲解与地陪的景点讲解服务要求基本一致，在景区景点大门前向游客介绍本景区的简要情况，尤其是景点的背景、价值和特色；在游览示意图前，向客人讲解本次游览活动的旅游路线、大致所需时间，说明游览过程中的注意事项，并提醒游客保管好自己的贵重物品。

景区游览过程中的讲解需要符合以下要求：

（1）有关景区内容的讲解，应有景区一致的总体要求。

（2）对景区的讲解要繁简适度；讲解语言应准确易懂；吐字应清晰，并富有感染力。

（3）如果讲解内容涉及某些历史人物或事件，应充分尊重历史的原貌；如遇尚存争议的科学原理或人物、事件，则宜选用中性词语进行表达。

（4）讲述的民间传说应有故事来源的历史传承，不得为了景区经营而随意编造。

（5）要努力做到讲解安排的活跃生动，做好讲解与引导游览的有机结合。

（6）讲解要从旅游者不同的实际出发，因人、因景而异，其中最重要的是从游客的文化层次出发，这是导游讲解针对性原则的体现，并对游客中的老幼病孕和其他弱势群体给予合理关照。

（7）在讲解过程中，应自始至终与游客在一起活动；注意随时清点人数，以防游客走失；注意游客的安全，随时做好安全提示，以防意外事故发生。

（8）要安排并控制好讲解时间，以免影响游客的原有行程。

（9）讲解活动要自始至终使用文明语言；回答问题要耐心、和气、诚恳；不冷落、顶撞或轰赶游客；不与游客发生争执或矛盾。

（10）如在讲解进程中发生意外情况，则应及时联络景区有关部门，以期尽快得到妥善处理或解决。

案例

走上百家讲坛的女讲解员

赵英健，现任清东陵文物管理处副处长，高级导游，中国紫禁城学会、中国清宫史学会、河北省博物馆学会会员。导游出身的她，没有过深的资历，36 岁的时候却走上了央视王牌栏目《百家讲坛》。她虽终日囿于清东陵方圆百里之地，却给联合国世界遗产委员会专家留下了深刻印象，专家回国后专门写信称赞她。

毕业于唐山大学英语专业的赵英健，从 1991 年 10 月起，就在清东陵文管处做导游员。赵英健自己回忆，刚上班时，一般的导游人员每人每天带两到三个团，而她的最高纪录是半天就带四个团。“特有成就感!”赵英健这样形容自己的工作热情。“要给游客一碗水，导游自己必须有一桶水。”为了使自己的讲解更有知识性，她一头扎进了清史知识的海洋里，孜孜不倦地挖掘清东陵的文化内涵，对清东陵每一阶段的历史都从多方考证，以增加自己对清东陵的认知和了解。有时为弄清一个历史问题、解开一个传说疑惑，她要翻阅《大清会典》《清鉴纲目》《昌瑞山万年统志》《清史稿》《遵化州志》等几十万字的书籍。为了使自己的讲解更有趣味性，她将正史与野史巧妙结合起来，在学习了大量清史的同时，还遍访了本地守陵人的后裔。此外，赵英健的讲解并非千篇一律，面对不同的游客，她会讲解不同的内容。“比如针对年轻游客，就多讲一些他们爱听的传说故事；针对专业人士，就多讲一些历史方面的知识；针对高层人士，就着重于文化方面的讲述，有时还会直接引用古文；而为西方国际友人讲解时，就尽量多讲中国的传统文化和文明史，从天人合一的思想、人与建筑、人与自然的关系进行讲述，并与西方同一时期的文化进行对比，让他们更容易接受。”

正是凭借着一股子对东陵博大历史文化的深深热爱，赵英健多年来学习和研究了大量旅游专业知识，探索了不同层次游客的心理，写下了几万字的读书笔记和心得体会，为做好导游服务打下了坚实的基础。1995 年，国家旅游局首次举办全国导游员大赛，赵英健凭着深厚的知识功底和机敏善辩的才华脱颖而出，跻身全国 20 佳优秀导游员行列。2006 年 9 月，她又被评为全国模范导游员。

2000 年 1 月，清东陵申报世界文化遗产项目进入关键时刻。就在联合国专家即将前来现场考察之际，负责古代建筑介绍的工程师突遇车祸住院，于是古建筑介绍和清史介绍这两项任务落在了赵英健的肩上。当时离专家组来东陵仅剩下 20 天，20 天的时间要准备好清东陵古建筑的全面汇报，要准确地介绍清东陵涵盖的清史资料，而且汇报工作的好坏直接影响着申报的成功与否。赵英健勇敢地挑起了这副重担，20 天时间里，她夜以继日地工作。当时她患着重感冒，白天她和领导们研究接待工作，晚上找个小诊所一边输液一边翻书，有时累得睁不开眼睛，就让看护的人念给她听。艰辛的努力终有回报，在联合国世界遗产委员会专家、国际古迹遗址理事会秘书长让·路易·卢逊考察清东陵期间，赵英健将清东陵源远流长的历史和精美的古建筑有机结合在一起，准确到位地将历史信息传达给贵宾。让·路易·卢逊先生对清东陵的文物保护和管理工作非常满意，对赵英健的讲解汇报给予了高度评价，回国后还专门写信来称赞她。2000 年 11 月 30 日，经联合国世界遗产委员会批准，清东陵等被正式列入《世界文化遗产名录》。

请思考：你从赵英健的故事里得到了什么体会?

提示：景区讲解员看似是一个平凡，甚至不起眼的岗位，但在平凡的岗位上也能做出令人刮目相看、肃然起敬的成绩。讲解员要做好自己的工作，一定要深入钻研景区的内涵，始终牢记“要给游客一碗水，导游自己必须有一桶水”。为了让每位游客都喜欢自己的讲解，讲解员还要去探索不同游客的心理，面对不同的游客讲解不同的内容，切忌千篇一律地讲解。

案例

景区安全不容小觑

自 2013 年开始，长白山景区讲解员在旅游车上增添了一段特别的讲解词：

长白山国家级自然保护区是我国建立较早、地位十分重要的自然保护区之一，区内森林生态系统完整，动植物资源丰富，是欧亚大陆北半部最具有代表性的典型自然综合体，是世界少有的“物种基因库”，是松花江、鸭绿江和图们江三江发源地，是东北地区重要的生态屏障。

(1) 禁止一切户外运动爱好者组织和发起进入长白山保护区开展登山穿越活动，对违反规定擅自进入保护区开展登山穿越活动的单位或个人，长白山自然保护管理中心将按照《中华人民共和国自然保护区条例》第 34 条第 2 款规定予以上限处罚，造成资源严重破坏的交由公安机关追究刑事责任。

(2) 持门票入区的旅游人员须在指定线路内开展旅游活动，并服从工作人员的监督管理，严禁越线路旅游。因超越旅游线路开展活动造成自然资源破坏的，依据《中华人民共和国自然保护区条例》第 35 条的规定，处 300 元以上 1 万元以下罚款。对自然资源造成严重破坏的，由公安机关追究其法律责任。

(3) 对因非法进入保护区开展登山穿越活动和越线路旅游造成人身伤亡等事故的，以及因此发生的野外救援等一切费用，全部由责任人承担。

资料来源：李娌．导游服务案例详解．北京：旅游教育出版社，2014：162.

请思考：你对这段景区特增的讲解词有何体会？

提示：景区讲解员不仅负有讲解景区自然、人文景观的职责，还负有宣传景区及景区相关的一些科学知识、观念、行为规范的职责，应倡导文明旅游，助力地区及国家的精神文明建设。

(三) 送别服务

在参观游览结束后，讲解员要向游客致欢送词，内容包括：感谢游客对讲解工作的支持与配合；征求游客对讲解工作的意见和建议；欢迎游客再次光临。最后热情地向游客道别，等游客离开后方可离开。

案例

一位景区讲解员的欢送词

各位游客朋友，今天的讲解到这里就结束了，感谢您的支持与配合，期待您的再次到来，祝大家旅途愉快！这里是我们讲解的导游服务跟踪卡，您游玩的感受或建议都可以写在这里，谢谢大家，再见！

三、其他服务

（一）乘车（船）游览服务

在景区游览时如需乘车或乘船，讲解员应协助司机（或船员）安排游客入座；在上车（船）、乘车（船）、下车（船）时提醒游客有关安全事项，提醒游客清点自己的行李物品；并对老幼病孕和其他弱势群体给予特别关照；注意保持讲解内容与行车（行船）节奏的一致，讲解音量应设法让更多的游客听见。

（二）购物服务

如果游客有购物需要，讲解员要如实向游客介绍本景区的商品内容与特色；带游客前往本景区合法经营的购物场所；不得强迫或变相强迫游客购物。

（三）观看演出服务

如果游程中包含在景区内观看节目演出，讲解员应如实向游客介绍本景区演出的节目内容与特色；按时组织旅游者入场，倡导游客文明观看节目；在游客观看节目过程中，讲解员应自始至终坚守岗位；如个别客人因特殊原因中途退场，讲解员应设法给予妥善安排；不得强迫或变相强迫游客增加需要另行付费的演出项目。

四、总结工作

完成接待任务后，讲解员应按照景区规定认真填写工作日志或接待总结，实事求是地汇报接待情况，包括接待游客的人数、抵离时间；游客基本情况、背景、特点；游客对景区接待工作的反映、意见、建议；自己对接待工作的体会、经验、教训。若发生重大事故，需另附说明报告。

任务二　散客导游服务

一、散客旅游的特点

散客旅游是旅游业进入更高层次、更新阶段的必然产物，20 世纪 80 年代以来，世界旅游市场就已出现“散客化”的旅游潮，欧美主要旅游发达国家的散客市场份额已达70%～80%。近年来，随着我国居民生活水平的提高和旅游活动的普及，散客旅游也逐渐成为国民旅游的主流形式。作为服务对象，散客相对于团队更加灵活多样、变化无常，因此对导游服务也提出了更高的要求。

要做好散客的导游服务，首先需要了解散客旅游的特点。

（一）人数少

散客旅游多为旅游者本人单独出行或与朋友、家人结伴而行，因此通常人数少。即便是小包价旅游和散客包价旅游，人数也在 9 人以下。只有组合旅游这种形式的散客团，在旅游旺季时才可能达到较大规模。

（二）批次多

散客旅游虽然人数少、规模小，但由于它的流行程度和受欢迎程度远超团队旅游，因此参与散客旅游的总人数远大于团队旅游，于是便形成了大量目的地不同、要求不同的散客批次。

（三）预定期短

散客旅游要求旅行社提供的不是全套旅游服务，而是一项或几项服务，因此游客通常会在出发前临时提出服务要求，或在旅行过程中提出，这就使得散客服务的预定期呈现出短于团队旅游的特征。散客往往会要求旅行社能够在较短时间内安排或办妥有关的服务项目，从而对旅行社的工作效率提出了更高要求。

（四）变化大

由于散客旅游都是由旅游者自己设计、安排行程，因此相对于团队旅游周密细致的计划性，散客旅游具有明显的临时性、变化性特征，这就要求提供服务的旅行社能做出及时的安排和调整。

（五）要求多，凝聚力弱

选择散客旅游的旅游者通常更加追求个性化，因此对服务的要求也就更个性化，如果把这些个性化的旅游者集合在一起组成临时性的散客团，很容易出现意见有分歧的状况。再加上散客团无领队、无全陪，整个团队的凝聚力较弱，因此提供服务的难度大大增加。

二、散客导游服务流程与规范

散客的导游服务与旅游团相比，在服务程序上有许多相似之处，但也有其特别之处。为散客提供导游服务时，导游人员应掌握散客旅游的特点，有针对性地提供优质服务。散客导游服务的流程主要包括迎接服务、参观游览服务和送站服务三个部分。

（一）迎接服务

1. 服务准备

导游人员在接受了散客导游服务的任务后，应认真做好迎接散客的准备工作，包括认真阅读接待计划、做好出发前的准备和联系交通工具。

（1）认真阅读接待计划。

导游人员应明确迎接的日期、航班（车、船次）抵达的时间、散客人数及每位客人的姓名、下榻的饭店、有无航班（车、船次）及人数的变更、提供哪些服务项目、是否与其他游客合乘一辆车至下榻饭店。

（2）做好出发前的准备。

导游人员要准备好所迎接散客旅游者的姓名或小包价旅游团的欢迎标志、地图、宣传资料等，随身携带导游证（包括电子导游证）、胸卡、导游旗或接站牌，检查所需票证。

（3）联系交通工具。

导游人员要与计调部门或散客部核实车辆，确认司机姓名并与司机联系，约定碰头的时间、地点，了解清楚旅游车辆的车型、车号。

2. 接站服务

导游人员接站时要使散客旅游者受到热情友好的接待，使其有宾至如归之感。导游人员接站服务的流程如下：

(1) 提前到达接站地点。

导游人员如果迎接的是乘飞机来的散客或散客团，应提前20分钟到达机场，在国际或国内进港隔离区门外等候；如果迎接的是乘火车来的散客或散客团，应提前30分钟到达车站，在出站口等候。

(2) 迎接旅游者。

接待散客比接待团队旅游者要困难，因为人数少，稍有疏忽，就会出现漏接，如旅游者自行到饭店或被别人接走。因此，在航班（火车、轮船）抵达时，导游人员和司机应站在不同的出口迎接旅游者，在醒目的位置手举接站牌，接站牌上写明所接散客的姓名，以便对方能快速识别。当游客出来后，导游员还要根据游客国籍、民族等特征主动上前询问认找。如已确认迎接到该接的散客后应主动问候，介绍自己的姓名和所代表的旅行社，对其表示欢迎。询问所接旅游者在机场（车站、码头）是否还有要办理的事情，并给予必要的协助。询问其行李件数并进行清点，帮助其提取行李和引导客人上车。如果没有接到应接的旅游者，导游人员应该做到：

1）询问机场或车站工作人员，确认本次航班（火车、轮船）的乘客确已全部下车或在隔离区内确已没有出港旅客。

2）导游人员（如有可能与司机一起）在尽可能的范围内寻找（至少20分钟）。

3）若确实找不到应接的散客，导游员应打电话与计调部或散客部联系并告知情况，进一步核实其抵达的日期和航班（火车、轮船）及是否有变更的情况。

4）当确定接不到旅游者时，须经计调部或散客部同意方可离开机场（车站、码头）。

5）对于未在机场（车站、码头）接到旅游者的导游人员来说，应前往旅游者下榻的饭店前台，确认旅游者是否已入住饭店。如果旅游者已入住饭店，必须主动与其联系，并表示歉意。

(3) 首次沿途导游服务。

在从机场（车站、码头）至下榻饭店的途中，导游人员应按照导游服务规范，向游客介绍所在城市的概况、沿途景物及相关注意事项，以及下榻饭店的地理位置、设施等情况。在讲解形式上，由于游客人数少，沿途导游服务可采取对话的形式进行。

(4) 入住饭店服务。

在游客抵达饭店后，导游人员应协助其尽快办理入住手续，并热情介绍饭店的服务项目和入住的有关注意事项，与旅游者确认日程安排与离店的相关事宜。

1）帮忙办理入住手续。散客抵达饭店后，导游人员应帮助散客办理饭店入住手续。按接待计划向散客明确说明饭店将为其提供的服务项目，并告知散客离店时要现付的费用和项目，记下散客的房间号码。散客行李抵达饭店后，导游人员应负责核对行李，并督促行李员将行李运送到散客的房间。

2）确认日程安排。导游人员在帮助散客办理入住手续后，要与散客确认日程安排。当散客确认后，将填好的安排表、游览券及赴下站的飞机（火车、轮船）票交给散客，并让其签字确认。如散客参加大车游览，应将游览券、游览徽章交给散客，并详细说明各种票据的使用方法，集合时间、地点，以及大车的导游人员召集散客的方式，在何处等车、上车等相关事宜。对于有送机（车、船）服务项目的散客要与其商定好离站时间和送站安排。

3）确认机票。若散客将乘飞机去下一站，而散客又不需要旅行社为其提供机票时，导游人员应叮嘱散客要提前预订和确认机票；如散客需要协助确认机票时，导游人员可告知其确认机票的电话号码；如散客愿意将机票交与导游人员帮助确认，而接待计划上又未注明需协助确认机票，导游人员可向散客收取确认费，并开具证明。导游人员帮助确认机票后，应向散客部或计调部报告确认后的航班号和离港时间，以便及时派人、派车提供送机服务，并将收取的确认机票服务费交给旅行社。

4）推销旅游服务项目。导游人员在迎接散客的过程中，应伺机询问散客在本地停留期间还需要旅行社为其代办何种事项，并表示愿竭诚为其提供服务。

（5）后续工作。

迎接游客完毕后，导游人员应及时将同接待计划有出入的信息及游客的特殊要求反馈给散客部或计调部。

（二）参观游览服务

参加散客旅游的游客一般文化水平比较高，旅游经验比较丰富，对旅游服务的要求也较高。散客小包价旅游团和组合旅游团，由于其成员往往来自不同的国家或地区，彼此语言不通、风俗习惯各异，游览中相互无约束，缺乏凝聚力，集合起来很困难。所有这些散客的特点，都要求导游人员具有较高的综合素质和工作责任心，能够多倾听游客的意见，做好组织协调工作。

1. 出发前的准备

出发前，导游人员应做好有关的准备工作，如携带游览券、导游小旗、宣传材料、游览图册、导游证、胸卡、名片等，并与司机联系集合的时间、地点，督促司机做好有关的准备工作。

导游人员应提前15分钟抵达集合地点，引导散客上车。如是散客小包价旅游团，散客分住不同的饭店，导游人员应偕同司机驱车按时到各饭店接散客。散客到齐后，再驱车前往游览地点。根据接待计划的安排，导游人员必须按照规定的路线和景区（点）带团游览。

2. 沿途导游服务

散客的沿途导游服务与旅游团队大同小异。如果导游人员接待的是临时组合起来的小包价旅游团，初次与散客见面时，应代表旅行社、司机向散客致以热烈的欢迎，表示愿竭诚为大家服务，希望大家予以合作，多提宝贵意见和建议，并祝大家游览愉快、顺利。导游人员除做好沿途导游之外，还应特别向散客强调在游览景点中注意安全。

3. 现场导游讲解

抵达游览景点后，导游人员应对景点的历史背景、特色等进行讲解，语言要生动、有声有色，引导旅游者参观。

如果是单个旅游者，导游人员可采用对话或问答形式进行讲解，更显亲切自然。有些零星散客有考察社会的兴趣，善于提出问题讨论问题，导游人员要有所准备，多向旅游者介绍各方面的情况，从中了解旅游者的观点和意见。

如果是散客小包价旅游团，导游人员应陪同旅游团边游览边讲解，随时回答旅游者的提问，并注意观察旅游者的动向和周围的情况，以防旅游者走失或发生意外事故。

游览结束后，导游人员要负责将旅游者分别送回各自下榻的饭店。

4. 其他服务

由于散客旅游者自由活动时间较多，导游人员应当好他们的参谋和顾问，可介绍或协助安排晚间娱乐活动，把可观赏的文艺演出、体育比赛、宾馆饭店的活动告诉旅游者，请其自由选择。需要注意的是，导游人员应引导旅游者去健康的娱乐场所。

5. 后续工作

若接待任务书或委托书中注明参观游览需收取现金，导游人员应向散客旅游者收取现款，并及时将收取的现金交旅行社财务部。接待任务完成后，导游人员应及时将接待中的有关情况反馈给散客部或计调部，或填写“零散旅游者登记表”。

（三）送站服务

当散客旅游者结束在本地的活动后，导游人员应根据接受的送站任务为他们提供送站服务，使他们安全、顺利地离开当地。

1. 服务准备

（1）详细阅读送站计划。

导游人员接受送站计划后，应详细阅读送站计划，明确所送散客的姓名或散客小包价旅游团人数、离开本地的日期、所乘航班（火车、轮船）以及下榻的饭店；有无航班（火车、轮船）与人数的变更；是否与其他散客或散客小包价旅游团合乘一辆车去机场（车站、码头）。

（2）做好送站准备。

导游人员必须在送站前24小时与散客或散客小包价旅游团确认送站时间和地点。若散客不在房间，应留言并告知再次联络的时间，然后再联系、确认。要备好散客的机（车、船）票。

同散客部或计调部确认与司机会合的时间、地点及车型、车号。

如散客乘国内航班离站，导游人员应掌握好时间，使散客提前2小时到达机场；如散客乘国际航班离站，必须使散客提前3小时到达机场；如散客乘火车离站，应使散客提前1小时到达车站。

2. 饭店接送散客

按照与散客约定的时间，导游人员必须提前20分钟到达散客下榻的饭店，协助散客办理离店手续，交还房间钥匙，付清账款，清点行李，提醒散客带齐随身物品，然后照顾客人上车离店。

若导游人员到达散客下榻的饭店后，未找到要送站的旅游者，导游人员应到饭店前台了解旅游者是否已离店，并与司机共同寻找，若超过约定的时间20分钟，仍未找到，应向散客部或计调部报告，请计调人员协助查询，并随时保持联系，当确认实在无法找到旅游者时，经计调人员或有关负责人同意后，方可停止寻找，离开饭店。若导游人员要送站的旅游者与住在其他饭店的旅游者合乘一辆车去机场（车站、码头），要严格按照约定的时间顺序抵达各饭店。

若用车接送旅游者途中遇到严重交通堵塞或其他极特殊情况，需调整原约定的时间顺序和行车路线时，导游人员应及时打电话向散客部或计调部报告，请计调人员将时间上的变化通知旅游者，或请其采取其他措施。

3. 送站工作

在送散客到机场（车站、码头）途中，导游人员应向旅游者征询在本地停留期间或游览过程中的感受、意见和建议，并代表旅行社向旅游者表示感谢。

散客到达机场后，导游人员应提醒和帮助旅游者带好行李和物品，协助旅游者办理机场税。一般情况下，机场税由散客自付；但送站计划上注明代为散客缴纳机场税时，导游人员应照计划办理，回去后再凭票报销。

导游人员在同旅游者告别前，应向机场人员确认航班是否准时起飞，若航班推迟起飞，应主动为旅游者提供力所能及的服务和帮助。

若确认航班准时起飞，导游人员应将旅游者送至隔离区入口处，同其告别，热情欢迎他（她）们下次再来。若有旅游者将再次返回本地，要同旅游者约好返回等候地点。旅游者若乘国内航班离站，导游人员要待飞机起飞后方可离开机场。

若送旅游者去火车站，导游人员要安排好旅游者从规定的候车室上车入座，协助旅游者安顿好行李后，将车票交给旅游者，然后同其道别，并表示欢迎其再来。

4. 结束工作

由于散客经常有临时增加旅游项目或其他变化的情况而需要导游人员向旅游者收取各项费用，因此，在完成接待任务后，应及时结清所有账目，并及时将有关情况反馈给散客部或计调部。

项目小结

本项目围绕景区景点导游服务以及散客导游服务的程序和标准展开，这两部分内容都是导游服务重要的组成部分，它们既有着与前面学习过的团队导游服务相同的内容，也有其独特之处，因此在学习的过程中要善于对比和总结。其中，散客导游服务是旅行社按照散客的要求提供各项导游服务，它具有极强的灵活性和变化性，同时散客旅游也是未来旅游市场的主流形式，因此需要多加钻研，努力提高服务质量和水平。

拓展知识

景区的分级分类

一、景区的分级

国内外通常根据资源吸引力和保护的级别不同，对景区进行分级管理。由于景区的类别、所在国家、主管部门等方面的不同，景区的分级包括二级和五级两种分级体系。

（一）二级系统

二级系统是以美国为代表的景区分级系统，其分级的基础是美国的纵向行政管理“联邦政府—州”二级体系，最为典型的是美国公园。美国公园根据其质量的高低或重要性分为国家公园和州立公园两级，如美国的黄石国家公园和尼亚加拉大瀑布州立公园。我国的风景名胜区也采用这种分类管理体系，按照其质量的高低或重要性，分为国家级风景名胜区和省级风景名胜区。

(二) 五级系统

我国的旅游区根据其综合质量高低分为五级系统。《旅游区（点）质量等级的划分与评定》（GB/T 17775－2003）中规定："旅游区（点）质量等级划分为五级，从高到低依次为AAAAA、AAAA、AAA、AA、A级旅游区（点）。""旅游区（点）质量等级的标志、标牌、证书由国家旅游行政主管部门统一规定。"

二、景区的分类

旅游景区的类别很多，根据不同的标准，可划分出不同的旅游景区类型，常见的分类方法如下：

(一) 根据设立目的划分

按照这一标准，景区分为公益性旅游景区和纯商业性旅游景区。公益性旅游景区又称公共资源型景区，是指那些依托自然景观、文物古迹等社会公共资源，由政府部门或社会团体代表国家行使管理权的景区，具有公共福利、科学研究、生态教育、文物保护和经营活动等多项功能。纯商业性旅游景区通常指主题公园，由于其主要依托商业资本的投入来进行设计、建造，而非依托公共资源，因此具有明确的商业性，以营利为主要目的。

(二) 根据资源属性划分

根据资源属性，景区可分为自然景区、人文景区和复合型景区三个大类。每个大类又可分为若干个小类，如自然景区又可分为自然山川、湖泊、滨海、森林等类型；人文景区可分为历史遗迹类、建筑与园林类、宗教文化与艺术类、社会风情与传统节庆类等类型。

(三) 根据景区功能划分

根据景区的功能特征，可将景区分为观光体验型、休闲度假型和复合型三种不同类型。每个大类又可分为若干小类，如休闲度假型可进一步分为康体疗养型、运动健身型、娱乐型等。

(四) 根据内容和表现形式

从内容和表现形式两个角度对景区进行划分，可分为古代遗址、历史建筑、博物馆、美术馆、公园和花园、野生动物园、主题公园、早期产业旧址等。

1. 古代遗址

古代遗址指挖掘出土和加以保护的古迹，例如古城防建筑、古墓葬等。我国的西安半坡遗址、秦俑坑，北京的周口店猿人遗址、古长城，洛阳的古墓葬展览馆等都属于这类景区。

2. 历史建筑

历史建筑指以历史上遗留下来的各种建筑物为主要游览内容而设立的旅游景区，包括历史上遗留下来的城堡、宫殿、名人故居、庙宇寺院、历史民居等。

3. 博物馆

博物馆的系列十分庞大，可分为两大类：一类是以特定收藏品为展示内容的博物馆，如科学博物馆、历史博物馆、军事博物馆、交通运输博物馆等；另一类则是以特定场址为展示内容的博物馆，如我国的故宫博物院、美国殖民地时期的威廉斯堡博物馆、英国的铁桥博物馆等都属此类。另外，博物馆还可按其收藏品来源范围进行划分，如国家博物馆、地方博物馆。

4. 美术馆

美术馆多以收藏和展览历史或传统美术作品为主。

5. 公园和花园

公园和花园指以具有特色的自然环境和植物景观为主要内容的旅游景区，如国家公园、自然保护区、著名的花园和园林等。

6. 野生动物园

野生动物园指以观赏野生动物为主要活动内容的旅游景区，如野生动物园（动物一般是放养在野外的，采用人工定时喂养，游人不可以自由走动，只能乘专门的游览车观赏）、动物园（动物一般都关在铁笼里，游人可近距离观赏）、水族馆、观鸟园、天然动物园、蝴蝶庄园等。

7. 主题公园

这类旅游景区多为以某种新主题为基调而兴建的大型人造游览娱乐园区，如美国的迪士尼乐园、日本富士急乐园、深圳的世界之窗和欢乐谷等都属此类。

8. 早期产业旧址

早期产业旧址指那些在已经遗弃的早期工矿产业旧址基础上形成的参观景区，主要让参观者了解当地早期的社会生产和技术状况，如早期的采矿业、纺织业、铁路运输业以及运河码头等遗址。

练习与实践

一、单项选择题

1. 导游员的讲解要从旅游者不同的实际出发，因人、因景而异，这是导游讲解（　　）原则的体现。

A. 计划性　　B. 针对性　　C. 灵活性　　D. 创造性

2. 导游讲解的针对性要求导游员的讲解要从游客的实际出发，其中最重要的是从游客的（　　）出发。

A. 社会阶层　　B. 文化层次　　C. 职业类型　　D. 身份地位

3. 景区景点讲解员讲述的民间传说应有故事来源的（　　）。

A. 历史传承　　B. 历史背景　　C. 合理想象　　D. 参考资料

4. 景区景点讲解员在导游讲解中如遇尚存争议的科学原理或人物、事件，则宜选用（　　）进行表达。

A. 褒义词语　　B. 中性词语　　C. 贬义词语　　D. 专业术语

5. 如果在导游讲解进程中发生意外情况，景区景点讲解员应及时联络（　　），以期尽快得到妥善处理或解决。

A. 地接社计调部　B. 地陪　C. 景区有关部门　D. 全陪

6. 在旅游者观看景区节目过程中，讲解员应自始至终（　　）。

A. 保持沉默　B. 介绍剧情　C. 进行协调　D. 坚守岗位

7. 散客张先生在机场等候多时未见导游员，便打车到了酒店。当导游员赶到酒店在大堂见到张先生时，导游员首先应该（　　）。

A. 详细讲明自己漏接的原因

B. 询问客人为什么不等导游

C. 先致歉，尽快办理好客人入住手续

D. 拿出迟到的“证据”说明是旅行社将时间通知错了

8. 导游员到饭店接送散客，若未接到客人，导游员应在（　　）才能离开饭店。

A. 等待 20 分钟后

B. 报告旅行社计调部门后

C. 经过寻找确认已经找不到游客后

D. 经过寻找后确认找不到游客，经旅行社有关领导同意后

9. 地陪在接小型旅游团或无领队、无全陪的散客旅游团时，要在接站牌上写上（　　），以便客人能主动与地陪联系。

A. 接待社名称　B. 组团社名称　C. 导游姓名　D. 游客姓名

10. 下列关于散客旅游者的描述中，不正确的是（　　）。

A. 通常文化层次较高　B. 有较丰富的旅游经验

C. 对服务的要求不高　D. 自主旅游能力较强

11. 接待散客的导游员必须在送站前（　　）小时与旅游者（团）确认送站时间和地点。

A. 24　B. 36　C. 48　D. 72

二、多项选择题

1. 在接待旅游团（者）之前，景区景点讲解员应做的物质准备主要包括（　　）等方面的准备。

A. 仪表仪容　B. 景区资料　C. 讲解设备　D. 景区上岗标志

2. 讲解员在带领旅游者参观游览前的导游讲解服务主要包括（　　）等内容。

A. 概况介绍　B. 分发景区资料　C. 致欢迎词　D. 提醒服务

3. 在机场未能接到计划中的国内散客旅游者时，导游员应该（　　）。

A. 与旅行社联系，听从安排

B. 与机场联系，询问本航班乘客是否出港

C. 设法与客人联系，询问具体情况

D. 在车上等候客人前来联系

4. 导游员在接受散客接待任务后，应详细阅读接待计划，明确（　　）。

A. 旅游车的价格

B. 抵达本地的日期（时间）、航班（车次）

C. 下榻的饭店

D. 所接游客姓名

5. 散客迎接服务的服务准备包括（　　）等内容。

A. 认真阅读接待计划
B. 预订城市间交通工具
C. 做好出发前准备
D. 联系交通工具

6. 导游到机场迎接到应接的散客旅游者后要做好的工作有（　　）。

A. 介绍所代表的旅行社和自己的姓名，对其表示欢迎
B. 询问旅游者在机场是否还有需要办理的事情
C. 询问旅游者托运的行李件数，并进行清点
D. 帮助旅游者提取行李并引导其上车

7. 导游将散客旅游者接到饭店后应做好的工作有（　　）。

A. 帮助其办理下榻饭店的入住手续
B. 与其确认停留期间的日程安排
C. 告知其确认已购机票的电话号码
D. 询问其需要旅行社为其代办的其他服务

8. 导游人员在送散客旅游者赴机场或火车站途中应做的主要工作有（　　）。

A. 进行沿途风光导游
B. 征询他们在本地停留期间的感受
C. 征询他们对服务的意见和建议
D. 代表旅行社对他们表示感谢

三、实践训练

1. 将学生分成5～8人一小组，每个小组分别进行景区景点的模拟讲解。要求：一名学生扮演讲解员进行讲解，其余学生当游客听，听完后针对讲解词提问题，由负责讲解的学生回答。轮流扮演讲解员角色，每人讲解时间为4～5分钟。

2. 散客旅游有什么特点？

3. 请简述散客导游服务的主要程序和内容。

第三部分　技能篇

项目七　游客个别要求的处理

游客的个别要求，是指在旅游过程中，个别旅游者或一部分旅游者因旅行生活需要所提出的各种计划外的特殊要求。在旅途当中，游客提出一些个别要求是很常见的，不管这种要求合理与否，导游都应当给予足够的重视，并做出妥善处理。

项目目标

【知识目标】

1. 熟悉对游客提出的个别要求进行处理的基本原则；
2. 了解游客在各个接待服务阶段可能出现的个别要求；
3. 掌握满足游客个别要求的程序。

【能力目标】

1. 对游客的个别要求合理与否有基本的判断能力；
2. 能够满足游客合理的个别要求。

任务一　游客个别要求处理概述

一、游客个别要求的构成条件

在旅游活动中，游客难免会提出一些个别要求。有合理的，也有不合理的，有难办到的，也有容易办到的。无论游客提出什么样的要求，导游人员都应予以充分重视，并正确、及时、合情合理地予以解决。

游客的个别要求有几个明显的构成条件：

（1）个别游客或部分游客提出的要求；

（2）在旅游过程中提出的要求；

（3）游客提出的要求不在行程计划当中。

二、游客个别要求处理的基本原则

（一）充分重视原则

导游工作的核心是为游客提供完美的服务，无论游客提出的个别要求是否合情合理、是否能够办到，导游都应首先表现出对游客所提要求的足够重视，而不能不闻不问，更不能冷嘲热讽。

在旅游过程中，游客提出个别要求在所难免。这既是因为每个游客的需求不一致，也是因为游客对导游有更多的期待和信任。导游应把处理好游客的个别要求当成与游客拉近距离的一种方式，当成提高导游服务质量的一个突破口，充分重视游客的个别要求。

（二）合法、合理原则

游客的个别要求，毕竟是个别游客或少数游客所提出的要求，这些要求往往是临时性、突发性的，而且不在旅游合同的约定之内。这需要导游在很短的时间内做出是否应满足游客要求的判定。一般来说，对游客的合法而合理的要求，导游应当予以满足，而对游客的不合法、不合理的要求，导游可以拒绝。

1. 游客的要求是否合法

违反法律规定的要求显然不能予以满足。有些违法的要求显而易见，比如损害国家利益和民族尊严的，存在民族、种族、宗教歧视的，含有淫秽、赌博、涉毒内容的，侵犯他人权益的，等等。有些违法的要求不是那么明显，导游就得谨慎为之，实在不清楚的可向旅行社请示。

2. 游客的要求是否合理

比如，游客的要求是否违背了合同的约定、是否有损他人的利益、是否影响整个合同的履行、是否难度太大而无法实现、导游有没有满足游客要求的现实条件（比如时间、精力、能力、可利用的资源）等。与旅游合同的宗旨相背离的要求、没有实现的现实条件的要求、将影响整个团队行程的要求显然都是不合理的要求。

（三）热情服务、尽量满足原则

为游客提供相关的旅游服务是导游的主要工作职责。满足游客的要求，使游客拥有愉快的旅途生活是导游的责任。因此，旅途中游客提出的个别要求，导游能满足的应尽量予以满足。要知道，多数游客往往不会轻易开口求人，一旦开口，说明他们确实需要导游的帮助。同时，游客向导游提出个别要求，也是因为游客对导游有期望，当自身遇到困难的时候，游客们普遍期待着导游的良策。导游也应该以强烈的责任感和使命感，承担起对游客的责任。

导游尽量满足游客的个别要求，这首先是导游的职业道德对导游的要求。其次，这有利于导游顺利地完成接待任务。尽管导游满足的只是游客的个别要求，但是导游在这一过程中体现的热情、友善和能力，可为导游带来“加分”，从而赢得所有游客的信赖和认同。

当然，导游满足游客的个别要求时，要注意掌握一些分寸：

（1）在满足游客的个别要求时，不能影响整个团队的正常行程。

（2）不能让其他游客认为导游过度偏爱部分游客而忽视其他游客，从而得出导游“偏心”的结论。

（3）不能过多占用导游的精力，从而影响对全体游客的服务。

（4）因满足游客的个别要求而增加的费用，原则上应由游客个人承担，绝对不能让所有客人分担，也尽量不要由导游自身来承担。

案例

这 20 元钱到底该由谁出？

某团队在用餐前，一位游客说身体不舒服，不想吃团队餐，问导游能不能让餐厅给他煮碗清淡一点的面条。导游询问了餐厅，餐厅答复说，单独煮面可以，但要另外多付 20 元钱。当这位游客要支付这 20 元钱的时候，导游说：“算了吧，反正钱也不多。”这 20 元钱就这样不了了之。

请思考：1. 你觉得导游这样做恰当吗？

2. 如果导游明确向游客表示这 20 元钱由导游自己为游客出，你觉得是不是更妥当？为什么？

提示：1. 导游这样做显然不恰当，理由是：（1）旅途中，因个人原因额外增加的费用应由个人承担，这是原则，导游只要事先向游客说明了，游客也会予以理解。（2）本案例中，导游出于好意，照顾了个别游客，让他节约了 20 元钱，但导游并没有向大家说明这 20 元钱出自哪里，这很容易引起游客的误解。比如，有的游客会认为这 20 元钱最终会“羊毛出在羊身上”，本应由个人支付的，变成了由所有游客支付了。即使游客并没有额外支付这 20 元钱，游客仍然可能担心餐厅会因此降低餐饮标准或品质。（3）这样的做法还可能带来另一个误解，就是导游对这名游客“偏心偏向”。

2. 本案例中，导游即使明确向其他游客说明这 20 元钱由导游自己为游客出，也是不妥的。理由如下：（1）游客仍然会怀疑导游是否真的支出了这笔费用。（2）导游的热情和慷慨毕竟只是针对个别游客，而没有让大家受益。（3）旅途还很漫长，游客也不是一个人，万一还有类似情况发生呢？导游不可能一直慷慨下去。因此，导游的这一次慷慨很可能为随后的工作带来诸多不便。（4）一位带团的导游应尽量避免和游客发生金钱的往来，即使导游属于纯粹付出的一方也是如此，这既能维护导游的利益，也使导游能更好地开展工作。

（四）尊重游客、不卑不亢原则

导游面对的是众多的游客，并不是所有游客提出的所有要求都是合法且合理的，有时导游还有可能遇到故意对导游进行刁难的游客。这时，导游应足够冷静和大度，一方面继续对游客保持应有的尊重，以礼待人；另一方面，要坚持原则，不卑不亢。尤其是面对提出违法要求的游客，导游态度要坚决，不能丧失自己的正确立场而去迁就游客的要求。面对提出无理要求的游客，导游要坚持以理服人，坚定而自信地表达自己的观点，并说服游客接受。

如果导游的坚持无法得到游客的谅解或支持，在必要的情况下，导游可请领队出面协助解决，也可直接面对全体游客，请游客主持公道。在矛盾实在无法解决的情况下，也可考虑报警。

（五）协调一致原则

游客的个别要求是在原有行程之外的，导游在满足游客的个别要求时，要注意与领队、全陪（或地陪）协调一致，几方互相支持配合，分工协作，避免对原有的行程安排带来不良影响。同时，导游还要协调好与旅游服务供应部门和企业的关系，确保在满足游客个别要求的同时，不给其他游客带来不便。

三、处理游客个别要求的程序

当游客提出个别要求时，导游不应匆忙答复，更不应粗暴打断游客的话，遵循一定的处理程序会把问题解决得更为完美。

（一）认真倾听

在游客提出个别要求时，导游要面带微笑，认真地倾听，不急于答复，更不要轻易打断游客的话语。即使游客的要求显然不合理，甚至有过激言论，导游也应保持头脑冷静，不要急于辩解或马上否定，更不得与旅游者发生争执。

认真倾听是一种良好的职业素养的体现，这不仅是对游客的尊重，也是了解游客真实需求的前提。如果连游客的需求都没搞清楚就急于表态，不仅会让游客感觉导游的服务很粗暴，而且导游的表态在内容上很可能站不住脚。

（二）分析满足游客要求的可能性

面对游客的个别要求，虽然不能急于答复，但也不能久拖不决。因为游客的个别要求往往具有临时性、突发性，有的还有紧迫性。能否及时答复游客的要求也是导游工作素养高低的一个体现。而答复游客之前，导游应立即对游客的要求进行分析，包括这一要求的合法性、合理性、可行性。有很多要求是容易分辨的，有的却有一定的难度，这对导游的素质有一定的要求。

在日常工作当中，导游要有意识地进行知识、经验和技能的积累，主要包括以下几个方面：

（1）尽量熟悉导游工作的各项基本业务。导游要有良好的判断能力，其前提之一是导游对各项业务非常熟悉，不仅熟悉工作内容，还要熟悉工作程序。只有这样，才容易把握处理问题的分寸。

（2）做一个博学的人。丰富的知识，尤其是法律知识不仅有助于导游的讲解，还有助于开拓导游的视野，增强导游解决问题的能力。

（3）对一些规律性的问题事先做好准备。旅途中出现的各种问题，多数是有规律可循的。游客可能提出的个别要求，也往往有较高的重复性。对这些要求，导游可以事先做好准备，了解相应的解决途径，一旦游客提出来，可以及时判断并迅速着手解决。

（三）及时答复，切实执行

在对游客的要求进行分析之后，无论是否能够满足游客的要求，导游都应该及时答复游客，这能体现导游服务的诚意和效率。如果游客的要求最终被拒绝，导游应详细解释理由和原因，做到以理服人。如果导游决定满足游客的要求，就要开始做出有效的安排，切实满足游客的要求。

案例

这个景点去过了，可以不去吗？

一个旅游团当晚入住西安一家宾馆，第二天将要去秦始皇陵兵马俑参观。有一个三口之家提出他们已参观过兵马俑，能不能明天先送他们去茂陵参观，然后他们在茂陵自由活动，旅游团奔赴兵马俑。

请思考：1. 这是否属于游客的个别要求？

2. 导游能否满足这一要求？为什么？

3. 导游应如何答复游客？

提示：1. 这三名游客的要求是在旅游过程当中提出的，并且不在行程计划当中，属于个别要求。

2. 导游不能满足这一要求，因为这一要求不合理。因为：（1）这一要求会影响整个旅游合同的履行。茂陵与秦始皇陵兵马俑并不在一个方向，如果旅游团先去茂陵，必然会绕路，不仅会增加费用，还会耽误时间。（2）这一要求会使众多游客陪着这三名游客去茂陵，影响多数游客的行程安排，给多数游客带来不便。

3. 面对这一情况，导游不用马上否决游客的要求，而应掌握一定的策略性，如可以先向游客分析这样做可能带来的后果，如线路安排上的变化及旅行社和导游可能要承担的法律责任，成本的增加，时间上的浪费，其他游客可能的不满，等等。把这些后果一说，游客一般就会放弃自己的个别要求了，而且不会对导游产生抵触情绪。

任务二 游客在各个接待环节个别要求的处理

在旅游当中，任何一个环节都可能有游客提出个别要求，尤其是住宿、餐饮、购物、文娱活动等环节，游客提出个别要求的可能性较大。

一、游客在住宿方面个别要求的处理

住宿情况的好坏很大程度上会影响游客的满意度。随着人们生活水平的提高，人们对住宿的要求越来越高，而且各人之间的要求也千差万别，面对旅行社统一安排的住房，各人的接受程度自然会有不同。因此，在旅游过程中，经常会有游客在住宿方面提出个人要求，比如因为各种原因要求换房间、要求房间升级、要求住单间等。

（一）要求调换房间

游客进入房间了解房间状况后，经常会出现向导游要求调换房间的情况。有些换房要求是必须满足的，而有些要求未必一定得满足。

1. 房间状况低于约定的标准

如游客所住客房低于合同所规定的标准，应予以调换。如果调换确有困难，应向游客致歉，请求谅解，并给予补偿。

2. 房间存在缺陷

旅游者因为房间存在某些缺陷（如房间不干净，用具破损，空调效果差，隔音效果不好，客房内发现蟑螂、臭虫、老鼠等）而不愿入住，要求换房，导游人员应要求宾馆换房，尽量维护游客的利益。如果宾馆无房可换，可要求宾馆解决存在的问题，必要时应向游客提供补偿。

3. 房间朝向、观景、楼层不合游客要求

游客若因为朝向不好、观景角度不佳、楼层不理想等原因要求调换房间，若酒店有空房而且不存在档次差别，在与酒店商量并得到同意后，可满足客人要求，或请领队出面在游客中互相调剂。实在无法满足，应向游客致歉，请其谅解。

（二）要求调换更高标准客房

如果游客要求住高于合同规定标准的本饭店客房，导游可与饭店联系，如果饭店内有此类高档客房，应满足其要求，但应事先告知游客需要收取房费差价和原房间的退房损失费。如果本饭店内没有游客所要求的客房，应向游客解释清楚，求得谅解。

如果游客要求住高于合同规定标准的星级饭店，导游人员可与高星级饭店联系，若该饭店有空房，游客又愿意支付客房差价和退房损失费，可满足游客要求。但应落实好第二天的早餐、集合时间和集合方式等问题。

（三）要求换住单间

如果游客因为个人原因要求换住单人间或单独住一标间，导游可联系饭店帮助解决。饭店如有空房，可以满足游客这一要求。但事先要和游客讲清楚，换住单间的费用自理。如果饭店没有空房，应向游客解释清楚，求得谅解。

（四）要求购买客房中的物品

游客看中了客房中的摆设或其他物品，要求购买，导游可与饭店联系，尽量满足游客要求。也可请客人自行联系饭店相关部门。

（五）要求延长住店时间

游客由于自身原因中途退团，要求延长住店时间，导游可与饭店联系，若饭店可以安排，可满足游客要求，但延长期间房费自理。若本饭店没有空房，导游可协助游客联系其他饭店，房费由游客自理。

二、游客在餐饮方面个别要求的处理

同样的，在旅途中，餐饮服务的好坏会极大地影响游客的心情和对旅游的满意度。而各人的饮食习惯又有很大差别，面对统一的团队餐饮，有的游客会向导游提出一些特殊的餐饮方面的要求，这是很正常的现象。导游要区别不同的情况做出处理。

（一）特殊餐饮要求

游客有时会因宗教信仰、个人生活习惯、身体状况等方面原因，提出一些特殊的饮食要求，如不吃肉食、食物要全熟或半熟、不吃辣等，对这些特殊要求，导游可进行如下处理：

（1）如果旅游合同中对游客的特殊饮食要求有明文规定，导游人员应严格按合同规定严格执行。若游客提出不同意见，导游可向游客耐心解释。

（2）如果合同中没有明确规定，出团前游客事先也没有申明，而是游客临时提出的特殊饮食要求，导游人员应与餐厅联系，尽可能满足游客要求，并告诉游客由此增加的费用自理。如餐厅确有困难，要向旅游者解释清楚。

（3）可协助旅游者自己想办法解决。

（二）换餐、加菜要求

旅途当中，一部分旅游者可能提出换餐要求，如把中餐换成西餐、便餐换成风味餐、更换用餐地点、改变餐饮标准等，导游可进行如下处理：

（1）若旅游者在用餐前3小时提出，导游人员在征得餐厅同意的情况下可满足旅游者要求，但事先要说明由此造成的损失或差价费用由客人自己承担。

（2）若旅游者接近用餐时间才提出换餐，导游人员一般应婉言拒绝，并做好解释工作。

（3）若游客坚持换餐，导游可建议游客自己点菜，而且告知游客点餐费用自理、已交餐费不退。用餐时间不能过长，避免影响整个团队行程。

（4）游客要求加菜、加饮料等，可予以满足，但应明确告知费用自理。

案例

当游客提出换餐的要求

一个来自英国的旅游团在中国已游览了3天，旅行社每天都给游客安排了精美的中餐。这天该团的领队向导游提出，旅行社安排的中餐菜式雷同，客人们想吃一回西餐，请导游安排一下。但导游说，旅游团的餐饮安排事先已写入了接待计划，他无法调整，拒绝了领队的要求。

请思考：导游的做法对吗？如果是你，你会怎么做？

提示：（1）为旅游者提供完美的旅游服务是导游的工作职责。满足游客的要求，使游客拥有愉快的旅途生活是导游的责任。因此，在能够做到的情况下，导游应尽量满足游客在餐饮方面提出的要求。（2）一个国外旅游团，在中国旅游的数天当中，旅行社都安排菜式雷同的中餐，这一安排本身就不太合理。（3）对领队提出的换餐要求，导游应充分重视，了解为什么要换餐，有多少人要求换餐，而不是立即拒绝。（4）如果是部分游客的建议，导游可安排这一部分游客自行去西餐厅就餐，告诉他们费用自理。如果是所有游客的建议，导游可向旅行社汇报，在游客愿意自行承担差价的前提下，为游客进行安排。（5）在以后的行程中应注意餐饮安排的多样和合理，避免菜式雷同。

（三）单独用餐要求

游客的单独用餐要求一般应予满足，但针对生病的游客和健康的游客提出的单独用餐要求，导游的处理方式略有不同。

（1）游客若因个人问题要求单独用餐，导游要予以劝阻。若客人坚持己见，导游可以满足其要求，但事先说明餐费自理，且客人此前预交的餐费不退。

（2）旅游者因病不能去餐厅用餐，导游或饭店服务生应主动将饭菜端进房间以示关怀。

（3）健康旅游者若想在房间用餐，也可满足要求，但要告知服务费和增加的餐费自理。

（四）要求推迟晚餐时间

游客因为生活习惯或其他原因要求推迟晚餐时间，导游可与餐厅联系，视餐厅具体情况处理。如有的餐厅有固定的服务时间，不提供过时服务，导游应劝游客入乡随俗，按时用餐；有的餐厅对过时用餐要求另收服务费或增收餐费，导游应向游客事先讲清楚，增加的费用由游客自理。

（五）要求品尝风味餐

游客要求自费品尝风味餐，导游应予以同意，但要注意下面几点：

（1）游客可自行联系。导游人员也可协助游客与有关餐馆联系订餐。

（2）明确告知游客因品尝风味餐产生的费用自理（包括餐费和交通费），预交的餐费不退。而且游客品尝风味餐的时间不能与其他游客的游览时间冲突，不能因为一部分游客要品尝风味餐而影响整个团队正常的行程安排。

（3）要求游客按时前往，否则可能要赔偿餐厅损失。

（4）游客若没有明确邀请，导游不要参加。注意，因是游客自行付费的餐食，导游一般不要参加，除非是游客热情而明确地提出了邀请。

三、游客在购物方面个别要求的处理

在外出旅游期间购物是许多游客的共同爱好。虽然在旅游计划中常常会安排购物，但仍有一些游客会提出一些特殊的购物要求。导游人员应本着为游客服务的精神，尽量予以满足。

（一）游客要求单独外出购物

（1）只要时间许可，导游人员应予以协助，并予以安全方面的提示。

（2）当好购物参谋。如介绍购物商店、当地特色产品、购物注意事项等，必要时为旅游者写张便条（写上商店名称、地址等）备用。

（3）在旅游团快离开本地时，应劝阻游客单独外出购物，以避免发生误机（车）。若游客执意前往，导游应向其讲明利害关系，一旦误机（车）后果自负。

（4）导游不得欺骗、强制旅游者购物。

知识链接

“欺骗、强制旅游购物”行为的认定

欺骗、强制旅游购物的行为严重损害了旅游者的权益。根据《国家旅游局关于打击旅游活动中欺骗、强制购物行为的意见》（旅发〔2015〕217 号），下列行为可以被认定为

"欺骗、强制旅游购物"：

(1) 旅行社未经旅游者书面同意，安排购物；

(2) 旅行社、导游领队对旅游者进行人身威胁、恐吓等行为强迫旅游者购物；

(3) 旅行社、导游领队安排的购物场所属于非法营业或者未向社会公众开放的场所；

(4) 旅行社、导游领队安排的购物场所销售商品掺杂、掺假，以假充真、以次充好，以不合格产品冒充合格产品；

(5) 旅行社、导游领队明知或者应知安排的购物场所的经营者有严重损害旅游者权益的记录；

(6) 旅行社、导游领队收取购物场所经营者回扣等不正当利益；

(7) 购物场所经营者存在《消费者权益保护法》第56条规定情形；

(8) 法律、法规规定的旅行社、导游领队及购物场所经营者通过安排购物损害旅游者合法权益的其他行为。

(二) 要求退换商品

旅游者要求导游人员帮助退换所购物品，导游人员应积极协助，必要时陪同前往。

(三) 要求购买古玩或仿古艺术品

(1) 有些旅游者要求购买古玩或仿古艺术品，导游人员应带其到国家文物商店购买，并叮嘱其保存好发票，不要将物品上的火漆印（文物允许出口标志）弄掉，以便海关查验。

(2) 如果旅游者要到地摊上或其他非法地点购买古玩，导游人员应劝阻，并告知我国政府有关规定，告诉旅游者在地摊上买文物容易上当受骗买到假的，即使买到了真的，也无法带出境。

(3) 如发现个别旅游者有走私文物嫌疑，导游人员应立即报告有关部门。

(四) 要求代购商品

(1) 如果旅游者当时没有买到某种商品，想委托导游人员代为购买并托运，导游人员一般应婉言拒绝。

(2) 如果实在推托不掉，应请示旅行社有关领导决定。

(3) 一旦接受旅游者的委托，导游就应认真办好：请游客写出委托书；收取足够的钱款（包括货款、托运费、手续费）；注意到货信息，到货后及时购买。余额交旅行社退还委托者；将发票、托运单及托运费收据复印一份，原件寄给委托人，复印件由旅行社保存以备查验。

案例

导游爽快答应外国游客代购陶瓷

一个美国旅游团一行18人参观景德镇某陶瓷厂后乘车返回饭店。途中，旅游团成员格林先生对地陪小王说："我刚才看中一件陶瓷，但没拿定主意。现在跟太太商量后，决定购买。你能让司机送我们回去吗？"小王欣然应允，并立即让司机驱车返回陶瓷厂。在陶瓷厂，格林夫妇以 1 000 美元买下陶瓷。但包装时，格林夫妇发现陶瓷有瑕疵，于是决定不买。两天后，该团离开之前，格林夫妇委托小王代为订购同样款式的陶瓷一件，并留下1 500 美元作为购买和托运费用。小王本着“宾客至上”原则，当即爽快允诺下来。格林夫妇十分感激，满意离开了。送走旅游团后，小王即与陶瓷厂联系并办理了购买和托运陶瓷事宜，并将发票、托运单和 350 美元托运手续费收据寄给格林夫妇。

资料来源：周晓雷．导游带团典型案例集析．上海：复旦大学出版社，2016：155.

请思考：该案例中导游员小王面对游客要求时的处理方法犯了哪些错误？应该如何正确处理？

提示：(1) 不应该立即让司机返回。正确处理方法是写个便条让其自行租车前往购买或地陪陪同两位游客返回，全陪陪同其他游客回酒店，也可与其他游客商议后决定是否立即返回。(2) 未请示旅行社领导就直接同意代购代运的要求。正确处理方法是婉言拒绝，如不能推托，则需请示领导，在领导批示下收取足够钱款，购买后将发票、托运单及托运费收据寄给格林夫妇，旅行社须保存复印件。(3) 未退回游客剩下的 150 美元。正确处理方法是将余款交给旅行社退还。

四、游客在文娱活动方面个别要求的处理

游客对于文娱活动的兴趣爱好不尽相同，因此导游不必强求统一。当游客提出文娱活动方面的个别要求时，导游应视具体情况灵活处理。

(一) 游客要求调换计划内的文娱节目

(1) 如果部分游客要求调换计划内的文娱节目，且这一文娱节目尚未购票，安排新的文娱节目在时间、条件上都具备，导游应尽量予以安排，但在安排妥当之前导游不要随意承诺。因节目调换带来的费用损失由游客承担。

(2) 如果计划内文娱节目的票已买，又无法退票，导游应向游客做好解释工作。如果游客执意调换，且条件允许，导游可帮忙调换，但事先应讲明，新节目的购票费自理，旧节目的购票费不退。

(3) 如果因部分游客要求观看其他文娱节目，造成旅游团分走两条线路，导游应尽量为游客提供方便。如果两条线路属于同一方向且目的地相隔不远，导游应与司机商量，尽量把两批游客都送到目的地。如果两条线路方向各异，或目的地相去甚远，导游可为提出调换要求的游客联系新的车辆，但事先说明费用自理。

(4) 给游客留下酒店的地址和电话，提醒游客注意安全，及时返回住地。

(5) 如果游客是晚上出去看节目，导游还应关注一下游客的返回情况，发现问题及时处理。

案例

游客不想看越剧，想看芭蕾舞

一旅游团计划今晚安排观看越剧，但一部分游客提出不想看越剧，想看同晚在另一地

点举办的芭蕾舞演出。

请思考：此时导游该怎么办？

提示：这时导游可按以下方法处理：(1) 帮助游客了解芭蕾舞表演的时间、地点；(2) 告诉游客观看芭蕾舞的费用自理；(3) 如果看越剧和芭蕾舞正好顺路，可将该部分游客一起带上，若不顺路，可帮助游客联系出租车，并记下出租车车牌号；(4) 给游客留下酒店的地址和电话，提醒游客注意安全，及时返回住地；(5) 当晚，应关注游客的返回情况，发现问题及时处理。

(二) 游客要求自费观看计划外的文娱节目

(1) 游客要求自费观看计划外的文娱节目或参加某种娱乐活动，若条件允许，导游应予以协助，如帮助购买门票或联系车辆等。

(2) 除非游客明确邀请或希望得到导游帮助，否则导游通常不陪同前往。

(3) 如果游客要求去大型娱乐场所或情况复杂的场所，导游应提醒游客注意安全，带好饭店地址，并告知游客自己的联系电话。

(4) 如果游客要求去不健康的娱乐场所，导游应严词拒绝。

五、游客要求自由活动的处理

旅途当中，经常会遇到游客因自身原因不愿或无法随团活动的情况，如对团队安排的景点不感兴趣、想自由参观拍照、想探亲访友、因家中有事要提前中止旅行等，导游应根据不同的情况进行处理。

(一) 游客不愿随团活动

团队中的游客可能会因为各种原因在某天或某个景点不愿随团活动，如果该游客的行为不会影响整个旅游团队活动，导游可以满足其要求，并可提供必要的协助，如提醒其带上饭店的店卡、告知旅游团详细的日程安排、约定会合时间和地点等。

(二) 游客要求自由游览、拍摄

在某一游览点，个别游客提出不愿跟着团队按规定线路游览，希望自由游览、拍摄，若此时游览点人不太多，秩序又不乱，导游可以允许旅游者自由游览。但要提醒其团队集合时间、地点及团队旅游车的车号。必要时留一张字条，写上集合时间、地点、车号以及饭店的名称、电话号码，以备急用。

(三) 游客要求晚上外出自由活动

如果有游客要求晚上外出自由活动，导游应建议其不要走太远、不要去秩序乱的场所、不要太晚回酒店等。提醒游客带上酒店名片并记住导游电话，万一迷路可打电话，或向出租车司机出示名片，让出租车司机送其回到酒店。

(四) 游客想探亲访友

游客提出不参与团队活动，想在当地探亲访友，导游应尽量予以协助。比如帮助联系、告知地点、告知乘车路线等。若游客要求导游陪同前往，导游在可能的情况下尽量满足。

（五）游客想提前离团

（1）游客由于特殊原因（患病、家中有事、单位有事等）要求中止旅游活动，提前离团，导游经与接待社协商后可以满足游客的要求，未享受的综合服务费视情况部分退还或不予退还。

（2）游客无特殊原因要求提前离团，导游应做好说服工作，劝其继续随团旅游。如果是导游工作失误造成的，应设法弥补。若游客提出的是无理要求，要耐心地进行解释。若旅游者执意离团，不听劝说，可满足其要求，未享受的综合服务费视情况部分退还或不予退还。

（3）导游应拒绝游客自由活动的情况。游客的自由活动要求是游客自主做出的决定，通常情况下，导游应尊重游客的意愿，满足其自由活动要求。但在下列情况下，导游应劝阻游客自由活动：

1）旅游团即将离开本地。游客在自由活动状态下，其时间和安全保障处于更多的不确定状态，如果此时游客出现问题，极易影响整个团队的行程。

2）地方治安情况不理想。

3）游客想去的地方地形、交通情况复杂，极易迷路。

4）游客想去非游泳区游泳或去危险水域划船。

5）要求去不对外开放地区、机构参观游览等。

六、游客要求转递物品的处理

（1）旅游者要求转递物品，导游人员须问清楚是何物。若是应税物品，应促其纳税；若是贵重物品，一般应婉拒，建议旅游者自己送去或通过邮局邮寄。若旅游者确实有困难需要帮助，导游人员可以给予帮助，但手续必须完备：游客书写委托书，注明物品名称、数量并当面点清，留下详细通信地址；收件人收到物品后写下收条；导游将委托书和收条一并交旅行社保管。

（2）若旅游者要求转递的是食品或其他易腐败变质、自然损耗、保质期短的物品，导游应婉言拒绝。

（3）若旅游者要求转递信件或资料，导游应说服游客自己去邮局办理，但可提供必要的帮助。

（4）若是转交给有关部门或领导的物品，导游应事先征得旅行社领导同意，并让委托者当面打电话，经对方同意后方可接收，并尽量让对方派人前来领取。

（5）若游客要求将物品转递给外国驻华使、领馆人员，导游应婉言拒绝转递。

（6）由于旅游者提供的地址不详、收件人姓名有误等原因无法代为转递时，导游员应将物品退还旅游者。

案例

热心助人的导游员却遭领导批评

某旅行社的导游员小王接待了一个韩国旅游团。该团临走时，一位游客托付给小王一件事情，要小王转递几张价格昂贵的光盘及一本书给他在A市一所大学里工作的朋友。小王觉得不好意思拒绝，向游客要了其朋友的详细地址及电话号码，便答应了。过了几天，小王把这位游客托付的事情办好后告知了该游客，游客发来一份传真对小王表示了感谢。但旅行社的经理知道此事后，却严肃地批评了小王。

请思考：经理为何要批评小王，小王做错了什么？

提示：小王的错误主要有四点：（1）明知是贵重物品，却没有推托，而答应转递；（2）答应转递前未请示旅行社领导；（3）未让游客书写委托书；（4）收件人收到物品后，未让其写收条并签字盖章，和委托书一并交给旅行社保管。

七、游客要求变更计划和日程的处理

旅游过程中，部分游客可能要求变更计划或活动日程。对此，导游人员原则上应按合同执行，婉言拒绝游客的要求。特殊情况应上报组团社或接待社，并按照旅行社指示办理。

如果旅行社同意了游客的要求，导游应做下面几件事：

（1）提醒游客，因游客变更行程所产生的损失和新增加的费用由游客负担。

（2）变更后的行程应由每一位游客签字认可。只要团队中有一位游客不认可，原有旅游行程都不应改变。因为行程是事先在合同中约定好的，每一位在合同中签字的游客都表示认可了合同中约定的行程，要改变合同约定的行程，自然需要每一位游客的同意。此处不适用“少数服从多数”的原则。

（3）做好相应的变更安排，并及时通知下一站。

项目小结

本项目围绕如何满足游客的个别要求这一中心议题，就游客个别要求的构成条件、游客个别要求处理的基本原则、处理游客个别要求的程序做了介绍，并重点介绍了游客在住宿、餐饮、购物、文娱活动等环节最有可能提出的个别要求的处理程序和方法。通过本项目的学习，旅游工作者能够增强对游客的个别要求合理与否的判断能力，并掌握处理游客合理的个别要求的方法。

拓展知识

旅途安全常识

一、高原旅游安全

海拔越高的地方，含氧量越少，气压越低。当海拔高度到2 700米以上时，人们暴露于低压低氧环境下会产生各种不适，通常把这些不适称为高原反应。这是高原地区的一种常见病，最典型的表现是头痛、头晕和认知能力下降，其他通常表现还有疲倦、失眠、食欲减退、注意力不集中、气短、胸闷、呼吸困难、恶心、呕吐等。

高原反应的发生与海拔高度、上山速度、居住时间以及体质等有关，一般进入高原后数小时或1～3天内发病。应对高原反应，一般应做好下列几点：

(1) 在可能的情况下尽量采用“阶梯式”上升的方法，这样会减少高原反应带来的不适。所谓“阶梯式”上升是指渐次进入更高的地区，如先在海拔2 500～3 000米处停留2～3天，再去更高的海拔处停留，每次上升数百米。

(2) 可告知游客在进入高原前两天就开始服用红景天等药物，并在高原旅游时持续服用，以预防出现高原反应。在出现高原反应时，也可通过吸氧来缓解。

(3) 初到高原，应多静养，动作要慢，不剧烈运动。第一个晚上早休息，多睡觉。室内保持空气流通。

(4) 注意饮食，不暴饮暴食；不抽烟、喝酒；多喝水，以预防血栓。

(5) 注意防晒和防冻，避免将皮肤裸露在外，在外旅游时打遮阳伞、戴遮阳镜、抹防晒霜。

(6) 对有器质性疾病、严重神经衰弱或呼吸道感染的游客，应劝其不去高原地区旅游。

(7) 如果高原反应太严重，可送医院治疗。

二、沙漠旅游安全

(1) 防晒、防风、防沙。应穿着防风沙的衣服，穿轻便透气的运动鞋，打遮阳伞、戴遮阳镜，在暴露于外的皮肤上抹防晒霜。

(2) 集体活动，避免走散。一旦走散并迷路，应在原地等待救援，不乱走。

(3) 保持手机开机，并有足够的电量。万一迷路可通过手机与外界联络。

(4) 遇到沙暴，要避开风的正面，不去沙丘背风处躲避，因为极易被沙包围掩埋。

三、冰雪旅游安全

(1) 注意防冻。穿着足够的御寒衣物，衣服鞋帽尽量防水。尤其要对易冻伤的手脚和耳朵做好防护措施。手不要过长时间地接触冰雪，以防冻伤。

(2) 雪地行走注意安全，不要滑倒，避免去未开放旅游的冰雪地行走，以保证安全；戴上防护眼镜，避免过长时间待在冰雪地，以保护眼睛不受伤害。

(3) 滑雪应事先穿戴好滑雪服，滑雪服的颜色应鲜艳，与冰雪形成反差，便于寻找，也可有效避免碰撞。

(4) 了解并遵守滑雪场的有关管理规定。滑雪时与他人保持一定的安全距离，避免碰撞，避免速度过快。

四、漂流旅游安全

(1) 提醒游客一定要穿好救生衣，根据需要戴好安全帽。

(2) 不要随身携带贵重物品登船。

（3）在水上漂流时不做危险动作，不打闹，不随手抓水面物体或岸边的草木石头，不随便下船。

（4）若不小心落水，要保持镇静，因为救生衣足以让人浮起来。在无法自救的情况下只需等待他人救援即可。

五、温泉旅游安全

（一）不宜泡温泉的情形

温泉虽好，但不是任何人、任何时候都适合泡。空腹和吃得太饱的情况下不宜泡温泉；皮肤有伤口、有溃烂的人，湿疹患者不宜泡温泉；过敏性皮肤疾病患者不宜泡温泉；癌症、白血病患者不宜泡温泉；女性生理期期间和其前后不宜泡温泉；熬夜之后、过于劳累、大病初愈等身体处于相当疲劳的情况下不宜泡温泉；高血压患者、心脑血管疾病患者、糖尿病患者，泡温泉应谨慎，最好在医生指导下进行。

（二）泡温泉时要注意的事项

（1）最好从低温温泉到高温温泉逐次进行，每次不宜超过20分钟。

（2）不宜长时间待在高温温泉当中，否则容易引起胸闷、头晕和口渴。

（3）泡温泉会增加水分流失，应多喝水。

（4）如有身体不适，应马上出水，不要勉强进行。

（5）泡完较强酸性温泉或硫化氢含量较高的温泉后，应用清水清洗，以免刺激皮肤。

（6）出水后应迅速擦干全身，及时涂抹滋润乳液。

练习与实践

一、单项选择题

1. 导游在满足游客的个别要求时，（　　）。

A. 可以视情况影响整个团队的正常行程

B. 在其他游客同意的前提下，可以影响整个团队的正常行程

C. 在旅行社同意的前提下，可以影响整个团队的正常行程

D. 不能影响整个团队的正常行程

2. 导游对游客提出的个别要求应（　　）。

A. 及时满足　　B. 立即满足　　C. 及时答复　　D. 立即答复

3. 因满足游客的个别要求而增加的费用，应由（　　）承担。

A. 旅行社　　B. 导游　　C. 游客个人　　D. 所有游客

4. 导游可以明确拒绝游客的下列要求：（　　）。

A. 自由参观景点

B. 晚上外出自由活动

C. 旅游过程中探亲访友

D. 在饭店没有空房的情况下游客仍坚持要住单间

5. 游客要求外出购物，下列情况中，导游可以拒绝的有（　　）。

A. 旅游团即将离开本地　　B. 游客单身一人外出

C. 游客第一次来本地，不熟悉环境　　D. 游客不懂当地方言

二、多项选择题

1. 游客的个别要求的构成条件有（　　）。

A. 个别旅游者或部分旅游者提出的要求

B. 在旅游过程中提出的要求

C. 旅游者提出的要求应符合合同的约定

D. 旅游者提出的要求必须合理

E. 旅游者提出的要求不在行程计划当中

2. 导游对游客提出的个别要求应该（　　）。

A. 充分重视　　B. 尽量满足

C. 全部满足　　D. 协调一致进行处理

E. 坚持合法合理的原则

3. 如果游客所住客房低于合同所规定的标准，导游的下列做法正确的有（　　）。

A. 帮助游客调换房间

B. 向游客致歉

C. 想办法说服游客不要换房

D. 如果换房确有困难，应给予游客一定的补偿

E. 可以经济补偿，但必须拒绝换房要求

4. 游客的下列要求应该自费：（　　）。

A. 游客追求安静，要求单独用餐

B. 游客要求加菜

C. 游客要求上酒水

D. 游客要求吃风味餐

E. 游客生病无法行动，要求送餐到客房

5. 游客要求自费品尝风味餐，（　　）。

A. 导游应予以同意

B. 导游应予以拒绝

C. 游客若没有明确邀请，导游不要参加

D. 导游应参与其中为游客提供帮助

E. 导游为避嫌，不要帮游客联系

6. 在（　　）情况下，导游应劝阻游客自由活动。

A. 旅游团即将离开本地

B. 地方治安情况不理想

C. 游客想去的地方地形、交通情况复杂，极易迷路

D. 游客想去非游泳区游泳或去危险水域划船

E. 游客要求去不对外开放地区、机构参观游览

三、实践训练

1. 处理游客的个别要求要把握哪些原则？
2. 处理游客的个别要求要遵循哪些程序？
3. 游客在住宿方面通常有哪些个别要求？导游应如何处理这些要求？

项目八　旅游故障的预防与处理

旅游故障是旅游过程中各种阻碍旅游活动正常进行并有可能造成损害的倾向、问题和事故，如误机、漏接、游客行李丢失、游客财物被盗、游客患病、交通事故等。导游应充分认识旅游故障对旅游活动的顺利进行和对旅游者的生命财产安全所带来的危害，采取积极有效的应对措施，妥善地进行处理。

下面我们主要针对旅游过程的接站和送站环节、游览环节以及影响旅游者人身财产安全的旅游故障做一些归纳，同时提供解决这些问题的方法和程序。

项目目标

【知识目标】

1. 熟悉接站送站环节、游览环节中常见的旅游故障；
2. 熟悉影响旅游者人身财产安全的旅游故障；
3. 掌握各环节常见旅游故障的处理程序。

【能力目标】

1. 掌握常见旅游故障发生的规律性，能尽量避免旅游故障的发生；
2. 能够有效解决各环节可能出现的旅游故障。

任务一 接送站环节易发故障的预防与处理

接站环节容易发生的旅游故障主要是漏接、错接和空接，送站环节容易发生的旅游故障主要是误机（车、船）。

一、漏接的预防与处理

（一）漏接的含义

漏接是指旅游团（者）抵达某站后，无导游人员迎接的现象。造成这一现象的原因有很多，虽然不一定是导游的责任，但导游要负责做好协调工作，弥补因漏接给游客带来的不良影响。

（二）漏接的原因

要避免漏接，首先要知道造成漏接的原因。漏接的原因主要有两种：

1. 导游人员主观原因造成的

例如，导游未按规定的时间到达接站地点；导游弄错了游客的到达车站（机场）；导游举牌接站地点选择不当或接站牌书写有误；导游记错了接站时间；新旧时刻表交替，导游没有查对新时刻表；行程计划有变，但导游没有及时阅读变更的内容，仍按原计划接团等。

2. 客观原因造成的

这里的客观原因指的是导游人员所不能左右的原因。例如，因交通部门的原因，旅游团提前到达，但导游没有及时得到通知或得到通知太晚；游客换乘其他航班，导游未能及时得到通知；因不可抗力因素，导游无法及时赶到接站地点；旅游车出现故障，无法按时到达接站地；因意外事故导致交通拥堵等。

（三）漏接的预防

对客观原因造成的漏接，导游难以预防，只能事先做好预案，但导游可以通过提高工作的责任心来避免因主观原因而造成的漏接。为此，导游应做好下面几点：

1. 认真阅读接待计划

了解并熟记旅游团的人数、特征、抵达时间、抵达机场（车站、码头）、航班号（车次、航次）、领队或全陪的联系方式等。

2. 认真核对、核实关键信息

抵达站点、抵达时间、领队或全陪的联系方式等都是避免漏接的关键信息。现在很多城市有多个火车站，甚至有的城市有两个机场，一字之差可能就让你多跑几十公里，导游一定要核实清楚。对于抵达的时间不仅要记住对方在电话中通报的时间，导游还要根据时刻表再进行确认，有疑问要及时提出。领队或全陪的联系方式不能仅记一个号码，要提前打电话或发短信确认一下，以免号码有误。

3. 确保提前赶到接站地点

导游和司机一般要提前半小时到达接站地点。为此，导游不仅要提早出门，还要充分考虑到交通拥堵情况，让时间留有余地。宁可在机场（车站、码头）多等一会儿，也不把时间算得太死。导游还要提前赶到出站口、举好接站牌、站在显著位置迎候游客。要事先弄清楚客人出口是不是唯一的，如果不是唯一的，要判定自己应该站在哪一个出口，并设法告知领队或全陪。

（四）漏接的处理

出现漏接事故后，导游可按下面程序来处理：

（1）实事求是讲明漏接原因，无论是不是导游自身的原因造成的漏接，导游都应向旅游者诚恳地赔礼道歉，求得谅解，必要时请接待社领导出面道歉。

（2）尽量采取弥补措施，将旅游者的损失减到最小。

（3）提供更加热情周到的服务。

（4）主动赔付旅游者因漏接而产生的费用，必要时给旅游者一定的物质补偿。

（5）旅游者最后离开本地时，应再次表示歉意。

案例

没能按时接团谁之过?

云南的地陪小夏刚送走了一个北京的旅游团，回到旅行社处理完结尾工作，计调部又给了他一份接待计划书，当天下午有一个上海团乘东航航班5点到达，由小夏负责接待。离航班到达还有2个小时的时间，而旅行社离机场也就半小时的路程，通知完司机，小夏想下午4点出发提前半小时接站应该没问题，便见缝插针休息了一会儿。谁知小夏准备出发的时候社里来电话说旅游团已经到了，质问怎么无人迎接。小夏蒙了，先赶紧和全陪联系，请旅游团稍等，紧接着联系司机赶紧去机场接站，不巧路上遇到堵车，只好绕道行驶，为此又耽误了不少时间。

到机场才知道五一旺季游客增加，航空公司临时调整了航班时间，而接待计划上还是旧时间。领导批评了小夏没核对时间。

资料来源：李海玲．导游带团技能速成：经典案例训练．北京：中国旅游出版社，2013：18.

请思考：1. 这属于接站环节的什么事故?

2. 该事件责任在谁?

3. 出现这一情况，导游该如何处理?

提示：1. 本案例中，旅游团已抵达机场，但无导游迎接，这属于漏接。

2. 漏接可能是导游的责任，也可能是旅行社没有通知导游时间更改，或者是交通状况的原因。本案例中各方都有责任：计调部门的疏忽大意，没能及时通知导游计划变更；导游自己不提前确认接站时间的失职；再加上交通拥堵。

3. 遇到这一情况，导游的正确做法是：(1) 迅速赶到机场迎接客人。(2) 诚恳地赔礼道歉，求得谅解。若已知漏接原因，应向游客说明；若原因不明，则待查清原因后说明。(3) 提供更加热情周到的服务。(4) 必要时给旅游者一定的物质补偿。(5) 若漏接是因为对方旅行社工作失误造成的，导游可请全陪帮助解释。

二、错接的预防与处理

（一）错接的含义

错接是指导游人员在接站时未认真核实，接了不应由自己接的旅游团（者）。

（二）错接的预防

错接是导游未核实清楚而造成的，因此，要预防错接，关键是导游要提高责任心，做到以下几点：

1. 导游提前到达接站地点

导游的提前到达可以使导游在第一时间认找自己要接的旅游团，避免旅游团被他人接走。而且，提前到达使得导游有充裕的时间、充分的准备对自己的团队进行辨认，避免在匆忙中出错。

2. 认真核实关键信息

这些关键信息包括领队（或全陪）的姓名和电话、组团社名称、游客来源地、团队代号、人数等。在接团时未必需要对上述每一项都进行核实，只要核实的信息达到能充分确定是自己应接的团队即可。

3. 方便团队找到自己

导游可使用较为醒目的接站牌，接站牌的内容要明白易懂不易有歧义。导游也可把自己的外形特征、衣着打扮告知团队的领队（或全陪），使他们容易辨识自己。

4. 防止他人接走自己的团队

这需要导游有高度的职业敏感，对自己要接的团队特征要足够熟悉。

（三）错接的处理

当出现错接事故时，导游可按下面程序来处理：

（1）查明情况。发现错接后，导游应向旅行社报告，并联系应接旅游团和已接旅游团的领队（或全陪）查明情况。

（2）将错就错。若错接发生在同一旅行社的两个旅游团之间，经请示旅行社领导后，可将错就错，导游交换接待计划就可继续陪团。

（3）坚决换回。如果错接发生在不同旅行社之间，导游必须设法找到自己的旅游团，并实事求是地向旅游者说明情况，诚恳道歉。

（4）若发现非法导游人员将旅游者带走的情况，导游应马上向旅游管理部门报告。

案例

糊涂导游错接了团

国庆黄金周期间，地陪小魏到机场接团，在核实组团社名称无误后，小魏让全陪核对了人数就接走了旅游团。在办理饭店入住手续时，小魏突然发现该团不是计划要接的旅游团，他赶紧把情况向旅行社经理做了报告，旅行社也通知他要接的旅游团还在机场。旅行社经理让小魏和司机速去机场接团，并通知这个错接团的接待社来饭店接团。

因为错接，旅行社做了多方的解释、道歉工作，并给每位游客赠送了一罐绿茶。这件事破坏了游客的旅游心情，也给旅行社造成了损失。

资料来源：李海玲．导游带团技能速成——经典案例训练．北京：中国旅游出版社，2013：19.

请思考：1. 该事件责任在谁?

2. 发生错接后应如何处理?

提示：1. 错接纯属导游疏忽大意造成的责任事故。此案例中，地陪、全陪都有责任。

2. 发生错接事故后，导游应向游客致歉；及时向旅行社汇报，设法尽快交换旅游团；如果错接恰好发生在同一家旅行社接待的两个旅游团之间，经旅行社同意，可不再交换旅游团。

三、空接的预防与处理

（一）空接的含义

空接是指旅游团（者）因故推迟抵达接站地点或更改到达地，导游仍按原计划时间、地点接站，因而没有接到旅游者的现象。

（二）空接的预防

空接通常是通信不畅或疏于通知造成的。一般有两种原因：一是旅游团因故滞留在上一站或途中，但是没有通知或者无法通知地接社；二是地接社得到了通知，但没有及时通知或无法通知接站导游。

（三）空接的处理

当出现空接事故时，导游可按下面程序来处理：

（1）与旅行社有关部门联系，查明原因。

（2）若旅游者不久将到，导游可留在原地继续等候。

（3）若距离旅游者的到来还有很长时间，导游应听从接待社有关部门的安排，重新安排接团事宜。

（4）及时通知接待单位改变接待安排，若经过核实旅游者已取消行程，导游应立即通知各接待单位取消接待安排。

案例

导游按时接站却未能接到旅游团

导游小李接受任务去广州白云机场接一个旅游团。该旅游团所乘的航班预计上午11点到达机场，于是小李在上午10点半赶到机场。但一直等到12点，小李仍然没有接到自己的团。后来小李接到旅行社的电话，才知旅游团已到达佛山沙堤机场。原来，因天气原因，本该在广州白云机场降落的该航班临时改降佛山沙堤机场。

请思考：1. 这属于接站环节的什么事故?

2. 导游小李在这一事故中有责任吗? 为什么?

3. 此时导游小李该怎么做?

提示：1. 本案例中，旅游团因故更改到达地，而导游仍按原计划地点接站，没有接到旅游团，这属于空接。

2. 因为天气原因，飞机临时改降另一个机场，而飞机上的全陪又无法与地陪取得联络，所以此次空接很难避免。小李在这一空接事故中没有责任。

3. 此时小李可转赴佛山机场迎接客人。为节省时间，在条件允许的情况下，也可让全陪带领客人直接去酒店，小李去酒店与客人会合。同时应将情况告知下一接待单位。在见到客人后向客人说明情况，表达慰问。

四、误机（车、船）的预防和处理

（一）误机（车、船）的含义

误机（车、船）是指旅游团（者）因故没有乘原定航班（车次、船次）离开本站而导致暂时滞留的现象。

（二）误机（车、船）的原因

误机（车、船）的原因不外乎两种：一种是导游的工作疏漏，如因日程安排不当，或时间安排过紧导致旅游团无法按时赶到机场（车站或码头），或者弄错了时间或地点，等等。另一种是意外事件，如天气剧烈变化、自然灾害、交通事故、治安事故等。

（三）误机（车、船）的预防

误机（车、船）不仅给游客的出行带来不便，影响游客的满意度，还会给旅行社带来很大的损失，也会大幅度增加导游的工作量和工作难度，导游应尽量避免误机（车、船）事故的发生。为此，应做好下面几点：

（1）做好核实工作。导游应有高度的责任感和极为细致的工作态度，认真核实交通票据的时间、乘机（车、船）地点，做到眼见为实，即要亲眼看到票据上的具体时间和地点，如果无法见到票据，最好也要有短信或照片为证。口头通知的时间和地点往往容易出错，出错了也难找到根据，应尽量避免。

案例

17 点的航班被错听成 7 点的

某航班因天气原因推迟起飞，事先得到通知的导游带领游客在宾馆等候。午饭后，导游打电话给机场值班员，询问该旅游团所乘航班的准确起飞时间，值班员告诉他："17 点起飞。"导游听成了"是 7 点起飞"。等他带团赶到机场时，已无法赶上飞机。

请思考：旅游团为什么没有赶上飞机？导游的工作应做哪些改进？

提示：(1) 因为导游听错了飞机起飞时间，旅游团没有及时赶到机场，所以没有赶上飞机。(2) 电话里口头通知的时间很容易出错，导游应尽量避免仅仅从口头通知中获得关键的时间信息，最好还应有别的渠道，比如通过纸质通知、短信通知、网站通告等获取关键信息。如果只能从电话中获得这些信息，导游一定要多个“心眼”，多问两句，或多打几次电话进行确认，比如可多问一句“请问是下午5点起飞还是晚上7点起飞”。

（2）对离开当天的行程进行合理安排。离开当天行程不应太多，不应安排去太远、太复杂、交通状况太差的参观游览点，也不宜安排游客去人多拥挤、易迷路的场所，不宜安排游客自由活动。

（3）时间留有余地。不把时间安排得太死，要留有余地，在时间充裕的情况下，万一遇到事情还有缓和余地。要充分了解当地的交通状况，有意避免交通高峰时段赶车，因为如果堵车严重的话，留有再多的时间可能都不够。

（4）严格执行提前到达机场（车站、码头）的规定，并根据当地、当时的具体情况进行调整。如节假日或旅游旺季时，大型机场（车站）往往人多，取票、行李托运、安检等都要排很长的队，这时可安排游客比正常时间更早到达。有的机场甚至直接要求乘客提前3小时到达机场，导游应了解这些要求。

（5）灵活处置。旅游当中的情况千变万化，导游要有随机应变的能力，要想尽一切可能的办法，尽量避免误机（车、船）情况的出现，有些方法尽管不一定有效，但在紧急关头也不妨一试。比如，某旅游团被堵在了机场附近的高速路上，眼看登机时间临近，导游试着向机场相关部门说明了情况，请求飞机晚一点起飞，机场部门竟然同意了，从而避免了误机的发生。再如，某旅游团队在机场安检处排队，但登机时间快到了，眼看要赶不上了，导游于是向安检工作人员说明了情况，机场立即为这个团队开通绿色安检通道，优先进行了安检，从而避免了误机。

案例

旅游团为什么错过了火车?

导游小李当晚要送游客去火车站，赶晚上8点的火车。为避免误车，他把晚餐时间定为下午4点半，晚餐地点则选在市中心。下午4点半，晚餐准时开始，5点客人们就餐完毕。这时有客人提出，餐厅旁边就是大型超市，想安排半小时在超市购物。小李一看时间充足，征求了司机意见后，同意了游客的要求，但规定30分钟内，即下午5点半前必须回到车上。半小时之内，购物的游客陆续回到车上，但有一对老年夫妻迟迟未归。导游打电话才发现他们的手机放在车上，不在身边。导游和几位热心游客立即去超市寻找，花了一个多小时也没有找到人，最后两位老人自己回到了车上，原来他们忘记了停车地点，又不记得导游电话，只好在街上兜圈寻找旅游车。当旅游车出发去火车站时已将近晚上7点，此时正是下班高峰，一路堵车，旅游团最终错过了火车。

请思考：此次误车是否可以避免？导游小李有哪些做法考虑欠周全?

提示：如果导游处置得当，此次误车可以避免。导游小李在下面一些做法上考虑欠周全：（1）在赶火车前同意游客去购物，而且购物地点还是市中心的大型超市。全车游客分散到一个大超市去购物，地点又在人多拥挤、道路复杂的市中心，很容易发生个别游客迟到、走失的情况。若不用赶车，出现事故还有时间处理，若要赶车，将无时间处理突发事件。等事件处理好了，很有可能就会误车。(2) 未提醒、督促游客带上手机，导致迷路游客与导游无法取得联系。如果这一对老年游客带上了手机，或者导游事先给每位游客发放了纸质联系卡，游客就不会迷路，即使迷路了也能很快找到。(3) 花了太多时间寻找、等待迷路游客，导致全车游客误车。在两位游客迟迟找不到，而晚高峰即将到来的情况下，导游应当机立断，让领队或全陪带领车上游客先去车站赶车，自己留下在原地等候两位迷路游客，这样可避免整个旅游团误车。

(四) 误机 (车、船) 的处理

一旦发生误机（车、船）事故，导游可以这样处理：

（1）立即向旅行社报告，请求帮助。

（2）尽快与机场（车站、码头）联系，争取让旅游者尽快改乘后续班次的交通工具离开本站，或采取包机（车、船）形式尽快前往下一站，或改乘其他交通工具。

（3）及时通知下一站，对日程安排做出调整。

（4）向游客赔礼道歉。

（5）稳定旅游者的情绪，妥善安排滞留期间的食宿、参观等事宜。

（6）写出事故报告，讲明事故的原因。

任务二　游览过程中易发故障的预防与处理

游览过程中易发生的旅游故障包括变更旅游计划，游客证件、行李、钱物遗失，游客患病，游客走失等。

一、变更旅游计划的处理

旅游计划或活动日程不得轻易改动，在缺少正当理由的情况下，导游应避免主动更改旅游计划。但有时各种客观因素和不可预料的突发事件，如自然灾害、社会动乱、传染病、旅游者突然伤病、交通受阻等，会迫使我们不得不变更旅游计划。这时导游要根据不同的情况，有针对性地采取应对措施。

知识链接

关于变更旅游计划的规定

《旅行社条例实施细则》(2016 年 12 月 12 日修订) 第 43 条规定："在旅游行程中，当发生不可抗力、危及旅游者人身、财产安全，或者非旅行社责任造成的意外情形，旅行社不得不调整或者变更旅游合同约定的行程安排时，应当在事前向旅游者作出说明；确因客观情况无法在事前说明的，应当在事后作出说明。"

在需要变更旅游计划时，导游通常的处理程序是：

（1）报告旅行社。遇到突发事件，导游应立即报告旅行社，寻求旅行社的帮助，并可让旅行社第一时间掌握情况。

（2）制订应变计划。导游应认真分析问题的性质和可能的后果，分析旅游者因情况变化可能出现的情绪，按照旅行社的要求，制订应变计划，如减少或延长游览时间、增加或减少游览景点、变更游览景点、变更景点游览顺序等。

（3）做好说服旅游者的工作。地陪、全陪、领队应先就有关问题进行协商，取得一致意见。最好先做通旅游团中有影响力的成员的工作，然后分头做其他旅游者的工作。注意：先道歉，再实事求是地说明困难，再介绍应变计划。

（4）打消游客的疑虑。不可抗力的因素不仅可能导致旅游计划变更，还可能导致旅游费用的增减变化。导游应对费用的变化有清楚的了解，并了解费用分担的一些基本原则，以便在必要时对游客做出解释，打消游客的疑虑。一般来说，因不可抗力因素增加的费用由游客承担，减少的费用应退还游客；不可抗力的出现危及游客人身、财产安全的，旅行社应采取相应安全措施，由此支出的费用由游客与旅行社分担；不可抗力的出现造成游客滞留，游客增加的食宿费用由游客承担，增加的返程费用由游客与旅行社分担。

（5）通知一切相关接待单位，及时安排吃、住、行等的变更。

（6）尽量减少游客的损失。尽管突发事件的发生旅行社并没有责任，但旅行社和导游仍然应坚持尽量减少游客损失的原则。无法安排的景点应由别的景点替代，或退还部分费用；即使缩短在景点的时间，也尽量不要减少计划中的景点；尽量以更为周到的服务补偿游客；适当地辅以物质补偿，如加餐、加菜、加酒、赠送小纪念品等；必要时可请旅行社领导出面向游客表示歉意。

案例

因天气原因未能如期出行

一旅游团正在某城市游览，计划于第二天乘坐20:00的始发列车去广州，次日早上8:00到达广州，在广州游览一天后去深圳游览。但导游在新闻中得知，因连日大雨，广东段部分铁路路基受损，正组织抢修，部分去广州的火车因此受到了影响。导游通过查询得知，他们将要搭乘的那趟列车刚刚宣布停运，游客可以免费退票或改签。

请思考：1. 本案例属于旅游故障吗？

2. 如果你是这个团的导游，你将如何处置？

提示：1. 本案例属于因自然灾害发生而不得不更改旅游日程的情况，属于旅游故障。

2. 面对这一情况，导游可采取如下措施：（1）立即报告旅行社，寻求旅行社的帮助，并使旅行社第一时间掌握情况。（2）在旅行社的支持下，与游客协商，制订应变计划，如改乘别的交通工具（飞机、汽车）、改变线路（如先去深圳）、增加在本站逗留的天数、取消广州的游览计划等。（3）做好说服旅游者的工作。（4）通知下站接待单位，及时安排吃、住、行等的变更。（5）为游客提供更加周到热情的服务。

二、游客证件、行李、钱物遗失的预防和处理

（一）游客证件、行李、钱物遗失的预防

游客证件、行李、钱物的遗失不仅给游客带来经济上的损失，影响游客旅游的心情，还可能影响个人和整个团队的旅游行程，甚至影响游客离境。因此，导游要采取各种措施，帮助游客预防证件、行李、钱物等的遗失。

1. 建议游客重要物品随身携带

导游应建议游客把证件、现金、贵重物品和经常要用的小件物品放在一个小提包中随身携带，不离左右。不要把证件、钱物等放在大型行李箱中，这样不仅给使用证件带来不便，还会因为行李箱经常需要集中存放而脱离游客的视线，带来遗失隐患。

2. 做好重要环节的提醒工作

在一些容易遗失物品的环节，导游一定要提醒游客带上提包、钱包和贵重物品。这些环节包括下车时、离开所住的酒店时、离开吃饭的餐厅时、离开临时休息的场所时等。在离开所住酒店时，要清点自己的证件和贵重物品是否带齐。在人多拥挤的场合，导游要提示游客看管好自己的随身物品，比如随身提包要关闭严实拿在手上，也可挎在身前，而不是背在身后，使包随时处于自己的视线范围之内。在餐厅用餐时提醒游客避免把包放在身后。

3. 证件自己保管

导游一般不轻易保管游客证件，要告诉游客证件自己保管，当需要集中使用证件时，由领队收齐，用毕后由领队归还游客。

4. 做好旅游车管理工作

游客下车后，司机一般应做好清车、关窗、锁好车门等工作。导游可留意司机是否做好这一工作，必要时进行提醒和辅助。

（二）游客证件遗失的处理

（1）协助寻找。导游应请失主冷静回忆证件丢失的经过，尽可能找到线索，找回证件。

（2）若证件确已遗失，无法找回，应马上报告旅行社领导、公安部门。

（3）请失主准备报失和补办证件所需的材料。

（4）由接待社开具遗失证明。

（5）由失主持遗失证明到当地公安机关报失，并由公安机关开具报失证明。

（6）协助失主办理补办证件的手续，所需费用由失主自理。

知识链接

游客遗失证件后只能终止旅游吗？

游客在旅游途中遗失身份证或护照的情况时有发生，发生这一情况后，游客并不一定只能终止旅游。如果游客遗失身份证，可由当地接待社开具遗失证明，失主凭证明去公安部门报失，经核实后开具身份证明，游客可凭此身份证明继续旅游，回到居住地后再补办身份证。游客如果在国外旅游时遗失护照，或者发生护照被盗、护照损毁不能使用等情

形，可以向我国驻外使馆、领馆或者外交部委托的其他驻外机构申请中华人民共和国旅行证，回国后再申请补发新护照。

（三）游客行李丢失的处理

行李丢失，会极大地影响游客的旅途生活和旅游兴致。无论发生行李丢失的责任是否应由旅行社承担，导游都应主动、热情地帮助游客找回行李和提供必要的生活上的帮助。

1. 游客来华途中丢失行李

海外旅游者的行李在来华途中丢失，虽然不是导游的责任，但导游仍然应当热情地协助游客查找行李。

（1）办理登记手续。导游应第一时间带失主到机场失物登记处办理行李丢失和认领手续。失主应出示机票及行李牌，向登记人员说明行李始发地和转运地，行李件数，行李的大小、形状、颜色、标记等，并填入失物登记表。导游应将旅游团的名称及下榻的饭店名称、房间号等信息告诉登记人员，同时留下导游自己的电话号码和失主的电话号码，并和失主一道记下登记处的电话和联系人，记下有关航空公司办事处的地址、电话。

（2）如果失主有需要，积极协助失主购置必要的生活用品。

（3）经常问询。在当地游览期间，导游要不时地打电话询问行李的找寻情况，打电话时最好当着失主的面，使失主也能了解行李的找寻进程，并让失主知道导游也在时刻关注行李的找寻，缓解失主的焦虑心情。

（4）若离开本地时行李还没有找到，导游应帮助失主将接待旅行社的名称、全程旅游线路、将要下榻的饭店的名称、联系电话等信息转告有关航空公司，以便行李找到后能及时运往适宜地点交还失主。

（5）若行李确实已丢失，导游可协助游客向航空公司索赔。

2. 游客在中国境内丢失行李

游客在我国境内旅游期间丢失行李，一般是交通运输部门或行李员的责任，但导游作为接待服务人员，仍应积极帮助寻找和处理善后事宜。

（1）针对不同的丢失环节灵活处理。行李通常在两个环节容易丢失：一是出站时领取不到托运的行李；二是抵达饭店后，旅游者没有拿到行李。

1）如果游客在出站时领取不到托运的行李，则有可能是行李托运过程中或上一站行李交接过程中出现了差错，或者是行李被他人错拿，这时导游可这样处理：带失主到失物登记处办理行李丢失和认领手续，填写丢失行李登记表，留下联系方式；向旅行社领导汇报，安排有关部门和人员与机场、上一站接待社、民航等单位联系，积极寻找。

2）如果抵达饭店后，旅游者没有拿到行李，则问题可能出在饭店内或本地交接及运送行李过程中，这时导游可这样处理：询问本旅游团其他成员，看是否有人错拿了行李，或是饭店行李员送错了房间。联系饭店行李部门，请其设法查找。若仍然找不到，应向旅行社领导汇报，寻求帮助。

（2）做好善后工作。导游应主动关心、安抚失主，对丢失行李表示歉意，并积极帮助失主解决因丢失行李带来的生活方面的困难。

（3）关注进展。导游应经常与有关方面联系，询问行李查找的进展情况。

（4）丢失后致歉。若行李确实已丢失，则应由旅行社领导或责任方领导出面向失主说明情况并致歉意。

(5) 赔偿。导游应帮助失主根据规定向有关责任方索赔。如果是旅行社方面的责任，导游或旅行社代表应与游客协商赔偿办法。

(6) 书面报告。事后，导游应写出书面报告，写清行李丢失原因、经过、查找过程、失主及其他旅游者的反应、赔偿等情况。

(四) 游客钱物遗失的处理

游客遗失钱物后，不论原因出在哪里，导游都有义务帮助游客找寻钱物并做好善后工作。

1. 了解情况，安抚情绪

游客遗失钱物后，导游应先详细了解钱物数量、形状、价值、特征，丢失的经过，判断是遗忘还是被盗，并对失主表示同情和安慰，稳定失主情绪。

2. 寻找

导游应尽可能协助游客寻找丢失的物品，如果物品可能是遗忘在某处，应协助游客第一时间赶到该处，或帮助游客电话询问有关人员是否拾到。

3. 报案

若是贵重物品遗失，导游应立即向公安部门和保险公司报案，协助有关人员查清线索，力争尽快破案。

4. 开具证明

若遗失的是进关时登记并且必须复带出境的物品，或是已办理保险的贵重物品，接待旅行社要出具证明，失主持证明到当地公安机关开具遗失证明，以便出关时查验或向保险公司索赔。

5. 善后处理

如果游客的钱物遗失对游客的正常旅途生活带来影响，导游应热情地提供帮助，解决游客面临的难题。

三、游客患病的预防和处理

在旅游途中，游客比平时更为辛苦劳累，加上环境变化、水土不服、生活不便等原因，游客患病的风险大大增加。导游要尽量避免人为原因造成的游客患病，如果遇到游客患病，导游要主动关心，沉着冷静地进行处理，尽量使旅游活动能顺利进行。

(一) 游客患病的预防

1. 熟悉团队成员状况

导游接团前应事先熟悉团队情况，了解团队成员的年龄结构、性别结构，了解旅游团中有多少老年人、小孩。在旅游途中还可密切关注游客的体力情况、身体健康状况。了解这些情况，有助于导游妥善安排适合游客体力的一些活动，避免游客过度劳累。

2. 旅游活动的安排留有余地

旅行社和导游安排的旅游活动日程不应太满，参观项目不宜过多，尤其是大量消耗体力的活动不宜集中安排，要保证游客充足的休息时间，做到劳逸结合。

3. 为游客提供良好的食宿

旅行社和导游应尽力为游客提供卫生、营养的饮食，避免游客“病从口入”。充足的睡眠是游客恢复体力的保障，游客休息好了，能有效提高抵御疾病的能力。因此，旅行社和导游应尽量为游客提供良好的住宿条件。

4. 做好相关的提醒工作

导游要提醒游客注意饮食卫生，如不吃不洁的食物，不买路边摊点的食物，不喝生水，不吃来路不明、生产日期不明的食物，不吃过期的食物，等等。提醒游客多吃新鲜水果、蔬菜，多喝水。导游要注意了解天气的变化，及时提醒游客增减衣物、防雨防晒。如果去山区、林区、高原、沙漠旅游，导游要事先告知游客一天当中可能出现的天气的剧烈变化，提醒游客带好足够的衣物，随时注意添减衣物。

（二）一般患病的处理

游客旅途中患病有一般患病和突患重病之别。如果游客只是一般患病，导游可这样进行处理：

1. 劝其就医

为不影响旅游，游客患病后一般就医意愿不高。为安全起见，导游应尽量劝其及早就医，并为其就医提供方便。必要时，导游人员可陪同患者前往医院就医。严禁导游擅自给游客用药。

2. 费用自理

为避免事后纠纷，导游应向游客讲清楚，看病所需费用自理，并提醒其保存好诊断证明和医疗费用收据。

3. 特别照顾

旅游过程中，导游要关心照顾生病游客，劝其多休息，不要强行游览。如果游客决定在饭店休息，导游要通知饭店给予关照，必要时通知餐厅为其提供送餐服务。如果游客坚持继续随团活动，导游要给予必要的照顾，如让其坐在较舒服的座位上，优先安排生病游客的游览，减少其站立等候的时间。同时密切关注游客的身体状态，随时准备提供帮助。

（三）旅游者突患重病的处理

如果游客在旅游过程中突患重病，导游不能慌张，要沉着冷静应对。如果病人有成年家属在场，导游应征求家属的意见，尽量为家属提供方便。在有就医条件的情况下，比较稳妥的安排是立即送医院。如果当时没有送医院的条件，则要在取得帮助的条件下就地抢救。

1. 立即送往医院

游客突患重病，如果当时有送医院的条件，在征得患者、患者亲友或领队同意后，立即将患者送往医院治疗，或请医生前来抢救。必要时中止旅行，全力救助患者。若在乘坐交通工具时患病，可请求乘务人员帮助，在乘客中寻找医务人员，并通知下一站接待社做好抢救准备。若在饭店、景区患病，可先要求饭店方面和景区管理部门提供帮助。

2. 上报旅行社

导游应将游客患重病的情况及时通知旅行社，请求指示和派人协助。

3. 协助救治

在抢救过程中，导游应予协助，并要求全陪、领队或患者亲友在场。如需要做手术，必须征得患者亲属同意。如果亲属不在，必须由领队同意并签字。如果患者是国际急救组织的投保者，导游应提醒其亲属或领队及时与该组织的代理机构联系。

4. 患者病危应通知亲属

若患者病危，而亲属又不在身边，导游人员应提醒领队及时通知患者亲属。如患者亲属是外国人士，导游人员要协助其办理来华探视手续。若找不到亲属，一切按使领馆的书面意见处理。

5. 妥善安排其他旅游者继续旅游

导游应请求接待社领导派人帮助照顾患者，同时安排好旅游团继续按计划活动，不得轻易将全团活动中断。

6. 注意事项

（1）探望和慰问。患者转危为安但仍需继续住院治疗，不能随团继续旅游时，接待社领导和导游人员要不时地去医院探望，帮助患者办理分离签证、延期签证以及出院、回国手续及交通票证等事宜。

（2）妥善保存证明资料。有关诊治、抢救或做手术的书面材料，应由主治医生出具证明并签字，导游应妥善保存相关证明材料。

（3）详细记录。导游应详细记录患者患病前后的症状及治疗情况，避免时间长了遗忘。

（4）费用处理。患者的医疗费用自理，患者亲属探视的费用自理。患者在离团住院期间未享受的综合服务费按协议规定处理。

（四）旅游者因病死亡的处理

旅途中有游客患病死亡是一件很不幸的事，导游要保持冷静，根据相关规定，在有关人员协助下处理善后事宜。

1. 报告旅行社

游客死亡是一件大事，导游要第一时间向旅行社领导报告，请求旅行社的指示和帮助。

2. 通知死者亲属

导游应将游客死亡的事实立即通知死者的亲属，如果亲属不在身边，应通知亲属来处理后事。

3. 处理好善后事宜

（1）向医院索要由主治医生签字并盖了章的抢救经过报告、死亡诊断证明书。

（2）死者的遗物由其亲属或领队、死者生前好友代表、全陪或所在国驻华使领馆有关官员共同清点造册，列出清单，清点人在清单上一一签字。遗物要交死者家属或死者所在国家驻华使领馆有关人员。接收遗物者应在收据上签字，收据上应注明接收时间、地点、在场人员等。

（3）抢救死者的医疗、火化、尸体运送、交通等各项费用，一律由死者亲属或该团队支付。

4. 旅游团按原计划继续参观游览

（1）请领队向全团宣布死者死亡原因及抢救、死亡的经过。

（2）做好团队的安抚工作，稳定团队情绪。

（3）除非旅行社另有人员安排，否则导游应继续做好旅游团的接待工作，按计划完成带团参观游览任务。

四、游客走失的预防和处理

游客来到一个陌生地方旅游，面临的走失风险要比在居住地大得多。游客的走失，轻则影响游客的情绪，影响旅游活动安排，重则可能危及游客的生命、财产安全，因此，导游必须严防游客走失现象的出现。

（一）游客走失的原因

游客走失是游客不记得要去的地址或者不记得要走的线路造成的，通常有三个原因：一是不记得景点线路或停车位置、车号、车的特征，找不到正确的景点出口或正确的停车位；二是游客因拍摄等的原因在景点停留太久，脱离了团队而造成迷路，无法走出景区；三是游客在自由活动时没有记住饭店的名称、地址和线路而无法找到入住的饭店。

（二）游客走失的预防

为防止游客走失，导游要在工作中多注意细节，并提醒游客注意和遵守。

1. 保持畅通的沟通渠道

导游与游客之间如果有畅通的沟通渠道（如电话、微信、QQ 等），双方可以进行及时沟通，这样游客是不容易走失的，走失了也容易在导游的帮助下自己找回来。导游也可通过沟通，及时了解游客动态，寻找游客也方便得多。因此，导游事先应知道每个游客的电话（最好还有微信或 QQ），也应该主动让游客记下自己的电话（最好还有微信或 QQ）。为防止手机没电或无网络信号时无法查询手机号码和进行沟通，这些联系方式不仅要存在手机里，导游最好还要给每位游客发放一个纸质的联系卡，上面写上导游的联系方式。导游也要有一张纸质的通信录，把每位游客的电话记在纸上。

可以说，在通信发达的今天，在每位游客基本上都有手机的今天，只要沟通顺畅，走失的风险可以大大降低。但是，旅途的情况千变万化，导游切不可过于迷信手机的作用，因为旅途当中很多场合是无法使用手机或无法远程沟通的，如在很多偏远山区和大面积的水面、沙漠地带，往往没有通信信号覆盖，即使有信号，游客的手机也可能因没电而关机。在境外，即使有手机，也有可能会打不通电话、使用不了网络。因此，导游还要有更周密的准备去防止游客走失。

2. 及时告知游客关键信息

导游要及时告知游客一些关键信息，比如接待社的名称，旅游车的车号、标志、停车地点，下榻饭店的名称、地址、电话、周边的标志性建筑等，这些信息不仅可以有效避免游客迷路，也可帮助游客迷路后自己找到回来的路。导游最好给每名游客一张饭店联系卡（或提醒游客在饭店前台自取联系卡），当迷路时可向出租车司机出示这张卡片。

3. 及时通报行程安排

导游应经常地向全体游客通报行程安排。出发前要告诉游客一天的行程安排（先后去哪几个景点、去哪吃中饭和晚饭、晚上的入住地点等）；来到景点下车前要告诉游客旅游车的车牌号、停车地点、上车地点、开车时间等；来到景区门口（最好是景区游览示意图前）要告诉游客主要的游览景点、游览线路、景点入口和出口、游览的时长、游览结束后的集合地点和集合时间等。游客掌握了行程安排，可以方便游客掌握时间，迷路后也方便游客自行赶到下一站找到旅游团。

4. 必要的提醒

导游要对游客进行一些必要的提醒，如减少或避免单独行动、不去人多拥挤的场合、不去混乱的场合、晚上尽早回到饭店等。

5. 密切关注游客动向，及时清点人数

导游应充分了解自己的游客，时刻与自己的游客在一起，并对一些重点游客要特别关注，比如特别爱单独活动的游客、喜欢长时间拍照的游客、没有联系方式的游客、带着孩子的游客、年纪比较大的游客、身体状况较差的游客等。导游还要及时清点人数，每次离开某景点时、旅游车开动前，都要把人数点清，确保一个不少。

6. 提高吸引力

导游应努力提高服务水准，丰富讲解内容，用高超的导游服务技巧和优质的讲解吸引游客，使游客愿意跟着团队游览。

（三）游客走失的处理

1. 旅游者在游览时走失的处理

（1）组织寻找。一旦发现有游客走失，导游应先向其他旅游者、景区工作人员了解情况并迅速组织寻找。先找停车场周围，再找旅游景点（区）出口处，然后按照游览路线的逆方向寻找；与住宿宾馆取得联系，了解走失的游客是否已回宾馆。找人的工作主要由地陪、全陪、领队承担，也可请熟悉走失者的游客帮忙，必要时请景点工作人员协助寻找。如果其他游客的行程不能耽误，找人的工作可交由全陪、领队承担，地陪继续陪同游客游览。

（2）汇报和求助。一时不能找到的情况下，导游应向游览地派出所和管理部门求助，并向旅行社领导汇报，寻求帮助。必要时向公安部门报案。

（3）做好善后工作。找到旅游者后，导游应问清原因，了解事情经过。如果游客走失有导游的责任，导游应向游客道歉；如果责任在走失者，导游也不要指责或训斥对方，而应对其进行安慰，并晓以利害，提醒其以后注意。

（4）写出事故报告。如果走失事故较为严重，导游应写出事故报告，详细记录旅游者走失经过、寻找过程、善后处理情况及旅游者的反应等。

2. 旅游者在自由活动时走失的处理

（1）立即报告旅行社，请求旅行社协助。

（2）向派出所报案，详细提供走失者的特征和相关情况，请求寻找。

（3）走失者回到饭店后，导游人员首先应表示高兴，然后问清情况，必要时提出善意的批评，提醒其以后注意。

任务三 游客安全事故的预防和处理

旅游安全事故是指涉及旅游者人身、财产安全的事故，主要包括交通事故、治安事故、火灾事故、食物中毒事故等。

一、交通事故的预防和处理

（一）交通事故的预防

交通事故有的是己方原因造成的，有的是他方原因造成的。对他方原因造成的交通事故，旅行社和导游虽然难以通过自身的努力进行预防，但可以通过更为细致的工作，尽可能减少他方原因造成的交通事故，杜绝己方原因造成的交通事故。

1. 保证车况良好

良好的车况是行车安全的保障。为此，旅行社应选择正规的旅游车公司进行合作。导游也应经常提醒、督促司机检查车辆，排除行车隐患。如果车辆出现故障，应及时更换车辆。

2. 保证安全开车

优秀的司机是安全开车的保障。导游有责任提醒本车的司机遵守安全规范，如开车前不饮酒，不疲劳驾驶，开车时不聊天、不打电话，不超速开车，不开斗气车，遇到不宜开车的天气（如有雾、下雪、刮台风）时不开车，等等。导游人员也要注意在司机开车时不与其聊天，以免分散其注意力。无论何种情况，不催促司机开快车、赶时间。旅游车司机虽然往往由旅游车公司委派，但旅行社和导游有责任对司机的服务进行监督，对服务有缺陷、责任心欠缺的司机，旅行社和导游可以提出撤换。

3. 在行程安排上贯彻安全第一的原则

旅行社和导游在旅游团的行程安排、线路选择上要贯彻安全第一的原则。如行程不能太满，避免出现让司机通过加快车辆行驶速度来抢时间的情况；行程不能太复杂，避免司机找不到目的地；线路选择要安全，尽量避开路况不好的、有一定危险因素的山路。当天气变化导致不宜开车时，导游要及时调整行程安排。

（二）交通事故的处理

遭遇交通事故时，如果事故不大，没有造成车上人员的伤亡，导游可协助司机进行事故的善后处理，并保护好事故现场。如果事故处理短时间内不能结束，导游可征求旅行社意见，由旅行社出面向旅游车公司要求更换车辆，使旅游活动能继续进行。

如果交通事故造成了游客人身伤亡，导游可这样处理：

1. 求救和报告

导游或游客应第一时间拨打 120 急救电话，告知具体位置和事故大致状况。立即报告执勤的交通警察或公安机关交通管理部门。立即报告旅行社寻求帮助。导游也可先报告旅行社，让旅行社通知 120 和交警部门。

2. 立即抢救

在求救和报告的同时，导游要立即组织自救和抢救。优先抢救重伤员，尤其是需要立即止血、包扎的伤员。在紧急情况下，可拦下其他车辆，先送重伤员去就近的医院抢救。

3. 保护现场

在抢救的同时，尽可能保护好现场。因抢救受伤人员变动现场的，应当标明位置。

4. 继续游览

导游应做好其他旅游者的安抚工作，听从旅行社的安排，力争按计划继续进行游览参观活动。

5. 处理好善后事宜

请医院对受伤旅游者开出医疗诊断证明书，请公安交通管理部门开具交通事故认定书，以便向保险公司索赔。交通事故处理结束后，导游人员应写出书面报告，内容包括：发生事故的原因和经过、抢救经过、治疗情况、事故责任和对责任者的处理、旅游者的情绪及对处理的反应等。

案例

导游催促司机开快车发生交通事故

某日，全陪小王带一旅游团，由上饶市坐旅游车去鹰潭市龙虎山景区。因旅游团游览行程安排较紧，故途中全陪小王催促司机驾车速度要快一些。车抵达鹰潭市郊区时，恰遇公路边在架设电线，车子行驶中勾住了一根电线，将电线拉断并造成一施工人员背部被电线抽伤。施工人员将车子团团围住，怒气冲冲地要讨个说法。此时司机吓得不敢下车，抱怨都是小王害了他。小王见这情景，赶紧下车与施工队交涉，经反复讨价还价，最后经司机同意，一次性向伤者赔偿人民币 2 000 元，车子才得以放行。但游客意见很大，因为为此足足浪费了两个多小时，还差点和施工人员打起来，影响了旅游团在龙虎山的游程。

资料来源：周晓雷 . 导游带团典型案例集析 . 上海：复旦大学出版社，2016：39.

请思考：1. 该案例中的事故该由谁负责？

2. 正确的处理方法应是怎样的？

提示：1. 该案例中事故的起因是车速过快，驾驶员在遇到障碍物时来不及停车。作为导游员，在长途旅行时应经常提醒驾驶员谨慎驾车，不能以任何理由来催促驾驶员开快车，故该起事故首先应由导游员小王承担责任；其次驾驶员因导游员催促而违背了安全驾驶的原则，也应负责。

2. 出现事故后的正确处理方法是：（1）导游员要保持冷静，提醒游客关上车窗，以免节外生枝，并稳定游客情绪；（2）导游员应与驾驶员一同下车查看情况，进行交涉；（3）把情况报告给自己所属的旅行社，派人或让地接社来处理协调事故，导游员应继续带队旅行游览；（4）写出事故发生的主要原因及应急处理的经过呈报旅行社。

二、治安事故的预防和处理

在旅游途中游客遭遇的歹徒行凶、抢劫、诈骗、偷窃等事故都属于治安事故。

（一）治安事故的预防

（1）尽量避开治安状况不佳的场所。

（2）入住饭店时导游要做好相关提醒。如提醒游客把贵重物品存放于饭店保险柜，不随身携带大量现金，也不把现金放于客房内。提醒游客不要把自己的房号告诉陌生人，不让陌生人进入自己的房间，夜间不贸然打开房门，出入房间时锁好房门。

（3）离开旅游车时做好相关提醒。如提醒游客带好证件和贵重物品，提醒司机关闭好车窗、车门。

（4）在景点游览时做好相关提醒。如提醒游客紧跟团队，避免单独行动；不去人多拥挤的地方；看管好自己的财物，不在公共场所拿出自己的钱包，等等。

（5）导游始终要和游客在一起行动，随时掌握游客动态，经常清点游客人数。

（6）不让陌生人搭乘旅游车，遇到身份不明的人拦车时，提醒司机不予停车。

（二）治安事故的处理

遇到治安事故，导游人员要挺身而出，勇敢地承担起保护游客的责任。

（1）保护旅游者的人身、财产安全。可采取的措施包括：将旅游者转移到安全地点；与游客、公安人员缉拿歹徒，追回钱物；如果有旅游者受伤，应立即组织抢救或送伤者去医院。

（2）立即报警。治安事故发生后，导游人员应立即拨打 110 报警电话，向公安部门报案并积极协助公安人员破案。

（3）及时向旅行社领导报告。情况严重时请旅行社领导前来处理。

（4）继续旅游活动。治安事故发生后，导游人员要采取必要措施稳定旅游者的情绪，尽力使旅游活动继续进行。

（5）妥善处理善后事宜。准备好必要的证明材料，协助处理好受害者的补偿、索赔等事宜。

（6）就事故经过写出详细、准确的书面报告。

案例

结伴逛街购物，遭遇飞车抢包

杨小姐参加了某旅行社组织的“新马泰十日游”。抵达泰国后，领队告知游客注意保管随身物品。泰国地接导游告知游客，泰国是佛教国家，治安很好，一般不会有偷抢发生。晚餐后自由活动期间，杨小姐与团友准备出去逛街，临行前，导游告知了她们购物街的地址，于是她们乘出租车前往该地段。下车后，杨小姐等人站在人行道上准备过马路，不料，一辆摩托车从她们身边飞驰而过，瞬间杨小姐挎在肩上的包就被抢走了，包内有护照和现金等。杨小姐急坏了，但因语言不通，不知如何报警。附近看到这一切的华人小贩热心帮忙打电话报了警。在警察局录口供时，地陪通过电话与警察做了沟通。回到酒店后，地陪和领队都到游客房间询问案发详情并给予了深切的慰问，并告知游客补办证件的手续和流程，还对游客随后的食宿做了妥善安排。

资料来源：王晓宁．导游实务案例与分析．北京：中国人民大学出版社，2014：85.

请思考：1. 导游应如何提醒游客注意自身财物安全？

2. 发生类似该案例中的事件后，导游应按怎样的流程进行处理？

提示：1. 根据导游工作流程的规定，在旅游活动中，游客遇到有人偷窃、诈骗、抢劫、行凶，导致游客身心及财物损失，属于治安事故，导游有提醒和协助处理的责任。在该案中，导游应提前告知游客：（1）当外出活动时，不要携带过多的现金，证件最好存放在酒店的保险箱里；（2）当遇到抢劫时，一定要注意自身的人身安全，切不可因为钱财而丢了性命。

2. 处理方法有：(1) 报警，争取得到当地警方的帮助和保护；(2) 向有关部门申请补领丢失的证件；(3) 如果游客身无分文，而导游自己带的钱也不够，可为游客向地接社借款并办好借款手续，以便游客回国后顺利归还。

三、火灾事故的预防和处理

(一) 火灾事故的预防

(1) 做好提醒。导游应提醒游客不要携带易燃、易爆物品，不要乱扔烟头和火种，不在加油站和旅游车上抽烟，不躺在床上抽烟，不在房间点蜡烛，衣物不要放在电灯旁烘干，不在房间使用大功率电器，夜间应及时拔掉电器插头。

(2) 熟悉饭店安全出口和转移线路。在介绍饭店设施情况时，要介绍饭店楼层的安全出口和安全通道。提醒游客进入房间后，熟记门后贴出的安全转移线路图。导游更要对入住的饭店进行了解，熟悉饭店周围环境，了解安全通道的位置。

(3) 掌握游客的房间号码和电话号码，方便一旦有火情时能及时通知每一位游客。

案例

不知道逃生通道，半夜火海惊魂

某旅行社组织了旅行团“台湾八天游”。该团抵达台东当晚入住了一家四星级的温泉酒店，该酒店呈U形布局，消防指引不明显，导游人员也没有特别提醒游客相关注意事项。入夜后，该团所住房间的对面楼层突然起火，火势越来越大，不一会儿浓烟就借助风力扑向这边的楼层。此时酒店电梯已经停运，酒店也已经停电，楼道里一片漆黑，住在楼道最里面房间的6位游客辨不清逃生方向，他们只好打开窗户摇动毛巾，大声呼救，幸好消防队队员及时赶到，搭起云梯，把6位游客解救了出来。游客被送至医院后，经检查无大碍，只是被浓烟所呛，但所有行李都已损坏。游客抱怨导游安全提醒不到位、酒店消防指示不明显，导致他们差点命丧火海。随后几天，该团仍按原计划完成行程，每到一家酒店，导游人员都特别提醒游客留意消防通道和逃生指引等信息。该团回程后，游客向质监所投诉了该导游人员的工作疏忽。

资料来源：王晓宁．导游实务案例与分析．北京：中国人民大学出版社，2014：84.

请分析：1. 该导游人员在工作中有无不妥之处？

2. 入住酒店后，导游应以何种方式和语言对游客做安全提示？

提示：1. 导游没有做好提前提醒。

2. 根据导游工作流程要求，导游每到一个新住的酒店，都有引导游客入住房间的责任和义务。具体做法是：(1) 介绍酒店内的服务设施，特别是酒店内的太平门、安全出口、安全楼梯的位置；(2) 提醒游客进房间后，要看懂房间内的消防指示图，最好能让游客亲自去看看安全通道；(3) 提醒游客不要携带易燃、易爆物品进房间，不要在床上抽烟，以免发生火灾。

（二）火灾事故的处理

水火无情，为保障游客安全，一旦发生火灾，导游可采取如下措施：

（1）立即报警并叫醒全团。如果全团居住集中，可以通过敲门的方式逐一叫醒。如果居住分散，或者通道不畅，也可通过打房间电话的方式。为加快速度，可与领队、全陪、酒店服务员等一起做好分工，分别打电话给游客。

（2）通知旅游者走安全通道迅速撤离。

（3）判断火情，引导自救。如果情况危急，不能马上离开火灾现场，导游人员应引导游客自救：告诫游客不可搭乘电梯或从高层跳楼；必须通过浓烟时，用浸湿的衣物披裹身体，用湿毛巾捂住口、鼻，身体贴近地面顺墙爬行；若身上着火，可就地打滚，将火苗压灭，或用厚重衣物压灭火苗；大火封门无法逃脱时，可用浸湿的衣物、被褥将房门封堵严实，避免有害气体进入，若有水源，可对门进行泼水降温，等待救援；摇动色彩鲜艳的衣物呼唤救援人员；若迫不得已必须即刻逃离现场，可将被单撕成长条，系成一根长绳顺着滑下。

（4）协助处理善后事宜。旅游者得救后，导游人员应立即配合救援人员抢救伤员，将重伤者立即送往医院；采取各种措施，稳定旅游者的情绪；设法解决旅游者因火灾所造成的生活上的各种困难；协助索赔。

（5）在可能的情况下，使旅游活动继续进行。

（6）就火灾事故的全过程写出书面报告。

四、食物中毒事故的预防和处理

食物中毒是指食用了被有毒有害物质污染的食品或者食用了含有毒有害物质的食品后出现的急性、亚急性疾病。其特点是通常许多人同时发病，病状相似（如呕吐、腹痛、下痢等），病情急，进展快，发病者有食用同一种食物的历史。

（一）食物中毒的预防

旅游团发生了食物中毒，不仅会影响团队的正常行程，还可能威胁游客的生命安全。为防止食物中毒，导游人员应做到以下几点：

（1）餐饮安排讲究卫生。旅行社和导游安排的团队餐一定要找正规的饭店和餐馆，并督促餐厅注意食物卫生。

（2）用餐时，导游如果发现食物、饮料有不卫生或变质的情况，应要求餐厅更换。

（3）做好相应的提醒工作。比如，提醒游客不在路边无卫生条件的摊点就餐；提醒游客不喝生水，尤其是易被污染的河水、井水；提醒游客不吃霉烂、变质的食品；在野外不随便采吃不认识的野果、蘑菇、野菜等。

（二）食物中毒的处理

游客发生食物中毒后，导游可这样处理：

（1）拨打120急救电话或迅速送往医院抢救。

（2）迅速报告旅行社领导。

（3）指导旅游者自救：将手指伸入患者口中，刺激患者喉部以便催吐；多喝水以加速排泄，缓解毒性；用毛毯盖着患者保温；让患者侧卧。

（4）设法保留证据，并请医院开具诊断证明。

（5）追究供餐单位的责任，协助游客索赔。

项目小结

旅游故障会阻碍旅游活动正常进行，并可能影响旅游者的人身、财产安全。本项目重点介绍了接送站环节容易发生的旅游故障（漏接、错接、空接和误机、误车、误船）、游览环节容易发生的旅游故障（变更旅游计划，游客证件、行李、钱物遗失，游客患病，游客走失）和影响游客人身、财产安全的旅游故障（交通事故、治安事故、火灾事故、食物中毒事故等），以及预防这些故障的方法和故障的处理程序。

拓展知识

旅途卫生常识

一、中暑

游客在暴晒、炎热环境里如果待的时间过长，容易导致身体体温调节发生障碍，从而发生中暑。轻度中暑表现为头昏、胸闷、心悸、恶心、眼花、耳鸣、口渴、高热、大汗、面色干红或苍白、注意力涣散、动作不协调等，较重的中暑还可能出现痉挛、神志不清，甚至昏倒、失去意识。

（一）中暑的预防

（1）做好防热防晒的准备。着装应轻便，尽量穿浅色、素色衣服；服装面料尽量选择棉、麻、丝类；打遮阳伞、戴太阳帽、戴太阳镜、抹防晒霜。

（2）避免在烈日、高温下活动。尽量不在烈日下、高温下活动，如果无法避免，也不能在烈日下、高温下待太长时间。因此，盛夏中午阳光最强烈时，不宜组织游客在室外游览。

（3）劳逸结合。行程安排不宜过紧，不能使游客过于劳累，保证游客有充足的体力。

（4）喝淡盐开水。提醒游客多喝淡盐开水，补充体内盐分。

（5）准备防暑常备药品。如十滴水、清凉油、风油精、人丹、藿香正气水等。

（二）发生中暑后的处理

（1）将患者移到通风、阴凉的地方，使其平躺并抬高下肢，解开衣领，放松裤带。面部发红的患者可将其头部略为垫高，面部发白的患者可将其头部略为放低。

（2）用湿毛巾、冰袋擦拭患者身体。找不到冰袋的话可用冰块、冰棍、冰激凌放在塑料袋中代替，也可用冷水浸湿的毛巾包住患者身体，或用冷毛巾捂在患者头部。

（3）用扇子轻扇患者身体，帮助其降温。

（4）服用必要的防暑药物，如人丹、藿香正气水等。

（5）给患者饮用含盐饮料或含盐冷开水，补充身体失去的盐和水分。

(6) 若患者已失去知觉，可让其闻一些有刺激气味的物体，使其尽快苏醒。

(7) 患者症状缓解后应让其静卧（坐）休息，喝些清凉的饮料和淡盐水，暂时不吃辛辣的食物，不喝酒和咖啡。

(8) 若患者已停止呼吸，要立即开放患者气道，并施行人工呼吸。拨打 120 急救电话，立刻送医院急救或请医务人员前来救治。

二、晕车（机、船）

旅途中，常有游客出现晕车（机、船）现象，轻者表现为头晕、恶心、面色苍白、微汗，重者表现为头痛、心慌、眩晕、冷汗、精神抑郁、唾液分泌增多和呕吐，甚至发烧、昏迷。晕车（机、船）会给游客的旅行带来很大不适，严重的会影响游客正常的随团旅行。

（一）晕车（机、船）的预防

采取正确的措施，可以一定程度上预防晕车（机、船）或减轻晕车（机、船）带来的影响。这些措施包括：

(1) 提前准备好抗晕车药物，在乘车前 30 分钟服用。

(2) 保证休息，避免旅途过分疲劳。

(3) 乘车前不宜吃得太饱，尤其不能吃太多油腻食物，避免乘车前喝酒。

(4) 有条件的情况下，尽量坐在交通工具的前排位置，尽量使座位方向与行驶方向一致。

(5) 不在高速行驶的车上阅读报刊或玩手机，眼睛不看窗外快速移动的景物，最好是闭目养神或用耳机听音乐。

（二）发生晕车（机、船）后的处理

(1) 对晕车（机、船）游客多加关心，了解其严重程度。

(2) 在可能的情况下，将其调整到合适的座位。

(3) 可提醒游客束紧腰带，减少腹腔的震荡，缓解不适；或让客人涂抹风油精等缓解症状。

(4) 准备好塑料袋和纸巾应急，避免客人呕吐在座位上和车上。当游客呕吐时，要及时清除呕吐物。

(5) 在条件允许的情况下，可让司机停车，让游客下车缓解一下晕车症状，其他不晕车的游客也可下车稍作休息和调整。

(6) 当游客的晕车（机、船）状态较严重时，要通知乘务人员，请求协助。必要时送医院治疗。

三、急性心肌梗死

急性心肌梗死是非常危险的一种突发性急病，可能给游客带来生命危险，导游应具备一些这种疾病的基本知识。

（一）急性心肌梗死的症状

急性心肌梗死是冠状动脉急性、持续性缺血缺氧所引起的心肌坏死。症状多表现为发

病急，患者多有剧烈而持久的胸骨后疼痛，呼吸困难，面色苍白，口唇青紫，大汗淋漓，脉搏弱，皮肤湿冷，烦躁不安或神志淡漠，出现恶心、呕吐等，很可能危及患者生命。

（二）急性心肌梗死的诱因

1. 劳累过度

过重的体力劳动如负重登楼，过度的体育运动，连续的紧张劳累等可使心脏负担加重，使心肌需氧量突然增加，增大急性心肌梗死的危险。

2. 情绪激动

过于紧张、激动、愤怒等这些激烈的情绪变化容易诱发心肌梗死。

3. 暴饮暴食

饮食过量，缺乏节制，尤其是吃了大量含高脂肪、高热量的食物后，血脂浓度会突然升高，血黏稠度增加，使急性心肌梗死风险增加。

4. 寒冷刺激

天气突变，不注意防寒保暖，容易导致急性心肌梗死。

5. 便秘屏气

便秘者经常需要用力屏气，体弱的老人如果过于用力屏气，容易导致急性心肌梗死。

6. 抽烟嗜酒

吸烟和大量饮酒可能诱发冠状动脉痉挛，并增加心肌耗氧量，从而可能导致急性心肌梗死。

（三）急性心肌梗死的常见先兆

（1）原有的心绞痛突然明显加重，或无任何诱因自行发作；无心绞痛史的人突然发生心绞痛。

（2）心绞痛性质与以往不一样，发作时间延长，含服硝酸甘油也不能缓解。

（3）突然出现剧烈而持久的心绞痛，休息不能缓解。

（4）心绞痛时全身出现难以形容的不适，伴有恶心、呕吐、气短、出汗、烦躁、腹胀等。出现心律失常（心动过缓或过速）、呼吸困难等情况。

（5）老年人或冠心病患者突然出现无原因的心律失常、休克、晕厥等，有很大可能是急性心肌梗死造成的。

（四）急性心肌梗死的预防

（1）避免劳累过度，尤其避免负重登楼、搬抬重物、过度体育运动。

（2）避免情绪过于激动，放松心情，对任何事情处之泰然。

（3）节制饮食，不暴饮暴食。膳食结构合理，多吃低脂肪、低胆固醇食物。

（4）戒烟、限酒，保持适量运动。

（5）遇到寒冷天气时，冠心病患者要特别注意采取御寒保暖措施。在洗澡时特别注意不要受凉，不在饥饿或过饱的情况下洗澡，洗澡时间也不要太长。

（6）坚持服药，控制高血压及糖尿病等危险因素。定期进行身体检查。

（7）向患者及公众普及心肌梗死方面的知识，做好预防，增强正确处置的能力。

（五）急性心肌梗死的处理

（1）让患者平躺休息，并垫高其头部。不轻易变换体位或挪动位置，以避免其用力。

（2）让患者放松心态，保持心情平静，避免精神紧张。

（3）让患者亲属从患者口袋中寻找备用药物如硝酸甘油，舌下含服1片。若不缓解，5分钟后可再含服一片。若症状缓解，可去医院就诊。

（4）若患者呼吸停止，脉搏消失，应进行胸外按压和人工呼吸。

（5）若胸痛持续20分钟不缓解，或出现严重的呕吐、呼吸困难、昏迷，应立即呼叫救护车送医院抢救。

四、中风

（一）中风的症状与体征

中风又叫脑卒中，是脑梗死或脑出血导致的危及生命的疾病。通常的症状有突发头痛、恶心呕吐、肢体麻木、口舌歪斜、流口水、说话含混不清，甚至一侧肢体瘫痪、小便失禁、意识障碍，严重的陷入昏迷和呼吸停止，导致死亡。中风往往起病急、变化快，危害极大。

（二）中风的预防

1. 对诱发病及时进行治疗

高血压、动脉硬化、冠心病、糖尿病、高血脂病、肥胖病等都是可能导致中风的危险因素，应对这些疾病进行治疗。应密切观察血压变化，坚持长期服药，有效控制血压。

2. 养成良好的饮食习惯

饮食应做到低盐、低脂肪、低胆固醇；多吃蔬菜、水果、豆制品，多吃鱼类，或服用深海鱼油；不暴饮暴食，不吃过于辛辣的食物，不喝过浓的咖啡和茶；喝水应多次而少量；戒烟限酒。

3. 避免过度疲劳和突然用力

患者平时不应过于操劳，户外运动应适量，要注意劳逸结合，保证足够的睡眠时间。因此，旅行社在安排旅游活动时也应合理，不使游客过度疲劳。患者本人也要注意做任何事情都不突然用力或用力过猛，站立、下蹲等动作要缓慢，走路防止跌跤，不长时间洗澡等。

4. 生活规律，精神愉悦

生活中保持健康的生活方式，作息时间讲究规律；保持大便通畅，避免因用力排便而导致血压升高；保持情绪稳定，精神愉快，避免情绪波动太大。

5. 注意防寒保暖

天气突然变冷时注意不要着凉；室内空调温度不宜过高，避免室内外温差过大，引起身体不适；逐步适应环境温度，避免突然从室内温暖的环境突然进入温度较低的室外。

6. 及时发现中风前兆

中风发生前一般有头痛、头晕、嗜睡、肢体麻木等现象，患者及身边的人应特别予以注意。一旦患者出现下列情况，应及时采取措施或送医院治疗：

（1）突然血压持续升高不降；

（2）突然剧烈头痛，或持续性头痛；

（3）突发头晕或头晕明显加重；

（4）突然出现一侧肢体或面部、舌头短暂性发麻、欠灵活；

（5）嘴角突然流口水、漏气、舌头发硬、咬字不清等。

（三）中风的处理

1. 心肺复苏

如果患者呼吸和心跳已经停止，应立即做心肺复苏术。

2. 保持正确体位

如果病人意识清楚，可让病人仰卧，头部略向后（不垫枕头），以开通气道；如果病人失去意识，可让其保持昏睡体位，不用垫枕头。应将患者的头偏向一侧，避免呕吐物误入气管中。

3. 避免摇晃

不应猛烈晃动患者，也不要随意挪动患者，避免脑出血范围扩大。

4. 冷敷和保暖

可用冷毛巾、冰袋、冰水等冷敷患者头部，降低颅内压，减少脑出血，避免后遗症的发生。保持室内暖和和空气流通，有必要时给患者盖好被子、毯子保暖。

5. 禁食

在未得到医生许可的情况下，不要让病人进食或饮水。

6. 送医

进行简单处理后应尽快送医院进行治疗，并将患者相关情况告知医生。

五、蛇虫咬伤、蜇伤

（一）被蛇咬伤的处理

（1）让伤者保持平静，不要走动，更不要跑动或有其他剧烈运动，以免毒液加速扩散。

（2）妥善包扎。在伤口的上方超过一个关节处进行包扎，避免蛇毒扩散全身。注意包扎带每隔 15 分钟要松开 2～3 分钟，以免组织失血坏死。

（3）清洗伤口。可用清水清洗伤口，可能的情况下最好用高锰酸钾溶液冲洗。

（4）使用负压装置将毒液吸出。

（5）进行初步处理后送患者去医院治疗。

（二）被蝎子蜇伤的处理

被蝎子蜇伤的处理与上述被蛇咬伤的处理方式大致相同。稍有不同的是，因蝎毒呈酸性，在清洗时可用碱性的肥皂水反复冲洗，可以中和毒液。对伤口可用冰敷或冷水温敷，有条件的情况下可外敷去毒药物。中毒严重者应立即送医院治疗。如果被蜇伤的是幼儿，则无论严重与否都应送医院治疗。

（三）被蜂蜇伤的处理

（1）帮助伤者将毒刺挑出，不用手挤压伤口，避免毒液扩散。

（2）清洗伤口。如果是蜜蜂蜇伤，可用碱性肥皂水清洗，因蜜蜂毒液是酸性。如果是马蜂、黄蜂蜇伤，可用食醋进行清洗。

（3）在条件许可的情况下，可采薄荷叶、两面针等中草药外敷。

(4) 在进行简单处理后，如伤者仍有不适，应送医院治疗。

练习与实践

一、单项选择题

1. 旅游团（者）抵达某站后，无导游人员迎接，这一现象叫（　　）。

A. 空接　　B. 重接　　C. 漏接　　D. 错接

2. 下列哪一种误机是导游的工作疏漏造成的？（　　）

A. 因下雪天路滑，车辆限速

B. 高速公路上出现交通事故，造成车辆拥堵

C. 出发时间太晚

D. 旅游车在去机场途中出现故障

3. 为预防游客患病，导游不应（　　）。

A. 做好相关的提醒工作　　B. 给游客用药

C. 把旅游活动安排得太宽松　　D. 为游客提供良好的食宿

4. 游客在旅途中患病，去医院看病的费用应（　　）。

A. 自理　　B. 旅行社支付　　C. 导游支付　　D. 保险公司支付

5. 导游的下列行为中不利于治安事故预防的是（　　）。

A. 提醒游客把贵重物品存放于饭店保险柜

B. 离开旅游车时提醒司机关闭好车窗车门

C. 提醒游客紧跟团队，避免单独行动

D. 遇到有人拦车时，提醒司机停车问清情况

二、多项选择题

1. 接站环节容易发生的旅游故障主要是（　　）。

A. 漏接　　B. 错接　　C. 误机（车、船）　　D. 重接

E. 空接

2. 下列属于旅游安全事故的有（　　）。

A. 交通事故　　B. 治安事故　　C. 证件遗失事故　　D. 火灾事故

E. 食物中毒事故

3. 下列哪些信息有助于导游判定旅游团是不是自己要接的？（　　）

A. 领队（或全陪）的姓名和电话　　B. 组团社名称

C. 游客来源地　　D. 团队代号

E. 团队人数

4. 导游可以从哪些方面判定旅游团中是否出现了食物中毒？（　　）

A. 是否是多人同时发病

B. 是否病状相似

C. 发病者是否有食用同一种食物的历史

D. 是否病情发展很快

E. 游客是否都在同一餐馆就餐

三、实践训练

1. 为避免误机（车、船），导游可做好哪些工作?

2. 因连日暴雨，旅游团不得不变更旅游计划，导游应怎么做?

3. 为帮助游客预防证件、行李、钱物等的遗失，导游可采取哪些措施?

4. 为防止游客走失，导游在工作中要注意哪些细节?

5. 一个来自英国的旅游团在西安游览了一天，计划第二天乘飞机去南京游览。因为天气的原因，航班临时取消，旅游团无法按原计划赶到南京。由于该团时间有限，南京之行不得不取消。领队提出，剩余的两天由接待社继续安排在西安旅游。

请问：本案例是否属于旅游故障？作为中方负责接待的导游，你将如何处理这件事?

附 录

附录一 中华人民共和国旅游法

第一章 总 则

第一条 为保障旅游者和旅游经营者的合法权益，规范旅游市场秩序，保护和合理利用旅游资源，促进旅游业持续健康发展，制定本法。

第二条 在中华人民共和国境内的和在中华人民共和国境内组织到境外的游览、度假、休闲等形式的旅游活动以及为旅游活动提供相关服务的经营活动，适用本法。

第三条 国家发展旅游事业，完善旅游公共服务，依法保护旅游者在旅游活动中的权利。

第四条 旅游业发展应当遵循社会效益、经济效益和生态效益相统一的原则。国家鼓励各类市场主体在有效保护旅游资源的前提下，依法合理利用旅游资源。利用公共资源建设的游览场所应当体现公益性质。

第五条 国家倡导健康、文明、环保的旅游方式，支持和鼓励各类社会机构开展旅游公益宣传，对促进旅游业发展做出突出贡献的单位和个人给予奖励。

第六条 国家建立健全旅游服务标准和市场规则，禁止行业垄断和地区垄断。旅游经营者应当诚信经营，公平竞争，承担社会责任，为旅游者提供安全、健康、卫生、方便的旅游服务。

第七条 国务院建立健全旅游综合协调机制，对旅游业发展进行综合协调。

县级以上地方人民政府应当加强对旅游工作的组织和领导，明确相关部门或者机构，对本行政区域的旅游业发展和监督管理进行统筹协调。

第八条 依法成立的旅游行业组织，实行自律管理。

第二章 旅游者

第九条 旅游者有权自主选择旅游产品和服务，有权拒绝旅游经营者的强制交易行为。

旅游者有权知悉其购买的旅游产品和服务的真实情况。

旅游者有权要求旅游经营者按照约定提供产品和服务。

第十条 旅游者的人格尊严、民族风俗习惯和宗教信仰应当得到尊重。

第十一条 残疾人、老年人、未成年人等旅游者在旅游活动中依照法律、法规和有关规定享受便利和优惠。

第十二条 旅游者在人身、财产安全遇有危险时，有请求救助和保护的权利。

旅游者人身、财产受到侵害的，有依法获得赔偿的权利。

第十三条 旅游者在旅游活动中应当遵守社会公共秩序和社会公德，尊重当地的风俗习惯、文化传统和宗教信仰，爱护旅游资源，保护生态环境，遵守旅游文明行为规范。

第十四条 旅游者在旅游活动中或者在解决纠纷时，不得损害当地居民的合法权益，不得干扰他人的旅游活动，不得损害旅游经营者和旅游从业人员的合法权益。

第十五条 旅游者购买、接受旅游服务时，应当向旅游经营者如实告知与旅游活动相关的个人健康信息，遵守旅游活动中的安全警示规定。

旅游者对国家应对重大突发事件暂时限制旅游活动的措施以及有关部门、机构或者旅游经营者采取的安全防范和应急处置措施，应当予以配合。

旅游者违反安全警示规定，或者对国家应对重大突发事件暂时限制旅游活动的措施、安全防范和应急处置措施不予配合的，依法承担相应责任。

第十六条 出境旅游者不得在境外非法滞留，随团出境的旅游者不得擅自分团、脱团。

入境旅游者不得在境内非法滞留，随团入境的旅游者不得擅自分团、脱团。

第三章 旅游规划和促进

第十七条 国务院和县级以上地方人民政府应当将旅游业发展纳入国民经济和社会发展规划。

国务院和省、自治区、直辖市人民政府以及旅游资源丰富的设区的市和县级人民政府，应当按照国民经济和社会发展规划的要求，组织编制旅游发展规划。对跨行政区域且适宜进行整体利用的旅游资源进行利用时，应当由上级人民政府组织编制或者由相关地方人民政府协商编制统一的旅游发展规划。

第十八条 旅游发展规划应当包括旅游业发展的总体要求和发展目标，旅游资源保护和利用的要求和措施，以及旅游产品开发、旅游服务质量提升、旅游文化建设、旅游形象推广、旅游基础设施和公共服务设施建设的要求和促进措施等内容。

根据旅游发展规划，县级以上地方人民政府可以编制重点旅游资源开发利用的专项规划，对特定区域内的旅游项目、设施和服务功能配套提出专门要求。

第十九条 旅游发展规划应当与土地利用总体规划、城乡规划、环境保护规划以及其他自然资源和文物等人文资源的保护和利用规划相衔接。

第二十条 各级人民政府编制土地利用总体规划、城乡规划，应当充分考虑相关旅游项目、设施的空间布局和建设用地要求。规划和建设交通、通信、供水、供电、环保等基础设施和公共服务设施，应当兼顾旅游业发展的需要。

第二十一条 对自然资源和文物等人文资源进行旅游利用，必须严格遵守有关法律、法规的规定，符合资源、生态保护和文物安全的要求，尊重和维护当地传统文化和习俗，维护资源的区域整体性、文化代表性和地域特殊性，并考虑军事设施保护的需要。有关主管部门应当加强对资源保护和旅游利用状况的监督检查。

第二十二条 各级人民政府应当组织对本级政府编制的旅游发展规划的执行情况进行评估，并向社会公布。

第二十三条 国务院和县级以上地方人民政府应当制定并组织实施有利于旅游业持续健康发展的产业政策，推进旅游休闲体系建设，采取措施推动区域旅游合作，鼓励跨区域旅游线路和产品开发，促进旅游与工业、农业、商业、文化、卫生、体育、科教等领域的融合，扶持少数民族地区、革命老区、边远地区和贫困地区旅游业发展。

第二十四条 国务院和县级以上地方人民政府应当根据实际情况安排资金，加强旅游基础设施建设、旅游公共服务和旅游形象推广。

第二十五条 国家制定并实施旅游形象推广战略。国务院旅游主管部门统筹组织国家旅游形象的境外推广工作，建立旅游形象推广机构和网络，开展旅游国际合作与交流。

县级以上地方人民政府统筹组织本地的旅游形象推广工作。

第二十六条 国务院旅游主管部门和县级以上地方人民政府应当根据需要建立旅游公共信息和咨询平台，无偿向旅游者提供旅游景区、线路、交通、气象、住宿、安全、医疗急救等必要信息和咨询服务。设区的市和县级人民政府有关部门应当根据需要在交通枢纽、商业中心和旅游者集中场所设置旅游咨询中心，在景区和通往主要景区的道路设置旅游指示标识。

旅游资源丰富的设区的市和县级人民政府可以根据本地的实际情况，建立旅游客运专线或者游客中转站，为旅游者在城市及周边旅游提供服务。

第二十七条 国家鼓励和支持发展旅游职业教育和培训，提高旅游从业人员素质。

第四章 旅游经营

第二十八条 设立旅行社，招徕、组织、接待旅游者，为其提供旅游服务，应当具备下列条件，取得旅游主管部门的许可，依法办理工商登记：

（一）有固定的经营场所；

（二）有必要的营业设施；

（三）有符合规定的注册资本；

（四）有必要的经营管理人员和导游；

（五）法律、行政法规规定的其他条件。

第二十九条 旅行社可以经营下列业务：

（一）境内旅游；

（二）出境旅游；

（三）边境旅游；

（四）入境旅游；

（五）其他旅游业务。

旅行社经营前款第二项和第三项业务，应当取得相应的业务经营许可，具体条件由国务院规定。

第三十条 旅行社不得出租、出借旅行社业务经营许可证，或者以其他形式非法转让旅行社业务经营许可。

第三十一条 旅行社应当按照规定交纳旅游服务质量保证金，用于旅游者权益损害赔偿和垫付旅游者人身安全遇有危险时紧急救助的费用。

第三十二条 旅行社为招徕、组织旅游者发布信息，必须真实、准确，不得进行虚假宣传，误导旅游者。

第三十三条 旅行社及其从业人员组织、接待旅游者，不得安排参观或者参与违反我国法律、法规和社会公德的项目或者活动。

第三十四条 旅行社组织旅游活动应当向合格的供应商订购产品和服务。

第三十五条 旅行社不得以不合理的低价组织旅游活动，诱骗旅游者，并通过安排购物或者另行付费旅游项目获取回扣等不正当利益。

旅行社组织、接待旅游者，不得指定具体购物场所，不得安排另行付费旅游项目。但是，经双方协商一致或者旅游者要求，且不影响其他旅游者行程安排的除外。

发生违反前两款规定情形的，旅游者有权在旅游行程结束后三十日内，要求旅行社为其办理退货并先行垫付退货货款，或者退还另行付费旅游项目的费用。

第三十六条 旅行社组织团队出境旅游或者组织、接待团队入境旅游，应当按照规定安排领队或者导游全程陪同。

第三十七条 参加导游资格考试成绩合格，与旅行社订立劳动合同或者在相关旅游行业组织注册的人员，可以申请取得导游证。

第三十八条 旅行社应当与其聘用的导游依法订立劳动合同，支付劳动报酬，缴纳社会保险费用。

旅行社临时聘用导游为旅游者提供服务的，应当全额向导游支付本法第六十条第三款规定的导游服务费用。

旅行社安排导游为团队旅游提供服务的，不得要求导游垫付或者向导游收取任何费用。

第三十九条 取得导游证，具有相应的学历、语言能力和旅游从业经历，并与旅行社订立劳动合同的人员，可以申请取得领队证。

第四十条 导游和领队为旅游者提供服务必须接受旅行社委派，不得私自承揽导游和领队业务。

第四十一条 导游和领队从事业务活动，应当佩戴导游证、领队证，遵守职业道德，尊重旅游者的风俗习惯和宗教信仰，应当向旅游者告知和解释旅游文明行为规范，引导旅游者健康、文明旅游，劝阻旅游者违反社会公德的行为。

导游和领队应当严格执行旅游行程安排，不得擅自变更旅游行程或者中止服务活动，不得向旅游者索取小费，不得诱导、欺骗、强迫或者变相强迫旅游者购物或者参加另行付费旅游项目。

第四十二条 景区开放应当具备下列条件，并听取旅游主管部门的意见：

（一）有必要的旅游配套服务和辅助设施；

（二）有必要的安全设施及制度，经过安全风险评估，满足安全条件；

（三）有必要的环境保护设施和生态保护措施；

（四）法律、行政法规规定的其他条件。

第四十三条 利用公共资源建设的景区的门票以及景区内的游览场所、交通工具等另行收费项目，实行政府定价或者政府指导价，严格控制价格上涨。拟收费或者提高价格的，应当举行听证会，征求旅游者、经营者和有关方面的意见，论证其必要性、可行性。

利用公共资源建设的景区，不得通过增加另行收费项目等方式变相涨价；另行收费项目已收回投资成本的，应当相应降低价格或者取消收费。

公益性的城市公园、博物馆、纪念馆等，除重点文物保护单位和珍贵文物收藏单位外，应当逐步免费开放。

第四十四条 景区应当在醒目位置公示门票价格、另行收费项目的价格及团体收费价格。景区提高门票价格应当提前六个月公布。

将不同景区的门票或者同一景区内不同游览场所的门票合并出售的，合并后的价格不得高于各单项门票的价格之和，且旅游者有权选择购买其中的单项票。

景区内的核心游览项目因故暂停向旅游者开放或者停止提供服务的，应当公示并相应减少收费。

第四十五条 景区接待旅游者不得超过景区主管部门核定的最大承载量。景区应当公布景区主管部门核定的最大承载量，制定和实施旅游者流量控制方案，并可以采取门票预约等方式，对景区接待旅游者的数量进行控制。

旅游者数量可能达到最大承载量时，景区应当提前公告并同时向当地人民政府报告，景区和当地人民政府应当及时采取疏导、分流等措施。

第四十六条 城镇和乡村居民利用自有住宅或者其他条件依法从事旅游经营，其管理办法由省、自治区、直辖市制定。

第四十七条 经营高空、高速、水上、潜水、探险等高风险旅游项目，应当按照国家有关规定取得经营许可。

第四十八条 通过网络经营旅行社业务的，应当依法取得旅行社业务经营许可，并在其网站主页的显著位置标明其业务经营许可证信息。

发布旅游经营信息的网站，应当保证其信息真实、准确。

第四十九条 为旅游者提供交通、住宿、餐饮、娱乐等服务的经营者，应当符合法律、法规规定的要求，按照合同约定履行义务。

第五十条 旅游经营者应当保证其提供的商品和服务符合保障人身、财产安全的要求。

旅游经营者取得相关质量标准等级的，其设施和服务不得低于相应标准；未取得质量标准等级的，不得使用相关质量等级的称谓和标识。

第五十一条 旅游经营者销售、购买商品或者服务，不得给予或者收受贿赂。

第五十二条 旅游经营者对其在经营活动中知悉的旅游者个人信息，应当予以保密。

第五十三条 从事道路旅游客运的经营者应当遵守道路客运安全管理的各项制度，并在车辆显著位置明示道路旅游客运专用标识，在车厢内显著位置公示经营者和驾驶人信息、道路运输管理机构监督电话等事项。

第五十四条 景区、住宿经营者将其部分经营项目或者场地交由他人从事住宿、餐饮、购物、游览、娱乐、旅游交通等经营的，应当对实际经营者的经营行为给旅游者造成的损害承担连带责任。

第五十五条 旅游经营者组织、接待出入境旅游，发现旅游者从事违法活动或者有违反本法第十六条规定情形的，应当及时向公安机关、旅游主管部门或者我国驻外机构报告。

第五十六条 国家根据旅游活动的风险程度，对旅行社、住宿、旅游交通以及本法第四十七条规定的高风险旅游项目等经营者实施责任保险制度。

第五章 旅游服务合同

第五十七条 旅行社组织和安排旅游活动，应当与旅游者订立合同。

第五十八条 包价旅游合同应当采用书面形式，包括下列内容：

（一）旅行社、旅游者的基本信息；

（二）旅游行程安排；

（三）旅游团成团的最低人数；

（四）交通、住宿、餐饮等旅游服务安排和标准；

（五）游览、娱乐等项目的具体内容和时间；

（六）自由活动时间安排；

（七）旅游费用及其交纳的期限和方式；

（八）违约责任和解决纠纷的方式；

（九）法律、法规规定和双方约定的其他事项。

订立包价旅游合同时，旅行社应当向旅游者详细说明前款第二项至第八项所载内容。

第五十九条 旅行社应当在旅游行程开始前向旅游者提供旅游行程单。旅游行程单是包价旅游合同的组成部分。

第六十条 旅行社委托其他旅行社代理销售包价旅游产品并与旅游者订立包价旅游合同的，应当在包价旅游合同中载明委托社和代理社的基本信息。

旅行社依照本法规定将包价旅游合同中的接待业务委托给地接社履行的，应当在包价旅游合同中载明地接社的基本信息。

安排导游为旅游者提供服务的，应当在包价旅游合同中载明导游服务费用。

第六十一条 旅行社应当提示参加团队旅游的旅游者按照规定投保人身意外伤害保险。

第六十二条 订立包价旅游合同时，旅行社应当向旅游者告知下列事项：

（一）旅游者不适合参加旅游活动的情形；

（二）旅游活动中的安全注意事项；

（三）旅行社依法可以减免责任的信息；

（四）旅游者应当注意的旅游目的地相关法律、法规和风俗习惯、宗教禁忌，依照中国法律不宜参加的活动等；

（五）法律、法规规定的其他应当告知的事项。

在包价旅游合同履行中，遇有前款规定事项的，旅行社也应当告知旅游者。

第六十三条 旅行社招徕旅游者组团旅游，因未达到约定人数不能出团的，组团社可以解除合同。但是，境内旅游应当至少提前七日通知旅游者，出境旅游应当至少提前三十日通知旅游者。

因未达到约定人数不能出团的，组团社经征得旅游者书面同意，可以委托其他旅行社履行合同。组团社对旅游者承担责任，受委托的旅行社对组团社承担责任。旅游者不同意的，可以解除合同。

因未达到约定的成团人数解除合同的，组团社应当向旅游者退还已收取的全部费用。

第六十四条 旅游行程开始前，旅游者可以将包价旅游合同中自身的权利义务转让给第三人，旅行社没有正当理由的不得拒绝，因此增加的费用由旅游者和第三人承担。

第六十五条 旅游行程结束前，旅游者解除合同的，组团社应当在扣除必要的费用后，将余款退还旅游者。

第六十六条 旅游者有下列情形之一的，旅行社可以解除合同：

（一）患有传染病等疾病，可能危害其他旅游者健康和安全的；

（二）携带危害公共安全的物品且不同意交有关部门处理的；

（三）从事违法或者违反社会公德的活动的；

（四）从事严重影响其他旅游者权益的活动，且不听劝阻、不能制止的；

（五）法律规定的其他情形。

因前款规定情形解除合同的，组团社应当在扣除必要的费用后，将余款退还旅游者；给旅行社造成损失的，旅游者应当依法承担赔偿责任。

第六十七条 因不可抗力或者旅行社、履行辅助人已尽合理注意义务仍不能避免的事件，影响旅游行程的，按照下列情形处理：

（一）合同不能继续履行的，旅行社和旅游者均可以解除合同。合同不能完全履行的，旅行社经向旅游者作出说明，可以在合理范围内变更合同；旅游者不同意变更的，可以解除合同。

（二）合同解除的，组团社应当在扣除已向地接社或者履行辅助人支付且不可退还的费用后，将余款退还旅游者；合同变更的，因此增加的费用由旅游者承担，减少的费用退还旅游者。

（三）危及旅游者人身、财产安全的，旅行社应当采取相应的安全措施，因此支出的费用，由旅行社与旅游者分担。

（四）造成旅游者滞留的，旅行社应当采取相应的安置措施。因此增加的食宿费用，由旅游者承担；增加的返程费用，由旅行社与旅游者分担。

第六十八条 旅游行程中解除合同的，旅行社应当协助旅游者返回出发地或者旅游者指定的合理地点。由于旅行社或者履行辅助人的原因导致合同解除的，返程费用由旅行社承担。

第六十九条 旅行社应当按照包价旅游合同的约定履行义务，不得擅自变更旅游行程安排。

经旅游者同意，旅行社将包价旅游合同中的接待业务委托给其他具有相应资质的地接社履行的，应当与地接社订立书面委托合同，约定双方的权利和义务，向地接社提供与旅游者订立的包价旅游合同的副本，并向地接社支付不低于接待和服务成本的费用。地接社应当按照包价旅游合同和委托合同提供服务。

第七十条 旅行社不履行包价旅游合同义务或者履行合同义务不符合约定的，应当依法承担继续履行、采取补救措施或者赔偿损失等违约责任；造成旅游者人身损害、财产损失的，应当依法承担赔偿责任。旅行社具备履行条件，经旅游者要求仍拒绝履行合同，造成旅游者人身损害、滞留等严重后果的，旅游者还可以要求旅行社支付旅游费用一倍以上三倍以下的赔偿金。

由于旅游者自身原因导致包价旅游合同不能履行或者不能按照约定履行，或者造成旅游者人身损害、财产损失的，旅行社不承担责任。

在旅游者自行安排活动期间，旅行社未尽到安全提示、救助义务的，应当对旅游者的人身损害、财产损失承担相应责任。

第七十一条 由于地接社、履行辅助人的原因导致违约的，由组团社承担责任；组团社承担责任后可以向地接社、履行辅助人追偿。

由于地接社、履行辅助人的原因造成旅游者人身损害、财产损失的，旅游者可以要求地接社、履行辅助人承担赔偿责任，也可以要求组团社承担赔偿责任；组团社承担责任后可以向地接社、履行辅助人追偿。但是，由于公共交通经营者的原因造成旅游者人身损害、财产损失的，由公共交通经营者依法承担赔偿责任，旅行社应当协助旅游者向公共交通经营者索赔。

第七十二条 旅游者在旅游活动中或者在解决纠纷时，损害旅行社、履行辅助人、旅游从业人员或者其他旅游者的合法权益的，依法承担赔偿责任。

第七十三条 旅行社根据旅游者的具体要求安排旅游行程，与旅游者订立包价旅游合同的，旅游者请求变更旅游行程安排，因此增加的费用由旅游者承担，减少的费用退还旅游者。

第七十四条 旅行社接受旅游者的委托，为其代订交通、住宿、餐饮、游览、娱乐等旅游服务，收取代办费用的，应当亲自处理委托事务。因旅行社的过错给旅游者造成损失的，旅行社应当承担赔偿责任。

旅行社接受旅游者的委托，为其提供旅游行程设计、旅游信息咨询等服务的，应当保证设计合理、可行，信息及时、准确。

第七十五条 住宿经营者应当按照旅游服务合同的约定为团队旅游者提供住宿服务。住宿经营者未能按照旅游服务合同提供服务的，应当为旅游者提供不低于原定标准的住宿服务，因此增加的费用由住宿经营者承担；但由于不可抗力、政府因公共利益需要采取措施造成不能提供服务的，住宿经营者应当协助安排旅游者住宿。

第六章　旅游安全

第七十六条 县级以上人民政府统一负责旅游安全工作。县级以上人民政府有关部门依照法律、法规履行旅游安全监管职责。

第七十七条 国家建立旅游目的地安全风险提示制度。旅游目的地安全风险提示的级别划分和实施程序，由国务院旅游主管部门会同有关部门制定。

县级以上人民政府及其有关部门应当将旅游安全作为突发事件监测和评估的重要内容。

第七十八条 县级以上人民政府应当依法将旅游应急管理纳入政府应急管理体系，制定应急预案，建立旅游突发事件应对机制。

突发事件发生后，当地人民政府及其有关部门和机构应当采取措施开展救援，并协助旅游者返回出发地或者旅游者指定的合理地点。

第七十九条 旅游经营者应当严格执行安全生产管理和消防安全管理的法律、法规和国家标准、行业标准，具备相应的安全生产条件，制定旅游者安全保护制度和应急预案。

旅游经营者应当对直接为旅游者提供服务的从业人员开展经常性应急救助技能培训，对提供的产品和服务进行安全检验、监测和评估，采取必要措施防止危害发生。

旅游经营者组织、接待老年人、未成年人、残疾人等旅游者，应当采取相应的安全保障措施。

第八十条 旅游经营者应当就旅游活动中的下列事项，以明示的方式事先向旅游者作出说明或者警示：

（一）正确使用相关设施、设备的方法；

（二）必要的安全防范和应急措施；

（三）未向旅游者开放的经营、服务场所和设施、设备；

（四）不适宜参加相关活动的群体；

（五）可能危及旅游者人身、财产安全的其他情形。

第八十一条 突发事件或者旅游安全事故发生后，旅游经营者应当立即采取必要的救助和处置措施，依法履行报告义务，并对旅游者作出妥善安排。

第八十二条 旅游者在人身、财产安全遇有危险时，有权请求旅游经营者、当地政府和相关机构进行及时救助。

中国出境旅游者在境外陷于困境时，有权请求我国驻当地机构在其职责范围内给予协助和保护。

旅游者接受相关组织或者机构的救助后，应当支付应由个人承担的费用。

第七章 旅游监督管理

第八十三条 县级以上人民政府旅游主管部门和有关部门依照本法和有关法律、法规的规定，在各自职责范围内对旅游市场实施监督管理。

县级以上人民政府应当组织旅游主管部门、有关主管部门和工商行政管理、产品质量监督、交通等执法部门对相关旅游经营行为实施监督检查。

第八十四条 旅游主管部门履行监督管理职责，不得违反法律、行政法规的规定向监督管理对象收取费用。

旅游主管部门及其工作人员不得参与任何形式的旅游经营活动。

第八十五条 县级以上人民政府旅游主管部门有权对下列事项实施监督检查：

（一）经营旅行社业务以及从事导游、领队服务是否取得经营、执业许可；

（二）旅行社的经营行为；

（三）导游和领队等旅游从业人员的服务行为；

（四）法律、法规规定的其他事项。

旅游主管部门依照前款规定实施监督检查，可以对涉嫌违法的合同、票据、账簿以及其他资料进行查阅、复制。

第八十六条 旅游主管部门和有关部门依法实施监督检查，其监督检查人员不得少于二人，并应当出示合法证件。监督检查人员少于二人或者未出示合法证件的，被检查单位和个人有权拒绝。

监督检查人员对在监督检查中知悉的被检查单位的商业秘密和个人信息应当依法保密。

第八十七条 对依法实施的监督检查，有关单位和个人应当配合，如实说明情况并提供文件、资料，不得拒绝、阻碍和隐瞒。

第八十八条 县级以上人民政府旅游主管部门和有关部门，在履行监督检查职责中或者在处理举报、投诉时，发现违反本法规定行为的，应当依法及时作出处理；对不属于本部门职责范围的事项，应当及时书面通知并移交有关部门查处。

第八十九条 县级以上地方人民政府建立旅游违法行为查处信息的共享机制，对需要跨部门、跨地区联合查处的违法行为，应当进行督办。

旅游主管部门和有关部门应当按照各自职责，及时向社会公布监督检查的情况。

第九十条 依法成立的旅游行业组织依照法律、行政法规和章程的规定，制定行业经营规范和服务标准，对其会员的经营行为和服务质量进行自律管理，组织开展职业道德教育和业务培训，提高从业人员素质。

第八章　旅游纠纷处理

第九十一条 县级以上人民政府应当指定或者设立统一的旅游投诉受理机构。受理机构接到投诉，应当及时进行处理或者移交有关部门处理，并告知投诉者。

第九十二条 旅游者与旅游经营者发生纠纷，可以通过下列途径解决：

（一）双方协商；

（二）向消费者协会、旅游投诉受理机构或者有关调解组织申请调解；

（三）根据与旅游经营者达成的仲裁协议提请仲裁机构仲裁；

（四）向人民法院提起诉讼。

第九十三条 消费者协会、旅游投诉受理机构和有关调解组织在双方自愿的基础上，依法对旅游者与旅游经营者之间的纠纷进行调解。

第九十四条 旅游者与旅游经营者发生纠纷，旅游者一方人数众多并有共同请求的，可以推选代表人参加协商、调解、仲裁、诉讼活动。

第九章　法律责任

第九十五条 违反本法规定，未经许可经营旅行社业务的，由旅游主管部门或者工商行政管理部门责令改正，没收违法所得，并处一万元以上十万元以下罚款；违法所得十万元以上的，并处违法所得一倍以上五倍以下罚款；对有关责任人员，处二千元以上二万元以下罚款。

旅行社违反本法规定，未经许可经营本法第二十九条第一款第二项、第三项业务，或者出租、出借旅行社业务经营许可证，或者以其他方式非法转让旅行社业务经营许可的，除依照前款规定处罚外，并责令停业整顿；情节严重的，吊销旅行社业务经营许可证；对直接负责的主管人员，处二千元以上二万元以下罚款。

第九十六条 旅行社违反本法规定，有下列行为之一的，由旅游主管部门责令改正，没收违法所得，并处五千元以上五万元以下罚款；情节严重的，责令停业整顿或者吊销旅行社业务经营许可证；对直接负责的主管人员和其他直接责任人员，处二千元以上二万元以下罚款：

（一）未按照规定为出境或者入境团队旅游安排领队或者导游全程陪同的；

（二）安排未取得导游证或者领队证的人员提供导游或者领队服务的；

（三）未向临时聘用的导游支付导游服务费用的；

（四）要求导游垫付或者向导游收取费用的。

第九十七条 旅行社违反本法规定，有下列行为之一的，由旅游主管部门或者有关部门责令改正，没收违法所得，并处五千元以上五万元以下罚款；违法所得五万元以上的，并处违法所得一倍以上五倍以下罚款；情节严重的，责令停业整顿或者吊销旅行社业务经营许可证；对直接负责的主管人员和其他直接责任人员，处二千元以上二万元以下罚款：

（一）进行虚假宣传，误导旅游者的；

（二）向不合格的供应商订购产品和服务的；

（三）未按照规定投保旅行社责任保险的。

第九十八条 旅行社违反本法第三十五条规定的，由旅游主管部门责令改正，没收违法所得，责令停业整顿，并处三万元以上三十万元以下罚款；违法所得三十万元以上的，并处违法所得一倍以上五倍以下罚款；情节严重的，吊销旅行社业务经营许可证；对直接负责的主管人员和其他直接责任人员，没收违法所得，处二千元以上二万元以下罚款，并暂扣或者吊销导游证、领队证。

第九十九条 旅行社未履行本法第五十五条规定的报告义务的，由旅游主管部门处五千元以上五万元以下罚款；情节严重的，责令停业整顿或者吊销旅行社业务经营许可证；对直接负责的主管人员和其他直接责任人员，处二千元以上二万元以下罚款，并暂扣或者吊销导游证、领队证。

第一百条 旅行社违反本法规定，有下列行为之一的，由旅游主管部门责令改正，处三万元以上三十万元以下罚款，并责令停业整顿；造成旅游者滞留等严重后果的，吊销旅行社业务经营许可证；对直接负责的主管人员和其他直接责任人员，处二千元以上二万元以下罚款，并暂扣或者吊销导游证、领队证：

（一）在旅游行程中擅自变更旅游行程安排，严重损害旅游者权益的；

（二）拒绝履行合同的；

（三）未征得旅游者书面同意，委托其他旅行社履行包价旅游合同的。

第一百零一条 旅行社违反本法规定，安排旅游者参观或者参与违反我国法律、法规和社会公德的项目或者活动的，由旅游主管部门责令改正，没收违法所得，责令停业整顿，并处二万元以上二十万元以下罚款；情节严重的，吊销旅行社业务经营许可证；对直接负责的主管人员和其他直接责任人员，处二千元以上二万元以下罚款，并暂扣或者吊销导游证、领队证。

第一百零二条 违反本法规定，未取得导游证或者领队证从事导游、领队活动的，由旅游主管部门责令改正，没收违法所得，并处一千元以上一万元以下罚款，予以公告。

导游、领队违反本法规定，私自承揽业务的，由旅游主管部门责令改正，没收违法所得，处一千元以上一万元以下罚款，并暂扣或者吊销导游证、领队证。

导游、领队违反本法规定，向旅游者索取小费的，由旅游主管部门责令退还，处一千元以上一万元以下罚款；情节严重的，并暂扣或者吊销导游证、领队证。

第一百零三条 违反本法规定被吊销导游证、领队证的导游、领队和受到吊销旅行社业务经营许可证处罚的旅行社的有关管理人员，自处罚之日起未逾三年的，不得重新申请导游证、领队证或者从事旅行社业务。

第一百零四条 旅游经营者违反本法规定，给予或者收受贿赂的，由工商行政管理部门依照有关法律、法规的规定处罚；情节严重的，并由旅游主管部门吊销旅行社业务经营许可证。

第一百零五条 景区不符合本法规定的开放条件而接待旅游者的，由景区主管部门责令停业整顿直至符合开放条件，并处二万元以上二十万元以下罚款。

景区在旅游者数量可能达到最大承载量时，未依照本法规定公告或者未向当地人民政府报告，未及时采取疏导、分流等措施，或者超过最大承载量接待旅游者的，由景区主管部门责令改正，情节严重的，责令停业整顿一个月至六个月。

第一百零六条 景区违反本法规定，擅自提高门票或者另行收费项目的价格，或者有其他价格违法行为的，由有关主管部门依照有关法律、法规的规定处罚。

第一百零七条 旅游经营者违反有关安全生产管理和消防安全管理的法律、法规或者国家标准、行业标准的，由有关主管部门依照有关法律、法规的规定处罚。

第一百零八条 对违反本法规定的旅游经营者及其从业人员，旅游主管部门和有关部门应当记入信用档案，向社会公布。

第一百零九条 旅游主管部门和有关部门的工作人员在履行监督管理职责中，滥用职权、玩忽职守、徇私舞弊，尚不构成犯罪的，依法给予处分。

第一百一十条 违反本法规定，构成犯罪的，依法追究刑事责任。

第十章 附 则

第一百一十一条 本法下列用语的含义：

（一）旅游经营者，是指旅行社、景区以及为旅游者提供交通、住宿、餐饮、购物、娱乐等服务的经营者。

（二）景区，是指为旅游者提供游览服务、有明确的管理界限的场所或者区域。

（三）包价旅游合同，是指旅行社预先安排行程，提供或者通过履行辅助人提供交通、住宿、餐饮、游览、导游或者领队等两项以上旅游服务，旅游者以总价支付旅游费用的合同。

（四）组团社，是指与旅游者订立包价旅游合同的旅行社。

（五）地接社，是指接受组团社委托，在目的地接待旅游者的旅行社。

（六）履行辅助人，是指与旅行社存在合同关系，协助其履行包价旅游合同义务，实际提供相关服务的法人或者自然人。

第一百一十二条 本法自2013年10月1日起施行。

附录二 导游管理办法

第一章 总 则

第一条 为规范导游执业行为，提升导游服务质量，保障导游合法权益，促进导游行业健康发展，依据《中华人民共和国旅游法》《导游人员管理条例》和《旅行社条例》等法律法规，制定本办法。

第二条 导游执业的许可、管理、保障与激励，适用本办法。

第三条 国家对导游执业实行许可制度。从事导游执业活动的人员，应当取得导游人员资格证和导游证。

国家旅游局建立导游等级考核制度、导游服务星级评价制度和全国旅游监管服务信息系统，各级旅游主管部门运用标准化、信息化手段对导游实施动态监管和服务。

第四条 旅游行业组织应当依法维护导游合法权益，促进导游职业发展，加强导游行业自律。

旅行社等用人单位应当加强对导游的管理和培训，保障导游合法权益，提升导游服务质量。

导游应当恪守职业道德，提升服务水平，自觉维护导游行业形象。

第五条 支持和鼓励各类社会机构积极弘扬导游行业先进典型，优化导游执业环境，促进导游行业健康稳定发展。

第二章 导游执业许可

第六条 经导游人员资格考试合格的人员，方可取得导游人员资格证。

国家旅游局负责制定全国导游资格考试政策、标准，组织导游资格统一考试，以及对地方各级旅游主管部门导游资格考试实施工作进行监督管理。

省、自治区、直辖市旅游主管部门负责组织、实施本行政区域内导游资格考试具体工作。

全国导游资格考试管理的具体办法，由国家旅游局另行制定。

第七条 取得导游人员资格证，并与旅行社订立劳动合同或者在旅游行业组织注册的人员，可以通过全国旅游监管服务信息系统向所在地旅游主管部门申请取得导游证。

导游证采用电子证件形式，由国家旅游局制定格式标准，由各级旅游主管部门通过全国旅游监管服务信息系统实施管理。电子导游证以电子数据形式保存于导游个人移动电话等移动终端设备中。

第八条 在旅游行业组织注册并申请取得导游证的人员，应当向所在地旅游行业组织提交下列材料：

（一）身份证；

（二）导游人员资格证；

（三）本人近期照片；

（四）注册申请。

旅游行业组织在接受申请人取得导游证的注册时，不得收取注册费；旅游行业组织收取会员会费的，应当符合《社会团体登记条例》等法律法规的规定，不得以导游证注册费的名义收取会费。

第九条 导游通过与旅行社订立劳动合同取得导游证的，劳动合同的期限应当在1个月以上。

第十条 申请取得导游证，申请人应当通过全国旅游监管服务信息系统填写申请信息，并提交下列申请材料：

（一）身份证的扫描件或者数码照片等电子版；

（二）未患有传染性疾病的承诺；

（三）无过失犯罪以外的犯罪记录的承诺；

（四）与经常执业地区的旅行社订立劳动合同或者在经常执业地区的旅游行业组织注册的确认信息。

前款第（四）项规定的信息，旅行社或者旅游行业组织应当自申请人提交申请之日起5个工作日内确认。

第十一条 所在地旅游主管部门对申请人提出的取得导游证的申请，应当依法出具受理或者不予受理的书面凭证。需补正相关材料的，应当自收到申请材料之日起5个工作日内一次性告知申请人需要补正的全部内容；逾期不告知的，收到材料之日起即为受理。

所在地旅游主管部门应当自受理申请之日起10个工作日内，作出准予核发或者不予核发导游证的决定。不予核发的，应当书面告知申请人理由。

第十二条 具有下列情形的，不予核发导游证：

（一）无民事行为能力或者限制民事行为能力的；

（二）患有甲类、乙类以及其他可能危害旅游者人身健康安全的传染性疾病的；

（三）受过刑事处罚的，过失犯罪的除外；

（四）被吊销导游证之日起未逾3年的。

第十三条 导游证的有效期为3年。导游需要在导游证有效期届满后继续执业的，应当在有效期限届满前3个月内，通过全国旅游监管服务信息系统向所在地旅游主管部门提出申请，并提交本办法第十条第（二）项至第（四）项规定的材料。

旅行社或者旅游行业组织应当自导游提交申请之日起3个工作日内确认信息。所在地旅游主管部门应当自旅行社或者旅游行业组织核实信息之日起5个工作日内予以审核，并对符合条件的导游变更导游证信息。

第十四条 导游与旅行社订立的劳动合同解除、终止或者在旅游行业组织取消注册的，导游及旅行社或者旅游行业组织应当自解除、终止合同或者取消注册之日起5个工作日内，通过全国旅游监管服务信息系统将信息变更情况报告旅游主管部门。

第十五条 导游应当自下列情形发生之日起 10 个工作日内，通过全国旅游监管服务信息系统提交相应材料，申请变更导游证信息：

（一）姓名、身份证号、导游等级和语种等信息发生变化的；

（二）与旅行社订立的劳动合同解除、终止或者在旅游行业组织取消注册后，在 3 个月内与其他旅行社订立劳动合同或者在其他旅游行业组织注册的；

（三）经常执业地区发生变化的；

（四）其他导游身份信息发生变化的。

旅行社或者旅游行业组织应当自收到申请之日起 3 个工作日内对信息变更情况进行核实。所在地旅游主管部门应当自旅行社或者旅游行业组织核实信息之日起 5 个工作日内予以审核确认。

第十六条 有下列情形之一的，所在地旅游主管部门应当撤销导游证：

（一）对不具备申请资格或者不符合法定条件的申请人核发导游证的；

（二）申请人以欺骗、贿赂等不正当手段取得导游证的；

（三）依法可以撤销导游证的其他情形。

第十七条 有下列情形之一的，所在地旅游主管部门应当注销导游证：

（一）导游死亡的；

（二）导游证有效期届满未申请换发导游证的；

（三）导游证依法被撤销、吊销的；

（四）导游与旅行社订立的劳动合同解除、终止或者在旅游行业组织取消注册后，超过 3 个月未与其他旅行社订立劳动合同或者未在其他旅游行业组织注册的；

（五）取得导游证后出现本办法第十二条第（一）项至第（三）项情形的；

（六）依法应当注销导游证的其他情形。

导游证被注销后，导游符合法定执业条件需要继续执业的，应当依法重新申请取得导游证。

第十八条 导游的经常执业地区应当与其订立劳动合同的旅行社（含旅行社分社）或者注册的旅游行业组织所在地的省级行政区域一致。

导游证申请人的经常执业地区在旅行社分社所在地的，可以由旅行社分社所在地旅游主管部门负责导游证办理相关工作。

第三章　导游执业管理

第十九条 导游为旅游者提供服务应当接受旅行社委派，但另有规定的除外。

第二十条 导游在执业过程中应当携带电子导游证、佩戴导游身份标识，并开启导游执业相关应用软件。

旅游者有权要求导游展示电子导游证和导游身份标识。

第二十一条 导游身份标识中的导游信息发生变化，导游应当自导游信息发生变化之日起 10 个工作日内，向所在地旅游主管部门申请更换导游身份标识。旅游主管部门应当自收到申请之日起5个工作日内予以确认更换。

导游身份标识丢失或者因磨损影响使用的，导游可以向所在地旅游主管部门申请重新领取，旅游主管部门应当自收到申请之日起10个工作日内予以发放或者更换。

第二十二条 导游在执业过程中应当履行下列职责：

（一）自觉维护国家利益和民族尊严；

（二）遵守职业道德，维护职业形象，文明诚信服务；

（三）按照旅游合同提供导游服务，讲解自然和人文资源知识、风俗习惯、宗教禁忌、法律法规和有关注意事项；

（四）尊重旅游者的人格尊严、宗教信仰、民族风俗和生活习惯；

（五）向旅游者告知和解释文明行为规范、不文明行为可能产生的后果，引导旅游者健康、文明旅游，劝阻旅游者违反法律法规、社会公德、文明礼仪规范的行为；

（六）对可能危及旅游者人身、财产安全的事项，向旅游者作出真实的说明和明确的警示，并采取防止危害发生的必要措施。

第二十三条 导游在执业过程中不得有下列行为：

（一）安排旅游者参观或者参与涉及色情、赌博、毒品等违反我国法律法规和社会公德的项目或者活动；

（二）擅自变更旅游行程或者拒绝履行旅游合同；

（三）擅自安排购物活动或者另行付费旅游项目；

（四）以隐瞒事实、提供虚假情况等方式，诱骗旅游者违背自己的真实意愿，参加购物活动或者另行付费旅游项目；

（五）以殴打、弃置、限制活动自由、恐吓、侮辱、咒骂等方式，强迫或者变相强迫旅游者参加购物活动、另行付费等消费项目；

（六）获取购物场所、另行付费旅游项目等相关经营者以回扣、佣金、人头费或者奖励费等名义给予的不正当利益；

（七）推荐或者安排不合格的经营场所；

（八）向旅游者兜售物品；

（九）向旅游者索取小费；

（十）未经旅行社同意委托他人代为提供导游服务；

（十一）法律法规规定的其他行为。

第二十四条 旅游突发事件发生后，导游应当立即采取下列必要的处置措施：

（一）向本单位负责人报告，情况紧急或者发生重大、特别重大旅游突发事件时，可以直接向发生地、旅行社所在地县级以上旅游主管部门、安全生产监督管理部门和负有安全生产监督管理职责的其他相关部门报告；

（二）救助或者协助救助受困旅游者；

（三）根据旅行社、旅游主管部门及有关机构的要求，采取调整或者中止行程、停止带团前往风险区域、撤离风险区域等避险措施。

第二十五条 具备领队条件的导游从事领队业务的，应当符合《旅行社条例实施细则》等法律、法规和规章的规定。

旅行社应当按要求将本单位具备领队条件的领队信息及变更情况，通过全国旅游监管服务信息系统报旅游主管部门备案。

第四章　导游执业保障与激励

第二十六条　导游在执业过程中，其人格尊严受到尊重，人身安全不受侵犯，合法权益受到保障。导游有权拒绝旅行社和旅游者的下列要求：

（一）侮辱其人格尊严的要求；

（二）违反其职业道德的要求；

（三）不符合我国民族风俗习惯的要求；

（四）可能危害其人身安全的要求；

（五）其他违反法律、法规和规章规定的要求。

旅行社等用人单位应当维护导游执业安全、提供必要的职业安全卫生条件，并为女性导游提供执业便利、实行特殊劳动保护。

第二十七条　旅行社有下列行为的，导游有权向劳动行政部门投诉举报、申请仲裁或者向人民法院提起诉讼：

（一）不依法与聘用的导游订立劳动合同的；

（二）不依法向聘用的导游支付劳动报酬、导游服务费用或者缴纳社会保险费用的；

（三）要求导游缴纳自身社会保险费用的；

（四）支付导游的报酬低于当地最低工资标准的。

旅行社要求导游接待以不合理低价组织的旅游团队或者承担接待旅游团队的相关费用的，导游有权向旅游主管部门投诉举报。

鼓励景区对持有导游证从事执业活动或者与执业相关活动的导游免除门票。

第二十八条　旅行社应当与通过其取得导游证的导游订立不少于 1 个月期限的劳动合同，并支付基本工资、带团补贴等劳动报酬，缴纳社会保险费用。

旅行社临时聘用在旅游行业组织注册的导游为旅游者提供服务的，应当依照旅游和劳动相关法律、法规的规定足额支付导游服务费用；旅行社临时聘用的导游与其他单位不具有劳动关系或者人事关系的，旅行社应当与其订立劳动合同。

第二十九条　旅行社应当提供设置“导游专座”的旅游客运车辆，安排的旅游者与导游总人数不得超过旅游客运车辆核定乘员数。

导游应当在旅游车辆“导游专座”就坐，避免在高速公路或者危险路段站立讲解。

第三十条　导游服务星级评价是对导游服务水平的综合评价，星级评价指标由技能水平、学习培训经历、从业年限、奖惩情况、执业经历和社会评价等构成。导游服务星级根据星级评价指标通过全国旅游监管服务信息系统自动生成，并根据导游执业情况每年度更新一次。

旅游主管部门、旅游行业组织和旅行社等单位应当通过全国旅游监管服务信息系统，及时、真实地备注各自获取的导游奖惩情况等信息。

第三十一条　各级旅游主管部门应当积极组织开展导游培训，培训内容应当包括政策法规、安全生产、突发事件应对和文明服务等，培训方式可以包括培训班、专题讲座和网络在线培训等，每年累计培训时间不得少于 24 小时。培训不得向参加人员收取费用。

旅游行业组织和旅行社等应当对导游进行包括安全生产、岗位技能、文明服务和文明引导等内容的岗前培训和执业培训。

导游应当参加旅游主管部门、旅游行业组织和旅行社开展的有关政策法规、安全生产、突发事件应对和文明服务内容的培训；鼓励导游积极参加其他培训，提高服务水平。

第五章 罚 则

第三十二条 导游违反本办法有关规定的，依照下列规定处理：

（一）违反本办法第十九条规定的，依据《旅游法》第一百零二条第二款的规定处罚；

（二）违反本办法第二十条第一款规定的，依据《导游人员管理条例》第二十一条的规定处罚；

（三）违反本办法第二十二条第（一）项规定的，依据《导游人员管理条例》第二十条的规定处罚；

（四）违反本办法第二十三条第（一）项规定的，依据《旅游法》第一百零一条的规定处罚；

（五）违反本办法第二十三条第（二）项规定的，依据《旅游法》第一百条的规定处罚；

（六）违反本办法第二十三条第（三）项至第（六）项规定的，依据《旅游法》第九十八条的规定处罚；

（七）违反本办法第二十三条第（七）项规定的，依据《旅游法》第九十七条第（二）项的规定处罚；

（八）违反本办法第二十三条第（八）项规定的，依据《导游人员管理条例》第二十三条的规定处罚；

（九）违反本办法第二十三条第（九）项规定的，依据《旅游法》第一百零二条第三款的规定处罚。

违反本办法第三条第一款规定，未取得导游证从事导游活动的，依据《旅游法》第一百零二条第一款的规定处罚。

第三十三条 违反本办法规定，导游有下列行为的，由县级以上旅游主管部门责令改正，并可以处1 000元以下罚款；情节严重的，可以处1 000元以上5 000元以下罚款：

（一）未按期报告信息变更情况的；

（二）未申请变更导游证信息的；

（三）未更换导游身份标识的；

（四）不依照本办法第二十四条规定采取相应措施的；

（五）未按规定参加旅游主管部门组织的培训的；

（六）向负责监督检查的旅游主管部门隐瞒有关情况、提供虚假材料或者拒绝提供反映其活动情况的真实材料的；

（七）在导游服务星级评价中提供虚假材料的。

旅行社或者旅游行业组织有前款第（一）项和第（七）项规定行为的，依照前款规定处罚。

第三十四条 导游执业许可申请人隐瞒有关情况或者提供虚假材料申请取得导游人员资格证、导游证的，县级以上旅游主管部门不予受理或者不予许可，并给予警告；申请人在一年内不得再次申请该导游执业许可。

导游以欺骗、贿赂等不正当手段取得导游人员资格证、导游证的，除依法撤销相关证件外，可以由所在地旅游主管部门处 1 000 元以上 5 000 元以下罚款；申请人在三年内不得再次申请导游执业许可。

第三十五条 导游涂改、倒卖、出租、出借导游人员资格证、导游证，以其他形式非法转让导游执业许可，或者擅自委托他人代为提供导游服务的，由县级以上旅游主管部门责令改正，并可以处 2 000 元以上 1 万元以下罚款。

第三十六条 违反本办法第二十五条第二款规定，旅行社不按要求报备领队信息及变更情况，或者备案的领队不具备领队条件的，由县级以上旅游主管部门责令改正，并可以删除全国旅游监管服务信息系统中不具备领队条件的领队信息；拒不改正的，可以处 5 000 元以下罚款。

旅游行业组织、旅行社为导游证申请人申请取得导游证隐瞒有关情况或者提供虚假材料的，由县级以上旅游主管部门责令改正，并可以处 5 000 元以下罚款。

第三十七条 对导游违反本办法规定的行为，县级以上旅游主管部门应当依照旅游经营服务不良信息管理有关规定，纳入旅游经营服务不良信息管理；构成犯罪的，依法移送公安机关追究其刑事责任。

第三十八条 旅游主管部门及其工作人员在履行导游执业许可、管理职责中，滥用职权、玩忽职守、徇私舞弊的，由有关部门责令改正，对直接负责的主管人员和其他直接责任人员依法给予处分。

第六章 附 则

第三十九条 本办法下列用语的含义：

（一）所在地旅游主管部门，是指旅行社（含旅行社分社）、旅游行业组织所在地的省、自治区、直辖市旅游主管部门或者其委托的设区的市级旅游主管部门、县级旅游主管部门；

（二）旅游行业组织，是指依照《社会团体登记管理条例》成立的导游协会，以及在旅游协会、旅行社协会等旅游行业社会团体内设立的导游分会或者导游工作部门，具体由所在地旅游主管部门确定；

（三）经常执业地区，是指导游连续执业或者 3 个月内累计执业达到 30 日的省级行政区域；

（四）导游身份标识，是指标识有导游姓名、证件号码等导游基本信息，以便于旅游者和执法人员识别身份的工作标牌，具体标准由国家旅游局制定。

第四十条 本办法自 2018 年 1 月 1 日起施行。

附录三 导游服务规范（GB/T 15971－2010）

1 范围

本标准规定了导游服务的要求和导游服务过程中若干问题的处理原则。

本标准适用于中华人民共和国境内旅行社导游员在接待旅游团（旅游者）过程中提供的服务。出境旅游领队服务宜适用本标准。

2 规范性引用文件

下列文件中的条款，通过本标准的引用而成为本标准的条款。凡是注明日期的引用文件，其随后的所有修改单（不包括勘误的内容）或修订版均不适用于本标准，然而，鼓励根据本标准达成协议的各方研究是否可使用这些文件的最新版本。凡是不注明日期的引用文件，其最新版本适用于本标准。

GB/T 16766 旅游业基础术语

LB/T 008 旅行社服务通则

3 术语和定义

GB/T 16766 和 LB/T 008 确立的以及下列术语和定义适用于本标准。

3.1 组团旅行社 travel agents

组团社

从事招徕、组织旅游者，并为国内旅游、入境旅游、出境旅游的旅游者提供全程导游服务的旅行社。

3.2 接待旅行社 tour operator

接待社

受组团社委托，实施组团社的接待计划，委派地方陪同导游员，安排旅游团（者）在当地参观游览等活动的旅行社。

3.3 导游员 tour guide

符合上岗资格的法定要求，接受旅行社委派，直接为旅游团（者）提供向导、讲解及相关旅游服务的人员。导游员包括全程陪同导游员和地方陪同导游员。

3.4 全程陪同导游员 national guide

全陪

受组团社委派，作为其代表，监督接待社和地方陪同导游员的服务，以使组团社的接待计划得以按约实施，并为旅游团（者）提供全旅程陪同服务的导游员。

3.5 地方陪同导游员 local guide

地陪

受接待社委派，代表接待社实施旅游行程接待计划，为旅游团（者）提供当地导游服务的导游员。

4 导游员素质要求

4.1 政治素质

导游员应热爱祖国，遵纪守法，恪守职业道德，自觉维护国家利益、民族尊严和旅游者与旅行社的合法权益，自觉抵制团队运作过程中的违法行为。

4.2 思想素质

导游员应有优秀的道德品质和高尚的情操，讲文明，遵守社会公德，尽职敬业，为旅游者提供热情周到的服务，完成旅游接待计划所规定的各项任务，按照旅游合同的约定兑现旅游服务。

4.3 技能素质

4.3.1 语言能力

导游员应具备过硬的语言表达能力、娴熟的导游讲解技巧和强烈的礼貌语言使用意识。

4.3.2 接待操作能力

导游员应符合法定的上岗资质，并具备独立工作能力、组织协调能力、人际交往能力和应急问题处理能力。

4.3.3 知识要求

导游员应掌握法律法规常识、旅行常识、政治经济和社会知识、旅游地历史、地理、文化和民俗知识和心理学与美学知识。

4.4 心理素质

导游员应心胸开阔、善解人意、耐心细致，并具有良好的观察能力和感知能力、调整旅游者情绪的能力、自我心理平衡能力、承受能力和沉着冷静与有条不紊的处事能力。

4.5 身体素质

导游员应具有健康的体魄和充沛的体力。

4.6 职业形象

4.6.1 仪容仪表

导游员应仪表端庄，并按照旅行社的要求着装。服装要求整洁、大方、得体。

4.6.2 仪态

导游员应表情稳重自然、态度和蔼诚恳、富有亲和力，言行有度，举止符合礼仪规范。

4.7 继续教育

导游员应参加继续教育培训学习（尤其是相关应急预案培训），不断提高自己的业务知识和操作技能。

4.8 职业等级

导游员的职业等级是导游服务能力的标记，导游员应通过不断的学习考核和实操锻炼，获得更高的职业等级。

5 导游服务通用要求

5.1 准备工作

5.1.1 熟悉接待计划与团队情况

上团前，导游员应认真查阅团队接待计划及相关资料，熟悉掌握旅游团（者）的全面情况，团队行程安排、特殊要求或注意事项等细节内容，注意掌握其重点和特点。

5.1.2 必需物品的查核与准备

上团前，导游员应做好证件、交通票据、资金以及有关资料等必需资料物品的准备。从计调人员处接收团队资料时应做好核查登记，以确保团队的相关资料与票据是适宜和可用的。对不适用的票据或资料应及时提请计调人员处理。团队资料交接记录应予保存。

5.1.3 知识准备

导游员应熟悉旅游地的旅游及文化资源、风土人情、法律法规等情况。

5.1.4 联络与沟通

全陪导游员或地接社等相关接待单位应建立并保持有效沟通，互通情况，以确保团队接待的相关事宜得到妥善安排。

地陪导游员应：

a）与食宿、交通、游览等有关部门落实、核查旅游团（旅游者）的交通、食宿、行李运输等事宜；

b）确认旅游团（旅游者）所乘交通工具及其准确抵达时间；

c）与司机确认车辆停放的位置，需要时，在旅游团出站前与行李员取得联络，落实行李运输事宜。

5.2 团队出发与迎接

导游员应提前到达团队出发/迎接地点展示旅行社团队标识迎候旅游团/者，致欢迎词并简介本次旅游行程。

团队出发时，全陪导游员应：

a）清点团队人数，引导旅游者乘坐约定的交通工具；

b）发放本次行程的相关资料；

c）乘坐飞机时，协助旅游者办妥登机、安检和行李托运等相关手续，并适时引导旅游者从正确的登机口依次登机；

d）乘坐火车时，全陪导游员应协助办好铺位的登记和分派等手续。

团队抵达时，地陪导游员应：

a）旅游团（旅游者）出站后，确认应接的旅游团，有全陪的，及时与全陪接洽；

b）及时引导旅游团（旅游者）前往停车场，在车门旁恭候旅游者上车，并协助旅游者就座；

c）开车前礼貌地清点人数，以确保不落下旅游者；

d）需要时，协助旅游者与全陪核对行李件数无误后将行李移交给行李员；

e）行车途中，做好途中讲解，包括介绍本地概况、沿途主要景观、相关注意事项等。

5.3 在途服务

5.3.1 导则

导游员应在交通服务、食宿服务、游览服务、购物服务、娱乐服务等环节注意保护旅游者人身及财产安全，及时有效地处理各类问题和突发事件。

注：应急情况处理见附录 A。

5.3.2 交通服务

在乘坐飞机或火车的途中，全陪导游员应：

a）提醒旅游者注意人身和财物的安全；

b）取得乘务人员的支持，照顾好旅游者的旅途生活；

c）安排好火车卧铺座位，并引导旅游者依次登车休息，单位集体包团时火车铺位可交由该单位代表分派；

d）可行时，组织适当的娱乐活动，以活跃气氛；

e）交通工具不正常运行时，与交通部门和旅行社保持有效沟通并稳定旅游者情绪，适时安排引导旅游者登机/车；

f）因交通工具原因被迫在当地过夜时，协助相关部门/方面安排或请示旅行社安排好旅游者的住宿；

g）旅游者有需要时，提供必要的帮助和协助。

5.3.3　食宿服务

5.3.3.1　住宿

旅游团（旅游者）抵达饭店时，导游员应及时办妥住店手续，热情引导旅游者进入房间和认找自己的大件交运行李，并进行客房巡视，处理旅游团（旅游者）入住过程中可能出现的各种问题。

全陪导游员应做好分房方案，并按照方案办妥入住登记手续。属于单位集体包团或入境游团队中有境外旅行社代表的，分房方案应分别交由包团单位代表或境外旅行社代表制定。

地陪导游员应：

a）与饭店保持有效沟通和联系，落实住宿安排，取得客房钥匙；

b）告知旅游者：

1）饭店基本设施和住店注意事项；

2）饭店名称、位置和入店手续，有关服务项目和收费标准；

3）当天或次日游览活动的安排，以及集合的时间、地点；

4）饭店内就餐形式、地点、时间。

c）掌握全陪和旅游者的房间号，便于联系；

d）需要时，等待行李送达饭店，核对行李，督促行李员及时将行李送至旅游者房间；

e）必要时，安排次日的叫早服务。

5.3.3.2　饮食

导游员应按照旅游合同约定的安排饮食。全陪导游员应对此实施监控。

旅游团（旅游者）就餐时，地陪导游员应：

a）应提前与餐厅联系，核实订餐情况；

b）简单介绍餐馆及其菜肴的特色；

c）引导旅游者到餐厅入座并介绍餐馆的有关设施；

d）旅游者如需另加酒水或菜肴，应向其说明类别和价格；

e）满足有宗教习惯的旅游者的用餐需求；

f）随时关注用餐情况，解答旅游者在用餐过程中的提问，解决出现的问题。

5.3.4　行程游览服务

5.3.4.1　导则

全、地陪导游员应认真核实旅游行程，行程宜以组团社的为准。如遇现场难以解决的问题，应及时请示组团社。

在景点游览过程中，导游员应：

a）在计划的时间与费用标准内，使旅游者充分地游览、观赏，做到讲解与引导游览相结合，适当集中与分散相结合，劳逸适度，并应特别关照老弱病残的旅游者；

b）应注意旅游者的安全并随时提醒旅游者自己注意安全，自始至终与旅游者在一起活动，并随时清点人数，以防旅游者走失或意外事故的发生；

c）在服务过程中始终佩戴导游证，携带接待计划，旅游团人数超过 10 人时打导游旗；

d）积极配合执法部门的检查和监督，遵纪守法，不吸烟酗酒。

5.3.4.2 全陪导游员

全陪导游员应：

a）与各站保持有效沟通使旅游接待计划得以全面顺利实施，并监督各站服务适时到位；

b）适时向接待社和地陪提出相应的建议和意见，确保各站按旅游合同约定兑现旅游服务，确保团队接待服务质量符合要求；

c）在乘坐交通工具向异地移动途中，提醒旅游者注意人身及财物的安全，安排好旅游者旅途生活，适时组织娱乐活动或专题讲解，努力使旅游团（旅游者）在旅途中感到充实、轻松、愉快；

d）游览过程中，协助和配合地陪导游员做好其各项工作；

e）在地陪导游员缺位或失职的情况下，兼行地陪导游员职责。

5.3.4.3 地陪导游员

地陪导游员应：

a）提前到达集合地点，并督促司机做好出发前的各项准备工作；

b）团队出发及每次移动前清点人数；

c）向旅游者报告当日重要新闻、天气情况及当日活动安排，包括午、晚餐的时间、地点；

d）在前往景点的途中，向旅游团（旅游者）介绍本地的风土人情、自然和人文景观，回答旅游者提出的问题，主动与旅游者进行交流；

e）抵达景点前，向旅游者介绍该景点的简要情况，尤其是景点的背景、价值和特色；

f）抵达景点时，告知旅游者在景点停留的时间，以及参观游览结束后集合的时间和地点和游览过程中的注意事项；

g）游览过程中，尽量使用生动、风趣、吐字清晰易懂，富有感染力的讲解语言，对景点作繁简适度的讲解，包括该景点的历史背景、特色、地位、价值等内容，使旅游者游览点的特色、价值、风貌、背景等及旅游者其他感兴趣的问题有基本的了解；

h）当日游览活动结束时，询问旅游者对当日活动安排的反映，并预报次日的活动日程、出发时间及其他有关事项。

5.3.5 购物服务

导游员应严格按照旅游合同的约定安排统一的购物活动，非经旅游者主动要求，不应擅自增加旅游合同约定以外的购物安排或者强迫旅游者购物。

旅游团（旅游者）购物时，导游员应：

a）向旅游团（旅游者）介绍商品的主要品种及特色；

b）需要时，向旅游者提供购物过程中所需要的服务，如翻译、介绍托运手续等。

5.3.6 娱乐服务

5.3.6.1 计划内娱乐节目

旅游团（者）观看计划内的文娱节目时，导游员应：

a）陪同前往并简要介绍节目内容及其特点；

b）按时组织旅游者入场，倡导旅游者文明观看节目；

c）在观看节目过程中，导游员自始至终坚守岗位；

d）提醒旅游者在大型娱乐场所注意安全，统一集中活动，并随时注意其动向和周围的环境，以防不测；

e）剧终散场时提醒旅游者不要遗留物品并依次退场。

5.3.6.2 计划外娱乐节目

旅游者要求自费观看计划外文娱节目时，导游员宜予以协助，如帮助购买门票、要出租车等，但不必陪同前往。若在旅游者盛意邀请下应邀前往，导游员应注意适度，且无陪舞的义务。

5.3.7 离/末站服务

5.3.7.1 离店服务

离店当天，地陪导游员应做好以下工作，全陪导游员应予以协助：

a）集中交运行李；

b）办理退房手续，并协助饭店结清与旅游者的有关项目；

c）提醒旅游者带好身份证件及贵重物品；

d）清点人数并集合登车。

5.3.7.2 送行前服务

团队送行前，地陪导游员应做好以下工作，全陪导游员应予以协助：

a）提前确认或落实联程/返程交通票据，以确保团队能按时启程；

b）商定并宣布行前集中行李、叫早、早餐以及集合出发的时间；

c）宣布有关离站注意事项。

5.3.7.3 离站送客服务

离站送客时，导游员应代表各自的旅行社向旅游者致欢送词，向旅游者派发《游客意见表》征询旅游者对旅游接待服务的意见。

地陪导游员应做好以下工作，全陪导游员应予以协助：

a）带领团队及时抵达机场（车站、码头）；

b）办妥航班登机手续，向全陪导游员移交机票即登机牌，并引导旅游团依次通过机场安检。

全陪导游员应：

a）提醒旅游者保管好自己的物品和证件；

b）引导旅游团（旅游者）在候机楼或候车室休息等候，并按机场/车站的安排按时组织登机/车。

5.3.8 其他相关服务及工作

5.3.8.1 处理遗留问题

下团后，导游员应认真、妥善处理旅游团留下的问题，按有关规定办理旅游者临行托办的事项。必要时应向旅行社领导请示。

5.3.8.2 总结工作

接团任务完成后导游员应：

a）填写并向旅行社递交《导游日志》，详细报告接团经过突发事件；

b）尽快结清有关账目；

c）做好带团总结。

6 入境游导游服务特别要求

入境游团队进出中国边境口岸时，导游员应提供必要的协助。入境时，应提醒旅游者做好需复带出境贵重自用物品的海关登记，必要时应为入境团队办理入境签证。

离境前，导游员应向旅游者说明我国海关通关的有关规定，介绍办理出境手续的程序，如中国海关的有关规定、托运行李的要求等。需要时协助旅游者办好离境通关手续。

7 导游员服务质量的改进

导游员应不断总结和交流带团经验，针对自身的服务各方面存在的薄弱环节或者旅游者的投诉（抱怨），分析问题存在的根本原因，并采取纠正与预防措施消除该根本原因，达到服务质量的持续改进。

附录 A
（规范性附录）
若干问题的处理原则

A.1 路线或日程变更

A.1.1 旅游团（者）要求变更计划行程

旅游过程中，旅游团（者）提出变更路线或日程的要求时，导游员原则上应婉拒，特殊情况应请示组团社核定。

如入境旅游者要求在全团旅行结束后延长在华时间，又不需要延长签证期限的，经请示接待社或组团社同意后，可同意延长，延长期间费用由本人自理。需要延长签证期限的，应经组团社同意并履行手续。如入境旅游全团持团体签证，个别旅游者需要延长或中途离团，应尽早办理分离签证，以免贻误全团出境。

A.1.2 客观原因需要变更计划行程

旅游过程中，因客观原因需要变更路线或日程时，导游员应向旅游团（者）作好解释工作，及时将旅游团（者）的意见反馈给组团社和接待社，并按照组团社或接待社的安排执行。

A.2 丢失证件或物品

当旅游者丢失证件或物品时，导游员应稳定旅游者的情绪，详细了解丢失情况，尽力协助寻找，同时报告组团社或接待社，协助旅游者向有关部门报案，补办必要的手续。

A.3 丢失或损坏行李

当旅游者的行李丢失或损坏时，导游员应详细了解丢失或损坏情况，协助旅游者向承运人索赔。当难以找出责任者时，导游员应尽量协助当事人开具有关证明，以便向投保公司索赔，并视情况向有关部门报告。

A.4 旅游者伤病、病危或死亡

A.4.1 旅游者伤病

旅游者意外受伤或患病时，导游员应及时探视，如有需要，导游员应陪同患者前往医院就诊，并报告组团社和接待社。严禁导游员擅自给患者用药。

A.4.2 旅游者病危

旅游者病危时，导游员应立即协同患者亲友送病人去急救中心或医院抢救，或请医生前来抢救。患者如系某国际急救组织的投保者，导游员还应提醒领队及时与该组织的代理机构联系，并立即报告组团社和接待社。

在抢救过程中，导游员应：

a）要求患者亲友在场，并详细地记录患者患病前后的症状及治疗情况，尽量保留相关诊断证明副本；

b）随时向当地接待社反映情况并及时通知患者亲属；

c）如患者系外籍人士，通知患者所在国驻华使（领）馆；

d）妥善安排好旅游团其他旅游者的活动，地陪应继续带团旅行。

A.4.3 旅游者死亡

导游员应立即向接待社和组团社报告，由当地接待社按照国家有关规定做好善后工作，同时导游员应稳定其他旅游者的情绪，并继续做好旅游团的接待工作。

如系非正常死亡，导游员应注意保护现场，并及时报告当地有关部门。

A.5 自然灾害及骚乱

当旅游团（者）遭遇火灾、自然灾害、社会骚乱等重大突发事件时，导游员应按以下原则处置：

a）以人为本，根据现场的条件，运用相关科学知识引导旅游团（者）开展自救和互救，及时带领团队脱离险境，全力保护旅游团（者）的生命和财物安全；

b）及时将事件发生的时间、地点、原因、经过等情况报告旅行社和相关部门，取得指导和帮助。

A.6 接待纠纷

a）遵循合同，防止矛盾扩大化，处理问题讲求有理、有利、有节；

b）做好记录，保存证据，以利善后工作；

c）尽量保障旅游团（者）后续行程的执行，减少企业经济损失。

附录四 导游人员管理条例（2017年修正本）

第一条 为了规范导游活动，保障旅游者和导游人员的合法权益，促进旅游业的健康发展，制定本条例。

第二条 本条例所称导游人员，是指依照本条例的规定取得导游证，接受旅行社委派，为旅游者提供向导、讲解及相关旅游服务的人员。

第三条 国家实行全国统一的导游人员资格考试制度。

具有高级中学、中等专业学校或者以上学历，身体健康，具有适应导游需要的基本知识和语言表达能力的中华人民共和国公民，可以参加导游人员资格考试；经考试合格的，由国务院旅游行政部门或者国务院旅游行政部门委托省、自治区、直辖市人民政府旅游行政部门颁发导游人员资格证书。

第四条 在中华人民共和国境内从事导游活动，必须取得导游证。

取得导游人员资格证书的，经与旅行社订立劳动合同或者在相关旅游行业组织注册，方可持所订立的劳动合同或者登记证明材料，向省、自治区、直辖市人民政府旅游行政部门申请领取导游证。

导游证的样式规格，由国务院旅游行政部门规定。

第五条 有下列情形之一的，不得颁发导游证：

（一）无民事行为能力或者限制民事行为能力的；

（二）患有传染性疾病的；

（三）受过刑事处罚的，过失犯罪的除外；

（四）被吊销导游证的。

第六条 省、自治区、直辖市人民政府旅游行政部门应当自收到申请领取导游证之日起15日内，颁发导游证；发现有本条例第五条规定情形，不予颁发导游证的，应当书面通知申请人。

第七条 导游人员应当不断提高自身业务素质和职业技能。

国家对导游人员实行等级考核制度。导游人员等级考核标准和考核办法，由国务院旅游行政部门制定。

第八条 导游人员进行导游活动时，应当佩戴导游证。

导游证的有效期限为3年。导游证持有人需要在有效期满后继续从事导游活动的，应当在有效期限届满3个月前，向省、自治区、直辖市人民政府旅游行政部门申请办理换发导游证手续。

第九条 导游人员进行导游活动，必须经旅行社委派。

导游人员不得私自承揽或者以其他任何方式直接承揽导游业务，进行导游活动。

第十条 导游人员进行导游活动时，其人格尊严应当受到尊重，其人身安全不受侵犯。

导游人员有权拒绝旅游者提出的侮辱其人格尊严或者违反其职业道德的不合理要求。

第十一条 导游人员进行导游活动时，应当自觉维护国家利益和民族尊严，不得有损害国家利益和民族尊严的言行。

第十二条 导游人员进行导游活动时，应当遵守职业道德，着装整洁，礼貌待人，尊重旅游者的宗教信仰、民族风俗和生活习惯。

导游人员进行导游活动时，应当向旅游者讲解旅游地点的人文和自然情况，介绍风土人情和习俗；但是，不得迎合个别旅游者的低级趣味，在讲解、介绍中掺杂庸俗下流的内容。

第十三条 导游人员应当严格按照旅行社确定的接待计划，安排旅游者的旅行、游览活动，不得擅自增加、减少旅游项目或者中止导游活动。

导游人员在引导旅游者旅行、游览过程中，遇有可能危及旅游者人身安全的紧急情形时，经征得多数旅游者的同意，可以调整或者变更接待计划，但是应当立即报告旅行社。

第十四条 导游人员在引导旅游者旅行、游览过程中，应当就可能发生危及旅游者人身、财物安全的情况，向旅游者作出真实说明和明确警示，并按照旅行社的要求采取防止危害发生的措施。

第十五条 导游人员进行导游活动，不得向旅游者兜售物品或者购买旅游者的物品，不得以明示或者暗示的方式向旅游者索要小费。

第十六条 导游人员进行导游活动，不得欺骗、胁迫旅游者消费或者与经营者串通欺骗、胁迫旅游者消费。

第十七条 旅游者对导游人员违反本条例规定的行为，有权向旅游行政部门投诉。

第十八条 无导游证进行导游活动的，由旅游行政部门责令改正并予以公告，处1 000元以上3万元以下的罚款；有违法所得的，并处没收违法所得。

第十九条 导游人员未经旅行社委派，私自承揽或者以其他任何方式直接承揽导游业务，进行导游活动的，由旅游行政部门责令改正，处1 000元以上3万元以下的罚款；有违法所得的，并处没收违法所得；情节严重的，由省、自治区、直辖市人民政府旅游行政部门吊销导游证并予以公告。

第二十条 导游人员进行导游活动时，有损害国家利益和民族尊严的言行的，由旅游行政部门责令改正；情节严重的，由省、自治区、直辖市人民政府旅游行政部门吊销导游证并予以公告；对该导游人员所在的旅行社给予警告直至责令停业整顿。

第二十一条 导游人员进行导游活动时未佩戴导游证的，由旅游行政部门责令改正；拒不改正的，处500元以下的罚款。

第二十二条 导游人员有下列情形之一的，由旅游行政部门责令改正，暂扣导游证3至6个月；情节严重的，由省、自治区、直辖市人民政府旅游行政部门吊销导游证并予以公告：

（一）擅自增加或者减少旅游项目的；

（二）擅自变更接待计划的；

（三）擅自中止导游活动的。

第二十三条 导游人员进行导游活动，向旅游者兜售物品或者购买旅游者的物品的，或者以明示或者暗示的方式向旅游者索要小费的，由旅游行政部门责令改正，处1 000元以上3万元以下的罚款；有违法所得的，并处没收违法所得；情节严重的，由省、自治区、直辖市人民政府旅游行政部门吊销导游证并予以公告；对委派该导游人员的旅行社给予警告直至责令停业整顿。

第二十四条 导游人员进行导游活动，欺骗、胁迫旅游者消费或者与经营者串通欺骗、胁迫旅游者消费的，由旅游行政部门责令改正，处1 000元以上3万元以下的罚款；有违法所得的，并处没收违法所得；情节严重的，由省、自治区、直辖市人民政府旅游行政部门吊销导游证并予以公告；对委派该导游人员的旅行社给予警告直至责令停业整顿；

构成犯罪的，依法追究刑事责任。

第二十五条 旅游行政部门工作人员玩忽职守、滥用职权、徇私舞弊，构成犯罪的，依法追究刑事责任；尚不构成犯罪的，依法给予行政处分。

第二十六条 景点景区的导游人员管理办法，由省、自治区、直辖市人民政府参照本条例制定。

第二十七条 本条例自1999年10月1日起施行。1987年11月14日国务院批准、1987年12月1日国家旅游局发布的《导游人员管理暂行规定》同时废止。

参考文献

[1] 全国导游人员资格考试教材编写组．导游业务．2 版．北京：旅游教育出版社，2017.

[2] 全国导游人员资格考试教材编写组．导游业务．修订版．北京：中国旅游出版社，2017.

[3] 国家旅游局人事局．导游知识专题．修订版．北京：中国旅游出版社，2014.

[4] 李海玲．导游带团技能速成——经典案例训练．北京：中国旅游出版社，2013.

[5] 李娌．导游服务案例详解．北京：旅游教育出版社，2014.

[6] 周晓雷．导游带团典型案例集析．上海：复旦大学出版社，2016.

[7] 王晓宁．导游实务案例与分析．北京：中国人民大学出版社，2014.

[8] 车秀英．导游服务实务．2 版．大连：东北财经大学出版社，2016.

[9] 谷慧敏．旅游市场营销．4 版．北京：旅游教育出版社，2014.

[10] 姜若愚．旅游景区服务与管理．3 版．大连：东北财经大学出版社，2011.

[11] 朱晔．导游实务．西安：西安交通大学出版社，2014.

[12] 陈乾康．导游实务．北京：中国人民大学出版社，2012.

[13] 陆丽娥．出境领队实务．北京：中国财富出版社，2014.

[14] 领队业务与法律法规编写组．领队业务与法律法规．北京：中国旅游出版社，2015.

[15] 仉向明，黄恢月．出境旅游领队工作案例解析．3 版．北京：旅游教育出版社，2015.

[16] 赵利民．模拟导游．4 版．大连：东北财经大学出版社，2016.

[17] 杨梅．旅游服务礼仪．2 版．上海：上海人民出版社，格致出版社，2015.

[18] 张金霞．导游接待礼仪．北京：旅游教育出版社，2007.
[19] 赵利民，龙梅．中国古代建筑与园林．长春：东北师范大学出版社，2014.
[20] 高亚芳．导游实务教程．北京：北京大学出版社，2015.
[21] 中华人民共和国文化和旅游部．http：//www. mct. gov. cn.

图书在版编目（CIP）数据

导游业务/龙梅主编．—北京：中国人民大学出版社，2019.2
21世纪高职高专规划教材．旅游与酒店管理系列
ISBN 978-7-300-26509-4

Ⅰ.①导… Ⅱ.①龙… Ⅲ.①导游-高等职业教育-教材 Ⅳ.①F590.63

中国版本图书馆CIP数据核字（2018）第276502号

21世纪高职高专规划教材·旅游与酒店管理系列
导游业务
主　编　龙　梅
副主编　赵利民　徐层珍
Daoyou Yewu

出版发行	中国人民大学出版社		
社　　址	北京中关村大街31号	**邮政编码**	100080
电　　话	010－62511242（总编室）		010－62511770（质管部）
	010－82501766（邮购部）		010－62514148（门市部）
	010－62515195（发行公司）		010－62515275（盗版举报）
网　　址	http://www.crup.com.cn		
经　　销	新华书店		
印　　刷	中煤（北京）印务有限公司		
规　　格	185 mm×260 mm　16开本	**版　　次**	2019年2月第1版
印　　张	16.5	**印　　次**	2022年11月第3次印刷
字　　数	375 000	**定　　价**	38.00元